清 張廷玉等撰

明史

第一九册

卷二一三至卷二二六（傳）

中華書局

明史卷二百十三

列傳第一百一

徐階 弟陟 子璠等 高拱 郭朴 張居正 曾孫同敞

徐階，字子升，松江華亭人。生甫周歲，墮眢井，出三日而蘇。五歲從父道括蒼，墮高嶺，衣挂於樹不死。人咸異之。嘉靖二年進士第三人。授翰林院編修，予歸娶。丁父憂，服除，補故官。階爲人短小白晳，善容止。性穎敏，有權略，而陰重不泄。讀書爲古文辭，從王守仁門人遊，有聲士大夫間。

帝用張孚敬議欲去孔子王號，易像爲木主，籩豆禮樂皆有所損抑。下儒臣議，階獨持不可。孚敬召階盛氣詰之，階抗辯不屈。孚敬怒曰：「若叛我。」階正色曰：「叛生於附。階未嘗附公，何得言叛？」長揖出。斥爲延平府推官。連攝郡事。出繫囚三百，毀淫祠，創鄉社學，捕劇盜百二十人。遷黃州府同知，擢浙江按察僉事，進江西按察副使，俱視學政。

皇太子出閣，召拜司經局洗馬兼翰林院侍講。丁母憂歸。服除，擢國子祭酒，遷禮部右侍郎，尋改吏部。故事，吏部率鑰門，所接見庶官不數語。階折節下之。見必深坐，咨邊腹要害，吏治民瘼。皆自喜得階意，願爲用。尙書熊浹、唐龍、周用皆重階。階數署部事，所引用宋景、張岳、王道、歐陽德、范鏓皆長者。用卒，聞淵代，自處前輩，取立斷。階意不樂，求出避之。命兼翰林院學士，教習庶吉士。尋掌院事，進禮部尙書。

帝察階勤，又所撰靑詞獨稱旨，召直無逸殿。與大學士張治、李本俱賜飛魚服及上方珍饌、上尊無虛日。廷推吏部尙書，不聽，不欲階去左右也。階遂請立皇太子，不報。復連請之，皆不報。後當冠婚，復請先裕王，後景王，帝不懌。尋以推恩加太子太保。

俺答犯京，階請釋周尙文及戴綸、歐陽安等自效，報可。已，請帝還大內，召羣臣計兵事，從之。中官陷寇歸，以俺答求貢書進。帝以示嚴嵩及階，召對便殿。嵩曰：「饑賊耳，不足患。」階曰：「傅城而軍，殺人若刈菅，何謂饑賊？」帝然之，問求貢書安在。嵩出諸袖曰：「禮部事也。」帝復問階。階曰：「寇深矣，不許恐激之怒，許則彼厚要我。請遣譯者紿緩之，我得益爲備。援兵集，寇且走。」帝稱善者再。嵩、階因請帝出視朝。寇尋飽去，乃下階疏，弗許貢。

嵩怙寵弄權，猜害同列。既仇夏言置之死，而言嘗薦階，嵩以是忌之。初，孝烈皇后崩，帝欲祔之廟，念壓於先孝潔皇后，又睿宗入廟非公議，恐後世議祧，遂欲當己世預祧仁宗，以孝烈先祔廟，自爲一世，下禮部議。階抗言女后無先入廟者，請祀之奉先殿，禮科都給事中楊思忠亦以爲然。疏上，帝大怒。階皇恐謝罪，不能守前議。帝又使階往邯鄲落成呂仙祠。階不欲行，乃以議祔廟解，得緩期。至寇逼城，帝益懈，乃使尚書顧可學行，而內銜階。摘思忠元旦賀表誤，廷杖之百，斥爲民，以怵階。嵩因謂階可間也，中傷之百方。一日獨召對，語及階。嵩徐曰：「階所乏非才，但多二心耳。」蓋以其嘗請立太子也。階危甚，度未可與爭，乃謹事嵩，而益精治齋詞迎帝意，左右亦多爲地者。帝怒漸解。未幾，加少保，尋進兼文淵閣大學士，參預機務。密疏發咸寧侯仇鸞罪狀。嵩以階與鸞嘗同直，欲因鸞以傾階。及聞鸞罪發自階，乃愕然止，而忌階益甚。

帝既誅鸞，益重階，數與謀邊事。時議減鸞所益衞卒，階言：「不可減。又京營積弱之故，卒不在乏而在冗，宜精汰之，取其廩以資賞費。」又請罷提督侍郎孫禬。帝始格於嵩，久而皆用之。一品滿三載，進勳，爲柱國，再進兼太子太傅、武英殿大學士。滿六載，兼食大學士俸，再錄子爲中書舍人，加少傅。九載，改兼吏部尚書。賜宴禮部，璽書褒諭有加。帝雖重階，稍示形迹。嘗以五色芝授嵩，使鍊藥，謂階政本所關，不以相及。階皇恐請，乃得之。帝亦漸委任階，亞於嵩。

楊繼盛論嵩罪，以二王爲徵，下錦衣獄。嵩屬陸炳究主使者。階戒炳曰：「即不愼，一及皇子，如宗社何！」又爲危語動嵩曰：「上惟二子，必不忍以謝公，所罪左右耳。公奈何顯結宮邸怨也。」嵩懼，乃寢。倭躪東南，帝數以問階，階力主發兵。階又念邊卒苦饑，請收畿內麥數十萬石，自居庸輸宣府，紫荊輸大同。帝悅，密傳諭行之。楊繼盛之劾嵩也，嵩固疑階。趙錦、王宗茂劾嵩，〔一〕階又議薄其罰。及是給事中吳時來、主事董傳策、張翀劾嵩不勝，皆下獄。傳策，階里人；時來、翀，階門生也。嵩遂疏辨，顯謂階主使，帝不聽。有所密詢，皆舍嵩而之階。尋加太子太師。

帝所居永壽宮災，徙居玉熙殿，〔二〕隘甚，欲有所營建，以問嵩。嵩請還大內，帝不懌。問階，階請以三殿所餘材，責尚書雷禮營之，可計月而就。帝悅，如階議。命階子尚寶丞璠兼工部主事董其役，十旬而功成。帝即日徙居之，命曰萬壽宮。以階忠，進少師，兼支尚書俸，予一子中書舍人。子璠亦超擢太常少卿。嵩乃日屈。嵩子世蕃貪橫淫縱狀亦漸聞，階乃令御史鄒應龍劾之。帝勒嵩致仕，擢應龍通政司參議。階遂代嵩爲首輔。

已而帝念嵩供奉勞，憐之。又以嵩去，忽忽不樂，乃降諭欲退而修真，且傳嗣，復責階等奈何以官與邪物，謂應龍也。階言：「退而傳嗣，臣等不敢奉命。應龍之轉，乃二部奉旨行之。」帝乃已。

帝以嵩在直久，而世蕃顧爲奸於外，因命階無久直。階窺帝意，言苟爲奸，在外猶在內，固請入直。帝以嵩直廬賜階。階榜三語其中曰：「以威福還主上，以政務還諸司，以用舍刑賞還公論。」於是朝士侃侃，得行其意。袁煒數出直，階請召與共擬旨。因言「事同衆則公，公則百美基；專則私，私則百弊生。」帝頷之。階以張孚敬及嵩導帝猜刻，力反之，務以寬大開帝意。帝惡給事御史抨擊過當，欲有所行遣。階委曲調劑，得輕論。會問階知人之難。階對曰：「大奸似忠，大詐似信。惟廣聽納，則窮兇極惡，人爲我攖之；深情隱慝，人爲我發之。故聖帝明王，有言必察。卽不實，小者置之，大則薄責而容之，以鼓來者。」帝稱善。言路益發舒。

寇由牆子嶺入，直趨通州。帝方祠鼇，兵部尙書楊博不敢奏，謀之階，檄宣府總兵官馬芳、宣大總督江東入援。芳兵先至，階請亟賞之，又請重東權，俾統諸道兵。寇從通掠香河，階請亟備順義，而以奇兵邀之古北口。寇趨順義不得入，乃走古北口。其後軍遇參將郭琥伏而敗，頗得其所掠人畜輜重。始帝怒博不早聞與總督楊選之任寇入也，欲罪之未發。階言：「博雖以祠鼇禁不敢聞，而二鎭兵皆其所先檄。若選則非尾寇，乃送之出境耳。」帝竟誅選，不罪博。進階建極殿大學士。

袁煒以疾歸，道卒，階獨當國。屢請增閣臣，且乞骸骨。乃命嚴訥、李春芳入閣，而待階益隆。以一品十五載考，恩禮特厚，復賜玉帶、繡蟒、珍藥。帝手書問階疾，諄懇如家人，階益恭謹。帝或有所委，通夕不假寐，應制之文未嘗踰頃刻期。帝日益愛階。階採輿論利便者，白而行之。嘉靖中葉，南北用兵。邊鎮大臣小不當帝指，輒逮下獄誅竄，閣臣復竊顏色爲威福。階當國後，緹騎省減，詔獄漸虛，任事者亦得以功名終。於是論者翕然推階爲名相。

嚴訥請告歸，命郭朴、高拱入閣，與春芳同輔政，事仍決於階。階數請立太子，不報。已而景王之藩，病薨。階奏奪景府所占陂田數萬頃還之民，楚人大悅。帝欲建雩壇及興都宮殿，階力止之。鄢懋卿驟增鹽課四十萬金，階風御史請復故額。方士胡大順等勸帝餌金丹，階力陳其矯誣狀，大順等尋伏法。帝服餌病躁。戶部主事海瑞極陳帝失，帝恚甚，欲卽殺之，階力救得繫。帝病甚，忽欲幸興都，階力爭乃止。未幾，帝崩。階草遺詔，凡齋醮、土木、珠寶、織作悉罷，「大禮」大獄、言事得罪諸臣悉牽復之。詔下，朝野號慟感激，比之楊廷和所擬登極詔書，爲世宗始終盛事云。

同列高拱、郭朴以階不與共謀，不樂。朴曰：「徐公謗先帝，可斬也。」拱初侍穆宗裕邸，階引之輔政，然階獨柄國，拱心不平。世宗不豫時，給事中胡應嘉嘗劾拱，拱疑階嗾之。隆慶元年，應嘉以救考察被黜者削籍去，言者謂拱修舊郤脅階斥應嘉。階復請薄應嘉罰，言者又劾拱。拱欲階擬杖，階從容譬解，拱益不悅。令御史齊康劾階，言其二子多干請及家人橫里中狀。階疏辯，乞休。九卿以下交章劾拱譽階，拱遂引疾歸。康竟斥，朴亦以言者攻之，乞身去。

給事、御史多起廢籍，恃階而强，言多過激。帝不能堪，諭階等處之。同列欲擬譴，階曰：「上欲譴，我曹當力爭，乃可導之譴乎。」請傳諭令省改。帝亦勿之罪。是年詔翰林撰中秋宴致語，階言：「先帝未撤几筵，不可宴樂。」帝爲罷宴。帝命中官分督團營，階力陳不可而止。南京振武營兵屢譁，階欲汰之。慮其據孝陵不可攻也，先令操江都御史唐繼祿督江防兵駐陵傍，而徐下兵部分散之。事遂定。羣小璫毆御史於午門，都御史王廷將糾之。階曰：「不得主名，劾何益？且慮彼先誣我。」乃使人以好語誘大璫，先錄其主名。廷疏上，乃分別逮治有差。階之持正應變，多此類也。

階所持諍，多宮禁事，行者十八九，中官多側目。會帝幸南海子，階諫，不從。方乞休，而給事中張齊以私怨劾階，階因請歸。帝意亦漸移，許之。賜馳驛。以春芳請，給夫廩，璽書褒美，行人導行，如故事。陛辭，賜白金、寶鈔、彩幣、襲衣。舉朝皆疏留，報聞而已。王廷後刺得張齊納賄事，劾戍之邊。階既行，春芳爲首輔，未幾亦歸。拱再出，扼階不遺餘力。郡邑有司希拱指，爭齮齕階，盡奪其田，戍其二子。會拱復爲居正所傾而罷，事乃解。萬曆十年，〔三〕階年八十。詔遣行人存問，賜璽書、金幣。明年卒。贈太師，謚文貞。

階立朝有相度，保全善類。嘉、隆之政多所匡救。間有委蛇，亦不失大節。

階弟陟，嘉靖二十六年進士。累官南京刑部侍郎。子璠，以廕官太常卿；琨、瑛，尚寶卿。孫元春，進士，亦官太常卿。元春孫本高，官錦衣千戶。天啓中拒魏忠賢建祠奪職。崇禎改元以薦起，累官左都督。諸生念祖，國變城破，與妻張，二妾陸、李，皆自縊。

高拱，字肅卿，新鄭人。嘉靖二十年進士。選庶吉士。踰年授編修。穆宗居裕邸，出閣講讀，拱與檢討陳以勤並爲侍講。世宗諱言立太子，而景王未之國，中外危疑。拱侍裕邸九年，啓王益敦孝謹，敷陳剴切。王甚重之，手書「懷賢忠貞」字賜焉。累遷侍講學士。嚴嵩、徐階遞當國，以拱他日當得重，薦之世宗。拜太常卿，掌國子監祭酒事。四十一年擢禮部左侍郎。尋改吏部兼學士，掌詹事府事。進禮部尚書，召入直廬。撰齋詞，賜飛魚服。四十五年拜文淵閣大學士，與郭朴同入閣。拱與朴皆階所薦也。

世宗居西苑，閣臣直廬在苑中。拱未有子，移家近直廬，時竊出。一日帝不豫，誤傳非常，拱遽移具出。始階甚親拱，引入直。拱驟貴，負氣頗忤階。給事中胡應嘉，階鄉人也，以劾拱姻親自危，且瞷階方與拱郤，遂劾拱不守直廬，移器用於外。世宗病亟，勿省也。拱疑應嘉受階指，大憾之。

穆宗即位，進少保兼太子太保。階雖爲首輔，而拱自以帝舊臣，數與之抗，朴復助之。階漸不能堪。而是時以勤與張居正皆入閣，居正亦侍裕邸講。階草遺詔獨與居正計，拱心彌不平。會議登極賞軍及請上裁去留大臣事，階悉不從拱議，嫌益深。應嘉掌吏科，佐部院考察。事將竣，忽有所論救。帝責其牴牾，下閣臣議罰。朴奮然曰：「應嘉無人臣禮，當編氓。」階旁睨拱，見拱方怒，勉從之。言路謂拱以私怨逐應嘉，交章劾之。給事中歐陽一敬劾拱尤力。階於拱辯疏，擬旨慰留，而不甚譴言者。拱益怒，相與忿詆閣中。御史齊康爲拱劾階，康坐黜。於是言路論拱者無虛日，南京科道至拾遺及之。拱不自安，乞歸，遂以少傅兼太子太傅、尚書、大學士養病去。隆慶元年五月也。拱以舊學蒙眷注，性强直自遂，頗快恩怨，卒不安其位去。既而階亦乞歸。

三年冬，帝召拱以大學士兼掌吏部事。拱乃盡反階所爲，凡先朝得罪諸臣以遺詔錄用贈卹者，一切報罷。且上疏極論之曰：「明倫大典頒示已久。今議事之臣假託詔旨，凡議禮得罪者悉從褒顯，將使獻皇在廟之靈何以爲享？先帝在天之靈何以爲心？而陛下歲時入廟，亦何以對越二聖？臣以爲未可。」帝深然之。法司坐方士王金等子弒父律。拱復上疏曰：「人君隕於非命，不得正終，其名至不美。先帝臨御四十五載，得歲六十有餘。末年抱病，經歲上賓，壽考令終，曾無暴遽。今謂先帝爲王金所害，誣以不得正終，天下後世視先帝爲何如主。乞下法司改議。」帝復然拱言，命減戍。拱之再出，專與階修郤，所論皆欲以中階重其罪。賴帝仁柔，弗之竟也。階子弟頗橫鄉里。拱以前知府蔡國熙爲監司，簿錄其諸子，皆編戍。所以扼階者，無不至。逮拱去位，乃得解。

拱練習政體，負經濟才，所建白皆可行。其在吏部，欲遍識人才，授諸司以籍，使署賢否，誌爵里姓氏，月要而歲會之。倉卒舉用，皆得其人。又以時方憂邊事，請增置兵部侍郎，以儲總督之選。由侍郎而總督，由總督而本兵，中外更番，邊材自裕。又以兵者專門之學，非素習不可應卒。儲養本兵，當自兵部司屬始。宜愼選司屬，多得智謀才力曉暢軍旅者，久而任之，勿遷他曹。他日邊方兵備督撫之選，皆於是取之。更各取邊地之人以備司屬，如銓司分省故事，則題覆情形可無扞格，幷重其賞罰以鼓勵之。凡邊地有司，其責頗重，不宜付雜流及遷謫者。皆報可，著爲令。拱又奏請科貢與進士並用，勿循資格。其在部考察，多所參伍，不盡憑文書爲黜陟，亦不拘人數多寡，黜者必告以故，使衆咸服。古田瑤賊亂，用殷正茂總督兩廣。曰：「是雖貪，可以集事。」貴州撫臣奏土司安國亨將叛，命阮文中代爲巡撫。臨行語之曰：「國亨必不叛，若往，無激變也。」既而如其言。以廣東有司多貪黷，特請旌廉能知府侯必登，以厲其餘。又言馬政、鹽政之官，名爲卿、爲使，而實以閒局視之。失人廢事，漸不可訓。惟教官驛遞諸司，職卑祿薄，遠道爲難。宜銓注近地，以恤其私。詔皆從之。拱所經畫，皆此類也。

俺答孫把漢那吉來降，總督王崇古受之，請於朝，乞授以官。朝議多以爲不可，拱與居正力主之。遂排衆議請於上，而封貢以成。事具崇古傳。進拱少師兼太子太師、尙書、大學士，改建極殿。拱以邊境稍寧，恐將士惰玩，復請敕邊臣及時閒暇，嚴爲整頓，仍時遣大臣閱視。帝皆從之。遼東奏捷，進柱國、中極殿大學士。

尋考察科道，拱請與都察院同事。時大學士趙貞吉掌都察院，持議稍異同。給事中韓楫劾貞吉有所私庇。貞吉疑拱嗾之，遂抗章劾拱，拱亦疏辨。帝不直貞吉，令致仕去。拱既逐貞吉，專橫益著。尙寶卿劉奮庸上疏陰斥之，給事中曹大埜疏劾其不忠十事，皆謫外任。拱初持清操，後其門生、親串頗以賄聞，致物議。帝終眷拱不衰也。

始拱爲祭酒，居正爲司業，相友善，拱亟稱居正才。及是李春芳、陳以勤皆去，拱爲首輔，居正肩隨之。拱性直而傲，同官殷士儋輩不能堪，居正獨退然下之，拱不之察也。馮保者，中人，性黠，次當掌司禮監。拱薦陳洪及孟沖，帝從之。保以是怨拱，而居正與保深相結。六年春，帝得疾，大漸，召拱與居正、高儀受顧命而崩。初，帝意專屬閣臣，而中官矯遺詔命與馮保共事。

神宗即位，拱以主上幼沖，懲中官專政，條奏請詘司禮權，還之內閣。又命給事中雒遵、程文合疏攻保，而已從中擬旨逐之。拱使人報居正，居正陽諾之，而私以語保。保訴於太后，謂拱擅權不可容，太后頷之。明日召羣臣入，宣兩宮及帝詔。拱意必逐保也，急趨入。比宣詔，則數拱罪而逐之。拱伏地不能起，居正掖之出，僦騾車出宣武門。居正乃與儀請留拱，弗許。請得乘傳，許之。拱既去，保憾未釋。復搆王大臣獄，欲連及拱，已而得寢。居家數年，卒。居正請復其官與祭葬如例。中旨給半葬，祭文仍寓貶詞云。久之，廷議論拱功。贈太師，謚文襄，廕嗣子務觀爲尚寶丞。

郭朴，字質夫，安陽人。嘉靖十四年進士。選庶吉士。累官禮部右侍郎，入直西苑。歷吏部左、右侍郎兼太子賓客。南京禮部缺尚書，帝憐朴久次，特加太子少保擢任之。朴辭曰：「幸與撰述，不欲遠離闕下。」帝大喜，命即以太子少保、禮部尚書、詹事府侍直如故。頃之，吏部尚書歐陽必進罷，即以朴代之。越二年，以父喪去。及嚴訥由吏部入閣，帝謀代者。時董份以工部尚書行吏部左侍郎事，方受帝眷，而爲人貪狡無行。徐階慮其代訥，急言於帝，起朴故官。朴固請終制，不許。尋以考績，加太子太保。

四十五年兼武英殿大學士，入預機務，與高拱並命。階早貴，權重，春芳、訥事之謹，至不敢講鈞禮。而朴與拱鄉里相得，事階稍倨，拱尤負才自恣。及世宗崩，階草遺詔，盡反時政之不便者。拱與朴不得與聞，大恚，兩人遂與階有隙。言路劾拱者多及朴。拱謝病歸，朴不自安，亦求去。帝固留之。時朴已加至少傅、太子太傅矣。御史龐尙鵬、淩儒等攻不止，遂三疏乞歸。家居二十餘年卒。贈太傅，謚文簡。

朴爲人長者。兩典銓衡，以廉著。輔政二年無過。特以拱故，不容於朝，時頗有惜之者。

張居正，字叔大，江陵人。少穎敏絕倫，十五爲諸生。巡撫顧璘奇其文，曰：「國器也。」未幾，居正舉於鄉，璘解犀帶以贈，且曰：「君異日當腰玉，犀不足溷子。」嘉靖二十六年，居正成進士，改庶吉士。日討求國家典故。徐階輩皆器重之。授編修，請急歸，亡何還職。

居正爲人，頎面秀眉目，鬚長至腹。勇敢任事，豪傑自許。然沉深有城府，莫能測也。嚴嵩爲首輔，忌階，善階者皆避匿。居正自如，嵩亦器居正。遷右中允，領國子司業事。與祭酒高拱善，相期以相業。尋還理坊事，遷侍裕邸講讀。王甚賢之，邸中中官亦無不善居正者。而李芳數從問書義，頗及天下事。尋遷右諭德兼侍讀，進侍講學士，領院事。

階代嵩首輔，傾心委居正。世宗崩，階草遺詔，引與共謀。尋遷禮部右侍郎兼翰林院學士。月餘，與裕邸故講官陳以勤俱入閣，而居正爲吏部左侍郎兼東閣大學士。尋充世宗實錄總裁，進禮部尚書兼武英殿大學士，加少保兼太子太保，去學士五品僅歲餘。時徐階以宿老居首輔，與李春芳皆折節禮士。居正最後入，獨引相體，倨見九卿，無所延納。間出一語輒中肯，人以是嚴憚之，重於他相。

高拱以很躁被論去，徐階亦去，春芳爲首輔。亡何趙貞吉入，易視居正。居正與故所善掌司禮者李芳謀，召用拱，俾領吏部，以扼貞吉，而奪春芳政。拱至，益與居正善。春芳尋引去，以勤亦自引，而貞吉、殷士儋皆爲所搆罷，獨居正與拱在，兩人益相密。拱主封俺答，居正亦贊之，授王崇古等以方略。加柱國、太子太傅。六年滿，加少傅〔四〕、吏部尚書、建極殿大學士。以遼東戰功，加太子太師。和市成，加少師，餘如故。

初，徐階既去，令三子事居正謹。而拱銜階甚，嗾言路追論不已，階諸子多坐罪。居正從容爲拱言，拱稍心動。而拱客搆居正納階子三萬金，拱以誚居正。居正色變，指天誓，辭甚苦。拱謝不審，兩人交遂離。拱又與居正所善中人馮保郄。穆宗不豫，居正與保密處分後事，引保爲內助，而拱欲去保。神宗卽位，保以兩宮詔旨逐拱，事具拱傳，居正遂代拱爲首輔。帝御平臺，召居正獎諭之，賜金幣及繡蟒斗牛服。自是賜賚無虛日。

帝虛己委居正，居正亦慨然以天下爲己任，中外想望丰采。居正勸帝遵守祖宗舊制，不必紛更，至講學、親賢、愛民、節用皆急務。帝稱善。大計廷臣，斥諸不職及附麗拱者。復具詔召羣臣廷飭之，百僚皆惕息。帝當尊崇兩宮。故事，皇后與天子生母並稱皇太后，而徽號有別。保欲媚帝生母李貴妃，風居正以並尊。居正不敢違，議尊皇后曰仁聖皇太后，皇貴妃曰慈聖皇太后，兩宮遂無別。慈聖徙乾清宮，撫視帝，內任保，而大柄悉以委居正。

居正爲政，以尊主權、課吏職、信賞罰、一號令爲主。雖萬里外，朝下而夕奉行。黔國公沐朝弼數犯法，當逮，朝議難之。居正擢用其子，馳使縛之，不敢動。既至，請貸其死，錮之南京。漕河通，居正以歲賦逾春，發水橫溢，非決則涸，乃采漕臣議，督艘卒以孟冬月兌運，及歲初畢發，少罹水患。行之久，太倉粟充盈，可支十年。互市饒馬，乃減太僕種馬，而令民以價納，太僕金亦積四百餘萬。又爲考成法以責吏治。初，部院覆奏行撫按勘者，嘗稽不報。居正令以大小緩急爲限，誤者抵罪。自是，一切不敢飾非，政體爲肅。南京小奄醉辱給事中，言者請究治。居正謫其尤激者趙參魯於外以悅保，而徐說保裁抑其黨，毋與六部事。其奉使者，時令緹騎陰詗之。其黨以是怨居正，而心不附保。

居正以御史在外，往往凌撫臣，痛欲折之。一事小不合，詬責隨下，又敕其長加考察。給事中余懋學請行寬大之政，居正以爲風己，削其職。御史傅應禎繼言之，〔五〕尤切。下詔獄，杖戍。給事中徐貞明等羣擁入獄，視具橐饘，亦逮謫外。御史劉臺按遼東，誤奏捷。居正方引故事繩督之，臺抗章論居正專恣不法，居正怒甚。帝爲下臺詔獄，命杖百，遠戍。居正陽具疏救之，僅奪其職。已，卒戍臺。由是，諸給事御史益畏居正，而心不平。

當是時，太后以帝沖年，尊禮居正甚至，同列呂調陽莫敢異同。及吏部左侍郎張四維入，恂恂若屬吏，不敢以僚自處。

居正喜建豎，能以智數馭下，人多樂爲之盡。俺答款塞，久不爲害。獨小王子部衆十餘萬，東北直遼左，以不獲通互市，數入寇。居正用李成梁鎭遼，戚繼光鎭薊門。成梁力戰却敵，功多至封伯，而繼光守備甚設。居正皆右之，邊境晏然。兩廣督撫殷正茂、淩雲翼等亦數破賊有功。浙江兵民再作亂，用張佳胤往撫卽定，故世稱居正知人。然持法嚴。覈驛遞，省冗官，清庠序，多所澄汰。公卿羣吏不得乘傳，與商旅無別。郎署以缺少，需次者輒不得補。大邑士子額隘，艱於進取。亦多怨之者。

時承平久，羣盜蝟起，至入城市劫府庫，有司恒諱之，居正嚴其禁。匿弗舉者，雖循吏必黜。得盜卽斬決，有司莫敢飾情。盜邊海錢米盈數，例皆斬，然往往長繫或瘐死。居正獨亟斬之，而追捕其家屬。盜賊爲衰止。而奉行不便者，相率爲怨言，居正不恤也。

慈聖太后將還慈寧宮，諭居正謂：「我不能視皇帝朝夕，恐不若前者之向學、勤政，有累先帝付託。先生有師保之責，與諸臣異。其爲我朝夕納誨，以輔台德，用終先帝憑几之誼。」因賜坐蟒、白金、綵幣。未幾，丁父憂。帝遣司禮中官慰問，視粥藥，止哭，絡繹道路，三宮賻贈甚厚。

戶部侍郎李幼孜欲媚居正，倡奪情議，居正惑之。馮保亦固留居正。諸翰林王錫爵、張位、趙志皋、吳中行、趙用賢、習孔教、沈懋學輩皆以爲不可，弗聽。吏部尚書張瀚以持慰留旨，被逐去。御史曾士楚、給事中陳三謨等遂交章請留。中行、用賢及員外郎艾穆、主事沈思孝、進士鄒元標相繼爭之。皆坐廷杖，謫斥有差。時彗星從東南方起，長亘天。人情洶洶，指目居正，至懸謗書通衢。帝詔諭羣臣，再及者誅無赦，謗乃已。於是使居正子編修嗣修與司禮太監魏朝馳傳往代司喪，禮部主事曹誥治祭，工部主事徐應聘治喪。居正請無造朝，以青衣、素服、角帶入閣治政，侍經筵講讀，又請辭歲俸。帝許之。及帝舉大婚禮，居正吉服從事。給事中李淶言其非禮，居正怒，出爲僉事。時帝顧居正益重，常賜居正札，稱「元輔張少師先生」，待以師禮。

居正乞歸葬父，帝使尚寶少卿鄭欽、錦衣指揮史繼書護歸，期三月，葬畢卽上道。仍命撫按諸臣先期馳賜璽書敦諭。範「帝賚忠良」銀印以賜之，如楊士奇、張孚敬例，得密封言事。戒次輔呂調陽等「有大事毋得專決，馳驛之江陵，聽張先生處分」。居正請廣內閣員，詔卽令居正推。居正因推禮部尚書馬自强、吏部右侍郎申時行入閣。自强素忤居正，不自意得之，頗德居正，而時行與四維皆自昵於居正，居正乃安意去。帝及兩宮賜賚慰諭有加禮，遣司禮太監張宏供張餞郊外，百僚班送。所過地，有司飭廚傳，治道路。遼東奏大捷，帝復歸功居正。使使馳諭，俾定爵賞。居正爲條列以聞。調陽益內慚，堅臥，累疏乞休不出。

居正言母老不能冒炎暑，請俟淸涼上道。於是內閣、兩都部院寺卿、給事、御史俱上章，請趣居正亟還朝。帝遣錦衣指揮翟汝敬馳傳往迎，計日以俟；而令中官護太夫人以秋日由水道行。居正所過，守臣率長跪，撫按大吏越界迎送，身爲前驅。道經襄陽，襄王出候，要居正宴。故事，雖公侯謁王執臣禮，居正具賓主而出。過南陽，唐王亦如之。抵郊外，詔遣司禮太監何進宴勞，兩宮亦各遣大璫李琦、李用宣諭，賜八寶金釘川扇、御膳、餅果、醪醴，百僚復班迎。入朝，帝慰勞懇篤，予假十日而後入閣，仍賜白金、彩幣、寶鈔、羊酒，因引見兩宮。及秋，魏朝奉居正母行，儀從煊赫，觀者如堵。比至，帝與兩宮復賜賚加等，慰諭居正母子，幾用家人禮。

時帝漸備六宮，太倉銀錢多所宣進。居正乃因戶部進御覽數目陳之，謂每歲入額不敵所出，請帝置坐隅時省覽，量入爲出，罷節浮費。疏上，留中。帝復令工部鑄錢給用，居正以利不勝費止之。言官請停蘇、松織造，不聽。居正爲面請，得損大半。復請停修武英殿工，及裁外戚遷官恩數，帝多曲從之。帝御文華殿，居正侍講讀畢，以給事中所上災傷疏聞，因請振。復言：「上愛民如子，而在外諸司營私背公，剝民罔上，宜痛鉗以法。而皇上加意撙節，於宮中一切用度、服御、賞賚、布施，裁省禁止。」帝首肯之，有所蠲貸。居正以江南貴豪怙勢及諸奸猾吏民善逋賦，選大吏精悍者嚴行督責。賦以時輸，國藏日益充，而豪猾率怨居正。

居正服將除，帝召吏部問期日，敕賜白玉帶、大紅坐蟒、盤蟒。御平臺召對，慰諭久之。使中官張宏引見慈慶、慈寧兩宮，皆有恩賚，而慈聖皇太后加賜御膳九品，使宏侍宴。

帝初卽位，馮保朝夕視起居，擁護提抱有力，小扞格，卽以聞慈聖。慈聖訓帝嚴，每切責之，且曰：「使張先生聞，奈何！」於是帝甚憚居正。及帝漸長，心厭之。乾淸小璫孫海、客用等導上遊戲，皆愛幸。慈聖使保捕海、用，杖而逐之。居正復條其黨罪惡，請斥逐，而令司禮及諸內侍自陳，上裁去留。因勸帝戒遊宴以重起居，專精神以廣聖嗣，節賞賚以省浮費，却珍玩以端好尙，親萬幾以明庶政，勤講學以資治理。帝迫於太后，不得已，皆報可，而心頗嗛保、居正矣。

帝初政，居正嘗纂古治亂事百餘條，繪圖，以俗語解之，使帝易曉。至是，復屬儒臣紀太祖列聖寶訓、實錄分類成書，凡四十：曰創業艱難，曰勵精圖治，曰勤學，曰敬天，曰法祖，曰保民，曰謹祭祀，曰崇孝敬，曰端好尙，曰愼起居，曰戒遊佚，曰正宮闈，曰敎儲貳，曰睦宗藩，曰親賢臣，曰去奸邪，曰納諫，曰理財，曰守法，曰儆戒，曰務實，曰正紀綱，曰審官，曰久任，曰重守令，曰馭近習，曰待外戚，曰重農桑，曰興教化，曰明賞罰，曰信詔令，曰謹名分，曰裁貢獻，曰愼賞賚，曰敦節儉，曰愼刑獄，曰褒功德，曰屏異端，曰飭武備，曰御戎狄。其辭多警切，請以經筵之暇進講。又請立起居注，紀帝言動與朝內外事，日用翰林官四員入直，應制詩文及備顧問。帝皆優詔報許。

居正自奪情後，益偏恣。其所黜陟，多由愛憎。左右用事之人多通賄賂。馮保客徐爵擢用至錦衣衞指揮同知，署南鎭撫。居正三子皆登上第。蒼頭游七入貲爲官，勛戚文武之臣多與往還，通姻好。七具衣冠報謁，列於士大夫。世以此益惡之。

亡何，居正病。帝頻頒敕諭問疾，大出金帛爲醫藥資。四閱月不愈，百官並齋醮爲祈禱。南都、秦、晉、楚、豫諸大吏，亡不建醮。帝令四維等理閣中細務，大事卽家令居正平章。居正始自力，後憊甚不能徧閱，然尚不使四維等參之。及病革，乞歸。上復優詔慰留，稱「太師張太岳先生」。居正度不起，薦前禮部尚書潘晟及尚書梁夢龍，侍郎余有丁、許國、陳經邦，已，復薦尚書徐學謨、曾省吾、張學顏，侍郎王篆等可大用。帝爲黏御屏。晟，馮保所受書者也，强居正薦之。時居正已昏甚，不能自主矣。及卒，帝爲輟朝，諭祭九壇，視國公兼師傅者。居正先以六載滿，加特進中極殿大學士；以九載滿，加賜坐蟒衣，進左柱國，廕一子尙寶丞；以大婚，加歲祿百石，錄子錦衣千戶爲指揮僉事；以十二載滿，加太傅；以遼東大捷，進太師，益歲祿二百石，子由指揮僉事進同知。至是，贈上柱國，謚文忠，命四品京卿、錦衣堂上官、司禮太監護喪歸葬。於是四維始爲政，而與居正所薦引王篆、曾省吾等交惡。

初，帝所幸中官張誠見惡馮保，斥於外，帝使密詗保及居正。至是，誠復入，悉以兩人交結恣橫狀聞，且謂其寶藏踰天府。帝心動。左右亦浸言保過惡，而四維門人御史李植極論徐爵與保挾詐通奸諸罪。帝執保禁中，逮爵詔獄。謫保奉御居南京，盡籍其家金銀珠寶鉅萬計。帝疑居正多蓄，益心豔之。言官劾篆、省吾，幷劾居正，篆、省吾俱得罪。新進者益務攻居正。詔奪上柱國、太師，再奪謚。居正諸所引用者，斥削殆盡。召還中行、用賢等，遷官有差。劉臺贈官，還其產。御史羊可立復追論居正罪，指居正搆遼庶人憲㸅獄。庶人妃因上疏辯冤，且曰：「庶人金寶萬計，悉入居正。」帝命司禮張誠及侍郎丘橓偕錦衣指揮、給事中籍居正家。誠等將至，荊州守令先期錄人口，錮其門，子女多遁避空室中。比門啓，餓死者十餘輩。誠等盡發其諸子兄弟藏，得黃金萬兩，白金十餘萬兩。其長子禮部主事敬修不勝刑，自誣服寄三十萬金於省吾、篆及傅作舟等，尋自縊死。事聞，時行等與六卿大臣合疏，請少緩之；刑部尙書潘季馴疏尤激楚。詔留空宅一所、田十頃，贍其母。而御史丁此呂復追論科場事，謂高啓愚以舜、禹命題，爲居正策禪受。尙書楊巍等與相駁。此呂出外，啓愚削籍。後言者復攻居正不已。詔盡削居正官秩，奪前所賜璽書、四代誥命，以罪狀示天下，謂當剖棺戮屍而姑免之。其弟都指揮居易，子編修嗣修，俱發戍烟瘴地。

終萬曆世，無敢白居正者。熹宗時，廷臣稍稍追述之。而鄒元標爲都御史，亦稱居正。詔復故官，予葬祭。崇禎三年，禮部侍郎羅喻義等訟居正冤。帝令部議，復二廕及誥命。十三年，敬修孫同敞請復武廕，併復敬修官。帝授同敞中書舍人，而下部議敬修事。尚書李日宣等言：「故輔居正，受遺輔政，事皇祖者十年。肩勞任怨，舉廢飭弛，弼成萬曆初年之治。其時中外乂安，海內殷阜，紀綱法度莫不修明。功在社稷，日久論定，人益追思。」帝可其奏，復敬修官。

同敞負志節，感帝恩，益自奮。十五年奉敕慰問湖廣諸王，因令調兵雲南。未復命，兩京相繼失，走詣福建。唐王亦念居正功，復其錦衣世廕，授同敞指揮僉事。尋奉使湖南，聞汀州破，依何騰蛟於武岡。永明王用廷臣薦，改授同敞侍讀學士。爲總兵官劉承胤所惡，言翰林、吏部、督學必用甲科，乃改同敞尚寶卿。以大學士瞿式耜薦，擢兵部右侍郎兼翰林侍讀學士，總督諸路軍務。

同敞有文武材，意氣慷慨。每出師，輒躍馬爲諸將先。或敗奔，同敞危坐不去。諸將復還戰，或取勝。軍中以是服同敞。大將王永祚等久圍永州，大兵赴救，胡一青率衆迎敵，戰敗。同敞馳至全州，檄楊國棟兵策應，乃解去。順治七年，大兵破嚴關，諸將盡棄桂林走。城中虛無人，獨式耜端坐府中。適同敞自靈川至，見式耜。式耜曰：「我爲留守，當死此。子無城守責，盍去諸。」同敞正色曰：「昔人恥獨爲君子，公顧不許同敞共死乎？」式耜喜。取酒與飲，明燭達旦。侵晨被執。諭之降，不從。令爲僧，亦不從。乃幽之民舍。雖異室，聲息相聞，兩人日賦詩倡和。閱四十餘日，整衣冠就刃，顏色不變。既死，同敞屍植立，首墜躍而前者三，人皆辟易。

而居正第五子允修，字建初，廕尚寶丞。崇禎十七年正月，張獻忠掠荊州，允修題詩於壁，不食而死。

贊曰：徐階以恭勤結主知，器量深沉。雖任智數，要爲不失其正。高拱才略自許，負氣淩人。及爲馮保所逐，柴車即路。傾軋相尋，有自來已。張居正通識時變，勇於任事。神宗初政，起衰振隳，不可謂非幹濟才。而威柄之操，幾於震主，卒致禍發身後。書曰「臣罔以寵利居成功」，可弗戒哉。

校勘記

〔一〕趙錦王宗茂玏嵩　趙錦，原作「趙景」。本書卷二一〇鄒應龍傳、明史稿傳七一徐階傳都作「趙錦」。按本書卷二一〇有趙錦傳，事蹟與此合，據改。

〔二〕徙居玉熙殿　玉熙殿，世宗實錄卷五〇三嘉靖四十年十一月辛亥條、國榷卷六三頁三九六九都作「玉熙宮」。

〔三〕萬曆十年　十年，原作「元年」。神宗實錄卷一三六作「神宗卽位之十年，階年八十」。按下文言徐階「明年卒」。徐階卒於萬曆十一年四月己巳，見明史稿紀一六神宗紀及神宗實錄卷一三六。此作「元年」誤，今改正。

〔四〕六年滿加少傅　加少傅，原作「加太傅」。明史稿傳九二張居正傳作「加少傅」。按「六年滿」，時當隆慶四年。本書卷一一〇宰輔年表、穆宗實錄卷五二隆慶四年十二月戊午條均繫張居正加少傅於隆慶四年。下文又言張居正「以十二年滿加太傅」，時爲萬曆四年，見本書卷一一〇宰輔年表，此作「加太傅」誤，今改正。

〔五〕御史傅應禎繼言之　傅應禎，原作「傅應楨」。本書卷二二九有傅應禎傳，事蹟與此合，今據。

明史卷二百十四

列傳第一百二

楊博 子俊民 馬森 劉體乾 王廷 毛愷 葛守禮

靳學顏 弟學曾

楊博，字惟約，蒲州人。父瞻，御史，終四川僉事。博登嘉靖八年進士，除盩厔知縣，調長安。徵爲兵部武庫主事，歷職方郎中。

大學士翟鑾巡九邊，以博自隨。所過山川形勢，土俗好惡，士卒多寡强弱，皆疏記之。至肅州，屬番數百遮道邀賞。鑾慮來者益衆，不能給。博請鑾盛儀衞，集諸番轅門外，數以天子宰相至，不悉衆遠迎，將縛以屬吏。諸番羅拜請罪，乃稍賚其先至者，餘皆懼不復來。鑾還，薦博可屬大事。吉囊、俺答歲盜邊，尚書張瓚一切倚辦博。帝或中夜降手詔，博隨事條答，悉稱旨。毛伯溫代瓚，博當遷，特奏留之。已，遷山東提學副使，轉督糧參政。

二十五年超拜右僉都御史，巡撫甘肅。大興屯利，請募民墾田，永不征租。又以暇修築肅州榆樹泉及甘州平川境外大蘆泉諸處墩臺，鑿龍首諸渠。初，罕東屬番避土魯番亂，遷肅州境上，時與居民戕殺。監生李時暘以爲言，事下守臣。博爲築金塔、白城七堡，召其長，令率屬徙居之。諸番徙七百餘帳，州境爲之肅清。總兵官王繼祖却寇永昌，鎭羌參將蔡勳等戰鎭番、山丹，三告捷，斬首百四十餘級。進博右副都御史。以母憂歸。仇鸞鎭甘肅，總督曾銑劾之，詔逮治。博亦發其貪罔三十事。鸞拜大將軍，數毁之，帝不聽。服闋，鸞已誅，召拜兵部右侍郎。轉左，經略薊州、保定。

初，俺答薄都城，由潮河川入，議者爭請爲備。水湍悍，不可城。博緣水勢建石墩，置戍守，還督京城九門。時因寇警，歲七月分兵守陴。博曰：「寇至，須鎭靜，奈何先事自擾。」罷其令。尋遷總督薊、遼、保定軍務。博以薊逼京師，護畿甸陵寢爲大，分布諸將，畫地爲防。

三十三年秋，把都兒及打來孫十餘萬騎犯薊鎭，攻牆。帝憂甚，數遣騎偵博。博擐甲宿古北口城上，督總兵官周益昌等力禦。帝大喜。馳賜緋豸衣，犒軍萬金。寇攻四晝夜不得入，乃并攻孤山口，登牆。官軍斷一人腕，乃退屯虎頭山。博募死士，夜以火驚其營。寇擾亂，比明悉去。進右都御史，廕子錦衣千戶。明年，打來孫復入益昌，擊却之。遂擢博兵部尚書，錄防秋功，加太子少保。

嚴嵩父子招權利，諸司爲所撓，博一切格不行。嵩恨博，會丁父憂去。兵部尚書許論罷，帝起博代之。博未終喪，疏辭。而帝以大同右衛圍急，改博總督宣、大、山西軍務。博墨縗馳出關。未至，侍郎江東等以大軍進，寇引去。時右衛圍六月，守將王德戰亡，城中芻粟且盡，士死守無二心。博厚撫卹，奏行善後十事。以給事中張學顏言，留博鎭撫。奏蠲被寇租，因僉其丁壯爲義勇，分隸諸將。博以邊人不習車戰，寇入輒不支，請造偏箱車百輛；有警則右衞車東，左衞車西，使相聲援。又以大同牆圮，繕治爲急；次則塞銀釵、驛馬諸嶺，以絕窺紫荊路；備居庸南山，以絕窺陵寢畿甸路；修陽神地諸牆塹，以絕入山西路。乃於大同牛心山諸處築堡九，墩臺九十二，接左衞高山站，〔一〕以達鎭城。濬大濠二，各十八里，小濠六十有四。五旬訖功，賜敕獎賚。

帝數欲召博還，又虞邊，以問嵩。嵩雅不喜博，請令江東署部事，俟秋防畢徐議之，遂不召。秋防訖，加太子太保，留鎭如故。哱素把伱及叛人了都記等數以輕騎寇邊，博先後計擒之。又數出奇兵襲寇，寇稍徙帳。因議築故總督翁萬達所創邊牆，招還內地民爲寇掠者千六百餘人。又請通宣、大荒田水利，薄其租。報可。改薊遼總督。秋防竣，廷議欲召博還，吏部尚書吳鵬不可。鄭曉署兵部，爭之曰：「博在薊、遼則薊、遼安，在本兵則九邊俱安。」乃召還，加少保。

帝憂邊甚，博每先事爲防，帝眷倚若左右手。嘗語閣臣：「自博入，朕每憂邊，其語博預爲謀。」博上言：「今九邊，薊鎭爲重。請敕邊臣逐大同寇，使不得近薊，宣、大諸將從獨石偵情形，預備黃花、古北諸要害，使一騎不得入關，卽首功也。」帝是之。

四十二年十月，寇擁衆窺薊州，聲言犯遼陽。總督楊選帥師東，博檄止之。又手書三往，卒不從。博拊几曰：「敗矣。」急徵兵入援，寇已潰牆子嶺，犯通州。帝歎曰：「庚戌事又見矣。」諸路兵先後至。命宣大總督江東統文武大臣分守皇城、京城，鎭遠侯顧寰以京營兵分布城內外。寇解而東，躪順義、三河，飽掠去。援兵不發一矢，取道斃及零騎傷殘者報首功。帝怏怏，諭博曰：「賊復飽颺，何以懲後？」遂誅選。博懼及，徐階力保持之。帝念博前功，不罪。久之，改吏部尙書。

隆慶改元，請遵遺詔，錄建言諸臣，死者皆贈卹。時方計羣吏，山西人無一被黜者。給事中胡應嘉劾博庇其鄉人，博連疏乞休。並慰留，且斥言者。一品滿三考，進少傅兼太子太傅。帝將遊南海子，博率同列諫。御史詹仰庇以直言罷，博爭之。屯鹽都御史龐尙鵬被論，博議留。忤旨，遂謝病歸。尙書劉體乾等交章乞留，不聽。大學士高拱掌吏部，薦博堪本兵。詔以吏部尙書理兵部事。陳薊、昌戰守方略，謂：「議者以守牆爲怯，言可聽，實無少效。牆外邀擊，害七利三；牆內格鬭，利一害九。夫因牆守，所謂先處戰地而待敵。名守，實戰也。臣爲總督，嘗拒打來孫十萬衆，以爲當守牆無疑。」因陳明應援、申駐守、處京營、諭屬夷、修內治諸事，帝悉從之。

博魁梧豐碩，臨事安閑有識量。出入中外四十餘年，始終以兵事著。六年，高拱罷，乃改博吏部，進少師兼太子太師。明年秋，疾作，三疏乞致仕歸。逾年卒。贈太傅，謚襄毅。

拱柄國時欲中徐階危禍，博造拱力爲解。拱亦心動，事獲已。其後張居正逐拱，將周內其罪，博毅然爭之。及興王大臣獄，博與都御史葛守禮詣居正力爲解。居正憤曰：「二公謂我甘心高公耶？」博曰：「非敢然也，然非公不能回天。」會帝命守禮偕都督朱希孝會訊，博陰爲畫計，使校尉怵大臣改供；又令拱僕雜稠人中，令大臣識別，茫然莫辨，事乃白。人以是稱博長者。

子俊民，字伯章，嘉靖四十一年進士。除戶部主事，歷禮部郎中。隆慶初，遷河南提學副使。萬曆初，歷太僕少卿。父博致政，侍歸。起故官，累遷兵部左侍郎署部事。時議撦力克嗣封。俊民言：「款未可遽罷。惟內修守備，而外勤西部，使盡還巢，申定市額，使無濫索而已。」議遂定。進戶部尚書，總督倉場。十九年還理部事。河南大饑，人相食，請發銀米各數十萬。或議其稽緩，因自劾求罷。疏六上，不允。小人競請開礦，俊民爭不得，稅使乃四出。天下騷然，時以咎俊民。在事歷三考，累加太子太保。卒官，贈少保。後敍東征轉餉功，贈少傅兼太子太傅。

馬森，字孔養，懷安人。父俊，晚得子，家人抱之墜，殞焉。俊紿其妻曰「我誤也」，不之罪。踰年而舉森。嘉靖十四年成進士，授戶部主事，歷太平知府。民有兄弟訟者，予鏡令照曰：「若二人老矣，忍傷天性乎？」皆感泣謝去。再遷江西按察使。有進士嬖外婦而殺妻，撫按欲緩其獄，森卒抵之法。

歷左布政使，就擢巡撫右副都御史。入爲刑部右侍郎，改戶部。初，森在江西薦布政使宋淳。淳後撫南、贛，以贓敗，森坐調大理卿。屢駁疑獄，與刑部尚書鄭曉、都御史周延稱爲「三平」。病歸，起南京工部右侍郎。改戶部，督倉場，尋轉左。以右都御史總督漕運，兼巡撫鳳陽，遷南京戶部尚書。隆慶初，改北部。

是時，登極詔書蠲天下田租半。太倉歲入少，不能副經費，而京、通二倉積貯無幾。森鉤校搜剔，條行十餘事。又列上錢穀出入之數，勸帝節儉。帝手詔責令措置，森奏：「祖宗舊制，河、淮以南以四百萬供京師，河、淮以北以八百萬供邊。一歲之入，足供一歲之用。後邊陲多事，支費漸繁，一變而有客兵之年例，再變而有主兵之年例。其初止三五十萬耳，後漸增至二百三十餘萬。屯田十虧七八，鹽法十折四五，民運十逋二三，悉以年例補之。在邊則士馬不多於昔，在太倉則輸入不益於前，而所費數倍。重以詔書蠲除，故今日告匱，視往歲有加。臣前所區畫，算及錙銖，不過紓目前急，而於國之大體，民之元氣，未暇深慮。願廣集衆思，令廷臣各陳所見。」又奏河東、四川、雲南、福建、廣東、靈州鹽課事宜。詔皆如所請。帝嘗命中官崔敏發戶部銀六萬市黃金。森持不可，且言，故事御札皆由內閣下，無司禮徑傳者，事乃止。既又命購珠寶，森亦力爭，不聽。三年以母老乞終養。賜馳驛歸，後屢薦不起。

森爲考官時，夏言壻出其門，欲介之見言，謝不往。嚴嵩聞而悅之，森亦不附。爲徐階所重，遂引用之。里居，贊巡撫龐尙鵬行一條鞭法，鄉人爲立報功祠。萬曆八年卒。贈太子少保，謚恭敏。

劉體乾，字子元，東安人。嘉靖二十三年進士。授行人，改兵科給事中。司禮太監鮑忠卒，其黨李慶爲其姪鮑恩等八人乞遷。帝已許之，以體乾言止錄三人。轉左給事中。

帝以財用絀，詔廷臣集議。多請追宿逋，增賦額。體乾獨上奏曰：「蘇軾有言『豐財之道，惟在去其害財者』。今之害最大者有二，冗吏、冗費是也。歷代官制，漢七千五百員，唐萬八千員，宋極冗至三萬四千員。本朝自成化五年，武職已逾八萬。合文職，蓋十萬餘。今邊功陞授、勳貴傳請、曹局添設、大臣恩廕，加以廠衞、監局、勇士、匠人之屬，歲增月益，不可悉舉。多一官，則多一官之費。請嚴敕諸曹，淸革冗濫，減俸將不貲。又聞光祿庫金，自嘉靖改元至十五年，積至八十萬。自二十一年以後，供億日增，餘藏頓盡。進御果蔬，初無定額，止眎內監片紙，如數供御。乾沒狼籍，輒轉鬻市人。其他諸曹，侵盜尤多。宜著爲令典，歲終使科道臣會計之，以淸冗費。二冗旣革，國計自裕。舍是，而督逋、增賦，是揚湯止沸也。」於是部議請汰各監局人匠。從之。

累官通政使，遷刑部左侍郎。改戶部左侍郎，總督倉場。隆慶初，進南京戶部尙書。南畿、湖廣、江西銀布絹米積逋二百六十餘萬，鳳陽園陵九衞官軍四萬，而倉粟無一月儲。體乾再疏請責成有司，又條上六事，皆報可。

馬森去，召改北部。詔取太倉銀三十萬兩。體乾言：「太倉銀所存三百七十萬耳，而九邊年例二百七十六萬有奇，在京軍糧商價百有餘萬，薊州、大同諸鎭例外奏乞不與焉。若復取以上供，經費安辦？」帝不聽。體乾復奏：「今國計絀乏，大小臣工所共知。即存庫之數，乃近遣御史所搜括，明歲則無策矣。今盡以供無益費，萬一變起倉卒，如國計何！」於是給事中李已、楊一魁、龍光，御史劉思問、蘇士潤、賀一桂、傅孟春交章乞如體乾言，閣臣李春芳等皆上疏請，乃命止進十萬兩。又奏太和山香稅宜如泰山例，有司董之，毋屬內臣。忤旨，奪俸半年。

帝嘗問九邊軍餉、太倉歲發及四方解納之數。體乾奏：「祖宗朝止遼東、大同、宣府、延綏四鎮，繼以寧夏、甘肅、薊州，又繼以固原、山西，今密雲、昌平、永平、易州俱列戍矣。各鎮防守有主兵。其後增召募，增客兵，而坐食愈衆。各鎮芻餉有屯田。其後加民糧，加鹽課，加京運，而橫費滋多。」因列上隆慶以來歲發之數。又奏：「國家歲入不足供所出，而額外陳乞者多。請以內外一切經費應存革者，刊勒成書。」報可。

詔市縣二萬五千斤，體乾請俟湖州貢。帝不從，趣之急。給事中李已言：「三月非用縣時，不宜重擾商戶。」體乾亦復爭，乃命止進萬斤。踰年詔趣進金花銀，且購貓睛、祖母綠諸異寶。已上書力諫，體乾請從已言，不納。內承運庫以白劄索部帑十萬。體乾執奏，給事中劉繼文亦言白劄非體。帝報有旨，竟取之。體乾又乞承運庫減稅額二十萬，爲中官崔敏所格，不得請。是時內供已多，數下部取太倉銀，又趣市珍珠黃綠玉諸物。體乾清勁有執，每疏爭，積忤帝意，竟奪官。給事中光懋、御史淩琯等交章請留，不聽。

神宗卽位，起南京兵部尙書，奏言：「留都根本重地，故額軍九萬，馬五千餘匹。今軍止二萬二千，馬僅及半，單弱足慮。宜選諸衞餘丁，隨伍操練，發貯庫草場銀買馬。」又條上防守四事。並從之。萬曆二年致仕，卒。贈太子少保。

王廷，字子正，南充人。嘉靖十一年進士。授戶部主事，改御史。疏劾吏部尙書汪鋐，謫亳州判官。歷蘇州知府，有政聲。累遷右副都御史，總理河道。三十九年轉南京戶部右侍郎，總督糧儲。南京督儲，自成化後皆以都御史領之，至嘉靖二十六年始命戶部侍郎兼理。及振武營軍亂，言者請復舊制，遂以副都御史章煥專領，而改廷南京刑部。未上，復改戶部右侍郎兼左僉都御史，總督漕運，巡撫鳳陽諸府。

時倭亂未靖。廷建議以江南屬鎭守總兵官，專駐吳淞，江北屬分守副總兵，專駐狼山。遂爲定制。淮安大饑，與巡按御史朱綱奏留商稅餉軍，被詔切讓。給事中李邦義因劾廷拘滯，吏部尙書嚴訥爲廷辨，始解。轉左侍郎，還理部事。以通州禦倭功，加俸二級。遷南京禮部尙書，召爲左都御史。奏行愼選授、重分巡、謹刑獄、端表率、嚴檢束、公舉劾六事。

隆慶元年六月，京師雨潦壞廬舍，命廷督御史分行振恤。會朝覲天下官，廷請嚴禁餽遺，酌道里費，以儆官邪，蘇民力。帝謁諸陵，詔廷同英國公張溶居守。中官許義挾刃脅人財，爲巡城御史李學道所笞。羣璫伺學道早朝，邀擊之左掖門外。廷上其狀，論戍有差。

御史齊康爲高拱劾徐階。廷言：「康懷奸黨邪，不重懲無以定國是。」帝爲謫康，諭留階。拱遂引疾去。而給事中張齊者，嘗行邊，受賈人金。事稍泄，陰求階子璠居間，璠謝不見。齊恨，遂摭康疏語復論階，階亦引疾去。廷因發齊奸利事，言：「齊前奉命賞軍宣大，納鹽商楊四和數千金，爲言恤邊商、革餘鹽數事，爲大學士階所格。四和抵齊取賄，蹤跡頗露。齊懼得罪，乃借攻階冀自掩。」遂下齊詔獄。刑部尚書毛愷當齊戍，詔釋爲民。拱起再相，廷恐其修郤，而愷亦階所引，遂先後乞休以避之。給事中周芸、御史李純樸訟齊事，謂廷、愷阿階意，羅織不辜。刑部尚書劉自強覆奏：「齊所坐無實，廷、愷屈法徇私。」詔奪愷職，廷斥爲民，宥齊，補通州判官。

萬曆初，齊以不謹罷，愷已前卒。浙江巡按御史謝廷傑訟愷狷潔有古人風，坐按張齊奪官，今齊已黜，足知愷守正。詔復愷官。於是巡撫四川都御史曾省吾言：「廷守蘇州時，人比之趙清獻。直節勁氣，始終無改。宜如毛愷例復官。」詔以故官致仕。十六年給夫廩如制，仍以高年特賜存問。明年卒。謚恭節。

毛愷，字達和，江山人。嘉靖十四年進士。授行人，擢御史。坐論洗馬鄒守益不當投散地，爲執政所惡，謫寧國推官。歷刑部尚書。太監李芳驟諫忤穆宗，命刑部置重辟。愷奏：「芳罪狀未明，非所以示天下公。」芳乃得貰死。愷贈太子少保，謚端簡。

葛守禮，字與立，德平人。嘉靖七年，舉鄉試第一。明年成進士，授彰德推官。巨盜誣富家，株連以百數。守禮盡出之，主獄者譖之御史。會藩府獄久不決，屬守禮，一訊即得，乃大驚服。冬至，趙王戒百官朝服賀，守禮獨不可。

遷兵部主事。父喪服闋，補禮部。寧府宗人悉錮高牆，後稍得脫，因請封。禮部尚書夏言議量復中尉數人。未上，而言入閣，嚴嵩代之。守禮適遷儀制郎中，駁不行。故事，郡王絕，近支得以本爵理府事，不得繼封。交城、懷仁、襄垣近支絕，以繼封請，守禮持之堅。會以疾在告，三邸人乘閒行賂，遂得請。旗校詷其事以聞。所籍記賂遺十餘萬，獨無守禮名，帝由是知守禮廉。

遷河南提學副使，再遷山西按察使，進陝西布政使，擢右副都御史，巡撫河南。入爲戶部侍郎，督餉宣、大。改吏部。自左侍郎遷南京禮部尚書。李本署吏部事，希嚴嵩指考察廷臣，署守禮下考，勒致仕。後帝問守禮安在，左右謬以老病對。帝爲歎惜久之。

隆慶元年起戶部尚書。奏言：「畿輔、山東流移日衆，以有司變法亂常，起科太重，徵派不均。且河南北，山東西，土地磽瘠，正供尚不能給，復重之徭役。工匠及富商大賈，皆以無田免役，而農夫獨受其困，此所謂舛也。乞正田賦之規，罷科差之法。又國初徵糧，戶部定倉庫名目及石數價值，通行所司，分派小民，隨倉上納，完欠之數瞭然可稽。近乃定爲一條鞭法，計畝徵銀。不論倉口，不問石數。吏書夤緣爲奸，增減灑派，弊端百出。至於收解，乃又變爲一串鈴法，謂之夥收分解。收者不解，解者不收，收者獲積餘之貲，解者任賠補之累。夫錢穀必分數明而後稽覈審，今混而爲一，是爲那移者地也。願敕所司，酌復舊規。」詔悉舉行。於是奏定國計簿式，頒行天下。自嘉靖三十六年以後完欠、起解、追徵之數及貧民不能輸納，備錄簿中。自府州縣達布政，送戶部稽考，以淸隱漏那移侵欺之弊。又以戶部事理財賦，必周知天下倉庫盈虛，然後可節縮調劑。祖宗時令天下歲以文册報部，乃請遣御史譚啓、馬明謨、張問明、趙巖分行天下董其事，並承敕以行。覃恩例賞邊軍，或言士伍虛冒，宜乘給賞汰之。守禮言：「此朝廷曠典，乃以賈怨耶？」議乃止。

大學士高拱與徐階不相能，舉朝攻拱。侍郎徐養正、劉自強，拱所厚，亦詣守禮言。守禮不可，養正等遂論拱。守禮尋乞養母歸。及拱再相，深德守禮，起爲刑部尚書。初，階定方士王金等獄，坐妄進藥物，比子殺父律論死。詔下法司會訊。守禮等議金妄進藥無事實，但習故陶仲文術，左道惑衆，應坐爲從律編戍。給事中趙奮言：「法司爲天下平。昔則一主於入，而不爲先帝地；今則一主於出，而不恤後世議。罪有首而後有從，金等爲從，孰爲首？將以陶仲文爲首，則仲文死已久。爲法如此，陛下何賴哉。」疏入，報聞。

尋改守禮左都御史。奏言：「畿內地勢窪下，河道堙塞，遇潦則千里爲壑。請倣古井田之制，濬治溝洫，使旱潦有備。」章下有司。又申明巡撫事宜，條列官箴、士節六事。守禮議王金獄，與拱合，然不附拱。後張居正欲以王大臣事搆殺拱，守禮力爲解，乃免。階、拱、居正更用事，交相軋。守禮周旋其間，正色獨立，人以爲難。萬曆三年以老乞休。詔加太子少保，馳驛歸。六年卒。贈太子太保，謚端肅。

靳學顏，字子愚，濟寧人。嘉靖十三年舉鄉試第一。明年成進士，授南陽推官，以廉平稱。歷吉安知府，治行高，累遷左布政使。隆慶初，入爲太僕卿，改光祿。旋拜右副都御史，巡撫山西。應詔陳理財，凡萬餘言。言選兵、鑄錢、積穀最切。其略曰：

宋初禁軍十萬，總天下諸路亦不過十萬，其後慶曆、治平間增至百餘萬。然其時財用不絀。我朝邊兵四十萬。其後雖增兵益戍，而主兵多缺，不若宋人十倍其初也。然自嘉靖中卽以絀乏告，何哉？宋雖增兵，而天下無養兵費。我朝以民養兵，而新軍又一切仰太倉。舊餉不減，新餉日增，費一也。周豐鎬、漢西都，率有其名而無實。我朝留都之設，建官置衞，坐食公帑，費二也。唐、宋宗親或通名仕版，或散處民間。我朝分封列爵，不農不仕，吸民膏髓，費三也。有此三者，儲畜安得不匱。而其間尤耗天下之財者，兵而已。夫陷鋒摧堅，旗鼓相當，兵之實也。今邊兵有戰時，若腹兵則終世不一當敵。每盜賊竊發，非陰陽、醫藥、雜職，則丞貳判簿爲之將；非鄉民里保，則義勇快壯爲之兵。在北則借鹽丁礦徒，在南則借狼土。此皆腹兵不足用之驗也。當限以輪番守戍之法。或遠不可徵，或弱不可任，則聽其耕商，而移其食以餉邊。如免班軍而徵價，省充發而輸贖，亦變通一策也。欲京兵强，亦宜責以輪番戍守。夫京師去宣府、薊鎭纔數百里，京營九萬卒，歲以一萬戍二鎭，九年而一周，未爲苦也，而怯者與邊兵同其勁矣。又以畿輔之卒塡京戍之闕，其部伍、號令、月糧、犒賞亦與京卒同，而畿輔之卒皆親兵矣。夫京卒戍薊鎭，則延、固之費可省。戍宣府，則宣府、大同之氣自張。寇畏宣、大之力制其後，京卒之勁當其前，則仰攻深入之事鮮矣。

臣又覩天下之民皇皇以匱乏爲慮者，非布帛五穀不足也，銀不足耳。夫銀，寒不可衣，饑不可食，不過貿遷以通衣食之用，獨奈何用銀而廢錢？錢益廢，銀益獨行。獨行則藏益深，而銀益貴，貨益賤，而折色之辦益難。豪右乘其賤收之，時其貴出之。銀積於豪右者愈厚，行於天下者愈少，更踰數十年，臣不知所底止矣。錢者，泉也，不可一日無。計者謂錢法之難有二：利不讐本，民不願行。此皆非也。夫朝廷以山海之產爲材，以億兆之力爲工，以賢士大夫爲役，何本之費？誠令民以銅炭贖罪，而匠役則取之營軍，一指麾間，錢徧天下矣。至不願行錢者，獨奸豪爾。請自今事例、罰贖、徵稅、賜賚、宗祿、官俸、軍餉之屬，悉銀錢兼支。上以是徵，下以是輸，何患其不行哉。

臣又聞中原者，邊鄙之根本也。百姓者，中原之根本也。民有終身無銀，而不能終歲無衣，終日無食。今有司夙夜不遑者，乃在銀而不在穀，臣竊慮之。國家建都幽燕，北無郡國之衞，所恃爲腹心股肱者，河南、山東、江北及畿內八府之人心耳。其人率鷙悍而輕生，易動而難戢，游食而寡積者也。一不如意，則輕去其鄉；往往一夫作難，千人響應，前事已屢驗矣。弭之之計，不過曰恤農以繫其家，足食以繫其身，聚骨肉以繫其心。今試覈官廩之所藏，每府得數十萬，則司計者安枕可矣。得三萬焉，猶足塞轉徙者之望，設不滿萬，豈得無寒心？臣竊意不滿萬者多也。

臣近者疏請積穀，業蒙允行。第恐有司從事不力，無以塞明詔。敢卽臣說申言之。

其一曰官倉，發官銀以糴也。一曰社倉，收民穀以充也。官倉非甚豐歲不能舉，社倉雖中歲皆可行。唐義倉之開，每歲自王公以下皆有入。宋則準民間正稅之數，取二十分之一以爲社。誠倣而推之，就土俗，合人情，占歲候以通其變，計每歲二倉之入以驗其功，著爲令，而歲歲修之，時其豐歉而斂散之。在官倉者，民有大饑則以振。在民倉者，雖官有大役亦不聽貸。借此藏富於民，卽藏富於國也。今言財用者，不憂穀之不足，而憂銀之不足。夫銀實生亂，穀實弭亂。銀之不足，而泉貨代之。五穀不足，則孰可以代者哉？故曰明君不寶金玉，而寶五穀，伏惟聖明垂意。

疏入，下所司議，卒不能盡行也。

尋召爲工部右侍郎，改吏部，進左侍郎。學顏內行修潔，見高拱以首輔掌銓，專恣甚，遂謝病歸，卒。弟學曾，山西副使。治績亦有聞。

贊曰：明之中葉，邊防墮，經費乏。當時任事之臣，能留意於此者鮮矣。若楊博、馬森、劉體乾、葛守禮、靳學顏之屬，庶幾負經濟之略者。就其設施與其所建白，究而行之，亦補苴一時而已，況言之不盡行，行之不能久乎。自時厥後，張居正始一整飭。居正歿，一切以空言從事，以迄於亡。蓋其壞非朝夕之積矣。

校勘記

〔一〕接左衞高山站　高山站，原作「高山跕」，據明史稿傳九三楊博傳、皇明九邊考卷五大同鎭彊域考改。

明史卷二百十五

列傳第一百三

王治　歐陽一敬胡應嘉　周弘祖岑用賓　鄧洪震　詹仰庇

駱問禮楊松　張應治　鄭履淳　陳吾德李已　胡涍

汪文輝　劉奮庸曹大埜

王治，字本道，忻州人。嘉靖三十二年進士。除行人，遷吏科給事中。寇屢盜邊，邊臣多匿不奏；小勝，文臣輒冒軍功。治請臨陣斬獲，第錄將士功；文臣及鎭帥不親搏戰者止賜賚。從之。再遷禮科左給事中。

隆慶元年偕御史王好問覈內府諸監局歲費。中官崔敏請止之，爲給事中張憲臣所劾。得旨：「詔書所載者，自嘉靖四十一年始，聽治等詳覈。不載者，已之。」治等力爭，不許。

事竣，劾中官趙廷玉、馬尹乾沒罪，詔下司禮監按問。尋上疏陳四事。「一、定宗廟之禮以隆聖孝。獻皇雖貴爲天子父，未嘗南面臨天下；雖親爲武宗叔，然嘗北面事武宗。今乃與祖宗諸帝並列，設位於武宗右，揆諸古典，終爲未協。臣以爲獻皇祔太廟，不免遞遷。若專祀世廟，則億世不改。乞敕廷臣博議，務求至當。一、謹燕居之禮以澄化源。人主深居禁掖，左右便佞窺伺百出，或以燕飲聲樂，或以遊戲騎射。近則損敝精神，疾病所由生。久則妨累政事，危亂所由起。比者人言籍籍，謂陛下燕閒舉動，有非諒闇所宜者。臣竊爲陛下慮之。」其二，請勤朝講、親輔弼。疏入，報聞。

進吏科都給事中。劾薊遼總督都御史劉燾、南京督儲都御史曾于拱不職，于拱遂罷。山西及薊鎮並中寇，治以罪兵部尚書郭乾、侍郎遲鳳翔，偕同官歐陽一敬等劾之。詔罷乾，貶鳳翔三秩視事。部議卹光祿少卿馬從謙。帝不許，治疏爭。帝謂從謙所犯，比子罵父律，終不允。治又請追謚何瑭，雪夏言罪，且言大理卿朱廷立、刑部侍郎詹瀚共鍛成夏言、曾銑獄，〔二〕宜追奪其官。咸報可。明年，左右有言南海子之勝者，帝將往幸。治率同官諫。大學士徐階、尚書楊博、御史郝杰等並阻止。皆不聽。至則荒莽沮濕，帝甚悔之。治尋擢太僕少卿，改大理，進太僕卿。憂歸，卒。

歐陽一敬，字司直，彭澤人。嘉靖三十八年進士。除蕭山知縣。徵授刑科給事中。劾太常少卿晉應槐爲文選郎時劣狀，而南京侍郎傅頤、寧夏巡撫王崇古、湖廣參政孫弘軾由應槐進，俱當罷。吏部爲應槐等辨，獨罷頤官。未幾，劾罷禮部尚書董份。

三遷兵科給事中。言廣西總兵當用都督，不當用勳臣。因劾恭順侯吳繼爵罷之，以俞大猷代。寇大入陝西，劾總督陳其學、巡撫戴才，俱奪官。又以軍政劾英國公張溶，山西、浙江總兵官董一奎、劉顯，掌錦衣衞都督李隆等九人不職。溶留，餘俱貶黜。

自嚴嵩敗，言官爭發憤論事，一敬尤敢言。隆慶元年正月，吏部尚書楊博掌京察，黜給事中鄭欽、御史胡維新，而山西人無下考者。吏科給事中胡應嘉劾博挾私憤，庇鄉里。應嘉先嘗劾高拱，拱修郤，將重罪之。徐階等重違拱意，且以應嘉實佐察，初未言，今黨同官妄奏，擬旨斥爲民。言路大譁。一敬爲應嘉訟，斥博及拱。詆拱奸險橫惡，無異蔡京，且言：「應嘉前疏臣與聞，黜應嘉不若黜臣。」會給事中辛自修、御史陳聯芳疏爭，階乃調應嘉建寧推官。一敬尋劾拱威制朝紳，專柄擅國，亟宜罷。不聽。踰月，御史齊康劾階。諸給事御史以康受拱指，羣集闕下，詈而唾之。一敬首劾康，康亦劾一敬。時康主拱，一敬主階，互指爲黨。言官多論康，康竟坐謫。

已，陳兵政八事，部皆議行。南京振武營兵由此罷。湖廣巡按陳省劾太和山守備中官呂祥，〔三〕詔徵祥還，罷守備官。未幾，復遣監丞劉進往代。一敬言：「進故名俊，守顯陵無狀。肅皇帝下之獄，充孝陵衞淨軍，今不宜用。」從之。中官呂用等典京營，一敬力諫，事寢。黔國公沐朝弼殘恣，屢抗詔旨。一敬請治其罪，報可。俄擢太常少卿。拱再起柄政，一敬懼，即日告歸，半道以憂死。時應嘉已屢遷參議，憂歸，聞拱再相，亦驚怖而卒。

應嘉，沭陽人。由宜春知縣擢吏科給事中。三遷都給事中。論侍郎黃養蒙、李登雲及布政使李磐、侯一元不職，皆罷去。登雲者，大學士高拱姻也。應嘉策拱必害己，遂幷劾拱，言：「拱輔政初，即以直廬爲隘，移家西安門外，夤夜潛歸。陛下近稍違和，拱即私運直廬器物於外。臣不知拱何心。」疏入，拱大懼，亟奏辯。會帝崩，得不竟。拱以此銜應嘉。穆宗嗣位，應嘉請帝御文華殿與輔臣面議大政，召訪諸卿顧問侍從，令科臣隨事駁議。帝納焉。應嘉居諫職，號敢言。然悻悻好搏擊，議者頗以傾危目之。

周弘祖，麻城人。嘉靖三十八年進士。除吉安推官。徵授御史，出督屯田、馬政。

隆慶改元，司禮中貴及藩邸近侍廕錦衣指揮以下至二十餘人。弘祖馳疏請止賚金幣，或停世襲，且言：「高皇帝定制，宦侍止給奔走掃除，不關政事。孝宗召對大臣，宦侍必退去百餘武，非惟不使之預，亦且不使之聞。願陛下勿與謀議，假以嚬笑，則彼無亂政之階，而聖德媲太祖、孝宗矣。臣又聞先帝初載，欲廕太監張欽義子錦衣，兵部尚書彭澤執奏再四。今趙炳然居澤位，不能效澤忠，無所逃罪。」報聞。已，請汰內府監局、錦衣衛、光祿寺、文思院冗員，復嘉靖初年之舊，又請倣行古社倉制。詔皆從之。

明年春，言：「近四方地震，土裂成渠，旂竿數火，天鼓再鳴，隕星旋風，天雨黑豆，此皆陰盛之徵也。陛下嗣位二年，未嘗接見大臣，咨訪治道。邊患孔棘，備禦無方。事涉內庭，輒見撓沮，如閱馬、核庫，詔出復停。皇莊則親收子粒，太和則榷取香錢，織造之使累遣，糾劾之疏留中。內臣爵賞謝辭，溫旨遠出六卿上，尤祖宗朝所絕無者。」疏入，不報。其冬詔市珍寶，魏時亮等爭，不聽。弘祖復切諫。尋遷福建提學副使。大學士高拱掌吏部，考察言官，惡弘祖及岑用賓等，謫弘祖安順判官，用賓宜川縣丞。

用賓，廣東順德人。官南京給事中，多所論劾。又嘗論拱很愎，以故拱憾之，出爲紹興知府。既中以察典，遂卒於貶所。而弘祖謫未幾，拱罷，量移廣平推官。萬曆中，屢遷南京光祿卿。坐朱衣謁陵免。

當隆慶初，以地震言事者，又有鄧洪震，宣化人。時爲兵部郎中，上疏曰：「入夏以來，淫雨彌月。又京師去冬地震，今春風霾大作，白日無光。近大同又報雨雹傷物，地震有聲。陛下臨御甫半年，災異疊見。傳聞後宮游幸無時，嬪御相隨，後車充斥。左右近習，濫賜予。政令屢易，前後背馳，邪正混淆，用舍猶豫。萬一奸宄潛生，寇戎軼犯，其何以待之。」帝納其言，下禮官議修省。洪震尋以疾歸。萬曆改元，督撫交章論薦，竟不起。

詹仰庇，字汝欽，安溪人。嘉靖四十四年進士。由南海知縣徵授御史。

隆慶初，穆宗詔戶部購寶珠，尙書馬森執奏，給事中魏時亮、御史賀一桂等繼爭，皆不聽。仰庇疏言：「頃言官諫購寶珠，反蒙詰讓。昔仲虺戒湯不邇聲色，不殖貨利；召公戒武王玩人喪德，玩物喪志；湯、武能受二臣之戒，絕去玩好，故聖德光千載。若侈心一生，不可復遏，恣情縱欲，財耗民窮。陛下玩好之端漸啓，弼違之諫惡聞，羣小乘隙，百方誘惑，害有不勝言者。況寶石珠璣，多藏中貴家，求之愈急，邀直愈多，奈何以有用財，耗之無用之物。今兩廣需餉，疏請再三，猶靳不予，何輕重倒置乎。」不報。三年正月，中官製烟火，延燒禁中廬舍，仰庇請按治。左右近習多切齒者。

帝頗耽聲色，陳皇后微諫，帝怒，出之別宮。外庭皆憂之，莫敢言。仰庇入朝，遇醫禁中出。詢之，知后寢疾危篤，卽上疏言：「先帝愼擇賢淑，作配陛下，爲宗廟社稷內主。陛下宜遵先帝命，篤宮闈之好。近聞皇后移居別宮，已近一載，抑鬱成疾，陛下略不省視。萬一不諱，如聖德何。臣下莫不憂惶，徒以事涉宮禁，不敢頌言。臣謂人臣之義，知而不言，當死；言而觸諱，亦當死。臣今日固不惜死。願陛下采聽臣言，立復皇后中宮，時加慰問，臣雖死賢於生。」帝手批答曰：「后無子多病，移居別宮，聊自適，以冀却疾。爾何知內庭事，顧妄言。」仰庇自分得重譴，同列亦危之。及旨下，中外驚喜過望，仰庇益感奮。

亡何，巡視十庫，疏言：「內官監歲入租稅至多，而歲出不置籍。按京城內外園廛場地，隸本監者數十計，歲課皆屬官錢，而內臣假上供名，恣意漁獵。利塡私家，過歸朝宁。乞備覈宜留宜革，幷出入多寡數，以杜奸欺。再照人主奢儉，四方係安危。陛下前取戶部銀，用備緩急。今如本監所稱，則盡以創鰲山、修宮苑、製鞦韆、造龍鳳艦、治金櫃玉盆。羣小因乾沒，累聖德，虧國計。望陛下深省，有以玩好逢迎者，悉屛出罪之。」宦官益恨。故事，諸司文移往還，及牧民官出敎，用「照」字，言官上書無此體。宦官因指「再照人主」語，爲大不敬。帝怒，下詔曰：「仰庇小臣，敢照及天子，且狂肆屢不悛。」遂廷杖百，除名，幷罷科道之巡視庫藏者。南京給事中駱問禮、御史余嘉詔等疏救，且言巡視官不當罷。不納。仰庇爲御史僅八月，數進讜言，竟以獲罪。

神宗嗣位，錄先朝直臣。以仰庇在京時嘗爲商人居間，不得內召，除廣東參議。尋乞歸。家居十餘年，起官江西。再遷南京太僕少卿。入爲左僉都御史，進左副都御史。仰庇初以直節負盛名。至是爲保位計，頗不免附麗。饒伸以科場事劾大學士王錫爵、左都御史吳時來，仰庇卽劾伸。進士薛敷教劾時來及南京右都御史耿定向，仰庇未及閱疏，卽論敷教排陷大臣，敷教坐廢。及吏部侍郎趙煥、兵部侍郎沈子木相繼去，仰庇謀代之，蹤跡頗著。給事中王繼光、主事姜士昌、員外郎趙南星、南京御史王麟趾等，交章論列。仰庇不自安，屢求去。帝雖慰留，而衆議籍籍不止。稍遷刑部右侍郎。移疾歸，久之卒。

駱問禮，諸暨人。嘉靖末進士。歷南京刑科給事中。隆慶三年，陳皇后移別宮，問禮偕同官張應治等上言：「皇后正位中闈，卽有疾，豈宜移宮。望亟返坤寧，毋使後世謂變禮自陛下始。」不報。給事張齊劾徐階，爲廷臣所排，下獄削籍。問禮獨言齊贓可疑，不當以糾彈大臣實其罪。張居正請大閱，問禮謂非要務，而請帝日親萬幾，詳覽奏章。未幾，劾誠意伯劉世延、福建巡撫涂澤民不職，帝並留之。

帝初納言官請，將令諸政務悉面奏於便殿，問禮遂條上面奏事宜。一言「陛下躬攬萬幾，宜酌用羣言，不執己見，使可否予奪，皆合天道，則有獨斷之美，無自用之失」。二言「陛下宜日居便殿，使侍從官常在左右，非嚮晦不入宮闈，則涵養薰陶，自多裨益」。三言「內閣，政事根本，宜參用諸司，無拘翰林，則講明義理，通達政事，皆得其人」。四言「詔旨必由六科，諸司始得奉行，脫有未當，許封還執奏。如六科不封駁，諸司失檢察者，許御史糾彈」。五言「頃詔書兩下，皆許諸人直言。然所採納者，除言官與一二大臣外，盡付所司而已。宜益廣言路，凡臣民章奏，不惟其人惟其言，令匹夫皆得自効」。六言「陛下臨朝決事，凡給事左右，如傳旨、接奏章之類，宜用文武侍從，毋使中官參與，則窺竊之漸無自而生」。七言「士習傾危，稍或異同，輒加排陷。自今，凡議國事，惟論是非，不徇好惡。衆人言未必得，一人言未必非，則公論日明，士氣可振」。八言「政令之出，宜在必行。今所司題覆，已報可者未見修舉，因循玩愒，習爲故常。陛下當明作於上，敕諸臣奮勵於下，以挽頹惰之風」。九言「面奏之儀，宜略去繁文務求實用，俾諸臣入而敷奏，退而治事，無或兩妨，斯上下之交可久」。十言「修撰、編檢諸臣，宜令更番入直，密邇乘輿，一切言動，執簡侍書。其耳目所不及者，諸司或以月報，或以季報，令得隨事纂緝，以垂勸戒」。

疏奏，帝不悅。宦侍復從中搆之，謫楚雄知事。明年，吏部舉雜職官當遷者，問禮及御史楊松在舉中。帝曰：「此兩人安得遽遷，俟三年後議之。」萬曆初，屢遷湖廣副使，卒。

楊松，河南衞人。歷官御史，巡視皇城。尚膳少監黃雄徵子錢與民鬨，兵馬司捕送松所。事未決，而內監令校尉趣雄入直，詭言有駕帖。松驗問無有，遂劾雄詐稱詔旨。帝令黜兵馬司官，而鐫松三秩，謫山西布政司照磨。神宗立，擢盧州推官，終山西副使。

張應治，秀水人。在垣中抗疏，多可稱。爲高拱所惡，出爲九江知府。終山東副使。

鄭履淳，字叔初，刑部尚書曉子也。舉嘉靖四十年進士，除刑部主事，遷尚寶丞。隆慶三年冬疏言：

頃年以來，萬民失業，四方多故，天鳴地震，災害洊臻，正陛下宵旰憂勤時也。夫饑寒迫身，易爲衣食，嗷嗷赤子，聖主之所以爲資。不及今定周家桑土之謀，切虞廷困窮之懼，則上天所以警動海內者，適足以資他人矣。

今最急莫如用賢。陛下御極三祀矣，曾召問一大臣，面質一講官，賞納一諫士，以共晝思患豫防之策乎？高亢睽孤，乾坤否隔，忠言重折檻之罰，儒臣虛納牖之功，宮闈違脫珥之規，朝陛拂同舟之義。回奏蒙譴，補牘奚從？內批徑出，封還何自？紀綱因循，風俗玩愒。功罪罔核，文案徒繁。闇寺濳爲厲階，善類漸以短氣。言涉宮府，肆撓多端。梗在私門，堅持不破。萬衆惶惶，皆謂羣小侮常，明良疎隔，自開闢以來，未有若是而永安者。

伏願奮英斷以決大計，勿爲小故之所淆；弘濬哲以任君子，勿爲嬖昵之所惑。移美色奇珍之玩，而保瘡痍；分昭陽細務之勤，而和庶政。以蠻裔爲關門勁敵，以錢穀爲黎庶脂膏。拔用陸樹聲、石星之流，嘉納殷士儋、翁大立諸疏。經史講筵，日親無倦。臣民章奏，與所司面相可否。萬幾之裁理漸熟，人才之邪正自知。察變謹微，回天開泰，計無踰於此。

疏入，帝大怒，杖之百，繫刑部獄數月。刑科舒化等以爲言，乃釋爲民。神宗立，起光祿少卿，卒。

陳吾德，字懋修，歸善人。嘉靖四十四年進士。授行人。隆慶三年擢工科給事中。

兩廣多盜，將吏率虛文罔上。吾德列便宜八事，皆允行。明年正月朔，日有食之，已而月復食。吾德言：「歲首日月並食，天之大災，陛下宜屏斥一切玩好，應天以實。」詔遣中官督織造，吾德偕同官嚴用和切諫，報聞。帝從中官崔敏言，命市珍寶，戶部尚書劉體乾、戶科都給事中李已執奏，不從。吾德復偕已上疏曰：「伏睹登極詔書，罷採辦，蠲加派，且云『各監局以缺乏爲名，移文苛取，及所司阿附奉行者，言官卽時論奏，治以重典』，海內聞之，歡若更生。比者左右近習，干請紛紜，買玉市珠，傳帖數下。人情惶駭，咸謂詔書不信，無所適從。邇時府庫久虛，民生困瘁，司度支者日夕憂危。陛下奈何以玩好故，費數十萬貲乎！敏等獻諂營私，罪不可宥。乞亟譴斥，以全詔書大信。」帝震怒，杖已百，錮刑部獄，斥吾德爲民。

神宗嗣位，起吾德兵科。萬曆元年進右給事中。張居正柄國，諫官言事必先請，吾德獨不往。禮部主事宋儒與兵部主事熊敦朴不相能，誣敦朴欲劾居正，屬尚書譚綸劾罷之。既而誣漸白，吾德遂劾儒，亦謫之外。居正以吾德不白己，嗛之。未幾，爭成國公朱希忠贈定襄王爵，益忤居正。及慈寧宮後室災，吾德力爭，出爲饒州知府。有盜建昌王印章者，遁之南京見獲。居正客操江都御史王篆坐吾德部下失盜，謫馬邑典史。御史又劾其涖饒時違制講學，用庫金市學田，遂除名爲民。居正死，薦起思州推官，移寶慶同知，皆以親老不赴。後終湖廣僉事。

李已，字子復，磁人。嘉靖四十四年進士。除太常博士，擢禮科給事中。隆慶中，頻詔戶部有所徵索。尙書劉體乾輒執奏，已每助之，以是積失帝意。及爭珍寶事，遂得禍。未幾，刑科給事中舒化等請釋已，刑部尙書葛守禮等因言：「朝審時，重囚情可矜疑者，咸得末減。已及內犯張恩等十人，讞未定，不列朝審中。苟瘐死犴狴，將累深仁。」帝乃釋已，恩等繫如故。法司以恩等有內援，欲借以脫已。及已獨釋，衆翕然稱帝仁明。

神宗立，薦起兵科都給事中。奏言：「陛下初基，弊端盡去，傳奉一事，豈可尙踵故常。內臣卽有勤勞，當優以金帛，名器所在，不容濫設。」帝嘉納之。御史胡涍建言得罪，已首論救。尋劾兵部尙書譚綸去取邊將不當。平江伯陳王謨罪廢，復夤緣出鎭湖廣，已力爭得寢。擢順天府丞，遷大理右少卿。疏請改父母誥命，日已暮，逼禁門守者投入。帝怒，謫常州同知。

初，已與吾德並敢言，已尤以直著。兩遭摧抑，頗事營進。後爲南京考功郎中。九年京察，希張居正指，與尙書何寬置司業張位、長史趙世卿察典，遂得擢南京尙寶卿。三遷右僉都御史，巡撫保定六府。踰年，罷歸，卒。

胡涍，字原荊，無錫人。嘉靖末舉進士。歷知永豐、安福二縣，擢御史。神宗即位之六日，命馮保代孟沖掌司禮監，召用南京守備張宏。涍請嚴馭近習，毋惑諂諛，虧損聖德。保大怒，思傾之。其冬，妖星見，慈寧宮後延燒連房。〔三〕涍乞徧察掖廷中曾蒙先朝寵幸者，體恤優遇，其餘無論老少一概放遣。奏中有「唐高不君，則天爲虐」語。帝怒，問輔臣，二語所指爲誰。張居正對曰：「涍言雖狂悖，心無他。」帝意未釋，嚴旨譙讓。涍惶恐請罪，斥爲民。踰年，巡按御史李學詩薦涍。詔自後有薦者，幷逮治涍。久之，卒。

汪文輝，字德充，婺源人。嘉靖四十四年進士。授工部主事。隆慶四年改御史。高拱以內閣掌吏部，權勢烜赫。其門生韓楫、宋之韓、程文、涂夢桂等並居言路，日夜走其門，專務搏擊。文輝亦拱門生，心獨非之。明年二月疏陳四事，專責言官。其略曰：

先帝末年所任大臣，本協恭濟務，無少釁嫌。始於一二言官見廟堂議論稍殊，遂潛察低昂，窺所向而攻其所忌。致顚倒是非，熒惑聖聽，傷國家大體。苟踵承前弊，交煽並搆，使正人不安其位，恐宋元祐之禍，復見於今，是爲傾陷。

祖宗立法至精密矣，而卒有不行者，非法敝也，不得其人耳。今言官條奏，率銳意更張。部臣重違言官，輕變祖制，遷就一時，苟且允覆。及法立弊起，又議復舊。政非通變之宜，民無畫一之守，是爲紛更。

古大臣坐事退者，必爲微其詞；所以養廉恥，存國體。今或掇其已往，揣彼未形，逐景循聲，爭相詬病，若市井喧閧然。至方面重臣，苟非甚奸慝，亦宜棄短錄長，爲人才惜。今或搜抉小疵，指爲大蠹，極言醜詆，使決引去。以此求人，國家安得全才而用之，是爲苛刻。

言官能規切人主，糾彈大臣。至言官之短，誰爲指之者？今言事論人或不當，部臣不爲奏覆，卽憤然不平；雖同列明知其非，亦莫與辨，以爲體貌當如是。夫臣子且不肯一言受過，何以責難君父哉。是爲求勝。

此四弊者，今日所當深戒。然其要在大臣取鑒前失，勿用希指生事之人。希指生事之人進，則忠直貞諒之士遠，而頌成功、譽盛德者日至於前。大臣任己專斷，卽有闕失，孰從聞之。蓋宰相之職，不當以救時自足，當以格心爲本。願陛下明飭中外，消朋比之私，還淳厚之俗，天下幸甚。

疏奏，下所司。拱惡其刺己，甫三日，出爲寧夏僉事。修屯政，覈浮糧，建水牐，流亡漸歸。御史富平孫丕揚忤拱，爲希指者所劾。方行勘，文輝抗言曰：「毛舉細故，齮齕正人，以快當路之私，我固不肯爲，諸君亦不可也。」於是緩其事。未幾，劾者先得罪去，丕揚竟獲免。

神宗嗣位，拱罷政，召爲尙寶卿。尋告歸。久之，有詔召用。未赴卒。

劉奮庸，洛陽人。嘉靖三十八年進士。授兵部主事。尋改禮部兼翰林待詔，侍穆宗裕邸。進員外郎。穆宗卽位，以舊恩，擢尙寶卿。已，藩邸舊臣相繼柄用，獨奮庸久不調。大學士高拱亦故講官也，再起任事，頗專恣，奮庸疾之。隆慶六年三月上疏曰：陛下踐阼六載，朝綱若振飭，而大柄漸移；仕路若肅清，而積習仍故。百僚方引領以覩勵精之治，而陛下精神志意漸不逮初。臣念濳邸舊恩，誼不忍默。謹條五事，以俟英斷。

一、保聖躬。人主一身，天地人神之主，必志氣淸明，精神完固，而後可以御萬幾。望凝神定志，忍性抑情，毋逞旦夕之娛，毋徇無涯之慾，則無疆之福可長保也。

二、總大權。今政府所擬議，百司所承行，非不奉詔旨，而其間從違之故，陛下曾獨斷否乎？國事之更張，人才之用舍，未必盡出忠謀，協公論。臣願陛下躬攬大權，凡庶府建白，閣臣擬旨，特留清覽，時出獨斷，則臣下莫能測其機，而政柄不致旁落矣。

三、愼儉德。陛下嗣位以來，傳旨取銀不下數十萬，求珍異之寶，作鰲山之燈，服御器用，悉鏤金雕玉。生財甚難，靡敝無紀。願察內帑之空虛，思小民之艱苦，不作無益，不貴異物，則國用充羨，而民樂其生矣。

四、覽章奏。人臣進言，豈能皆當。陛下一切置不覽，非惟虛忠良獻納之誠，抑恐權奸蔽壅，勢自此成。望陛下留神章奏，曲垂容納。言及君德，則反己自修；言及朝政，則更化善治。聽言者旣見之行事，而進言者益樂於効忠矣。

五、用忠直。邇歲進諫者，或以勤政，或以節用，或以進賢退不肖，此皆無所利而爲之；非若承望風旨，肆攻擊以雪他人之憤，迎合權要，交薦拔以樹淫朋之黨者比也。願恕狂愚之罪，嘉批鱗之誠，登之有位，以作士氣，則讜規日聞，裨益非尠。

疏入，帝但報聞，不怒也。而附拱者謂奮庸久不徙官，怏怏風刺，相與詆訾之。給事中涂夢桂遂劾奮庸動搖國是。會給事中曹大埜亦劾拱十罪，帝斥之。給事中程文因奏拱竭忠報國，萬世永賴，奮庸與大埜漸搆姦謀，傾陷元輔，罪不可勝誅。章並下吏部。拱方掌部事，陽爲二臣祈寬。帝不許，竟謫大埜乾州判官，奮庸興國知州。夢桂、文皆拱門生。夢桂極詆奮庸，文則盛稱頌拱，又盡舉大埜奏中語代拱剖析，士論非之。奮庸謫官兩月，會神宗卽位，遂擢山西提學僉事。再遷陝西提學副使。以病乞歸，卒。

大埜，巴縣人。其劾拱，張居正實使之。萬曆中，累遷右副都御史，巡撫江西。以貪劾免。

贊曰：世宗之季，門戶漸開。居言路者，各有所主。故其時不患其不言，患其言之冗漫無當，與其心之不能無私；言愈多，而國是愈益淆亂也。汪文輝所陳四弊，有旨哉！論明季言路諸臣，而考其得失，當於是觀之。

校勘記

〔一〕刑部侍郎詹瀚共鍛成夏言曾銑獄　詹瀚，原作「詹翰」，據明史稿傳九四王治傳、國朝獻徵錄卷四六詹公瀚墓誌、明進士題名碑錄正德丁丑科改。

〔二〕劾太和山守備中官呂祥　呂祥，原作「呂詳」，據明史稿傳九四歐陽一敬傳、穆宗實錄卷一〇隆慶元年七月壬申條、國榷卷六五頁四〇六二改。下同。

〔三〕慈寧宮後延燒連房　慈寧宮，原作「慈慶宮」。按本書卷二九及明史稿志五五行志稱「萬曆元年十一月己亥，慈寧宮後舍火」。據改。

明史卷二百十六

列傳第一百四

吳山 陸樹聲 子彥章 瞿景淳 子汝稷 汝說 田一儁 沈懋學

懋學 從孫壽民 黃鳳翔 韓世能 余繼登 馮琦 從祖惟訥 從父子咸

王圖 劉曰寧 翁正春 劉應秋 子同升 唐文獻 楊道賓

陶望齡 李騰芳 蔡毅中 公鼐 羅喩義 姚希孟

許士柔 顧錫疇

吳山，字曰靜，高安人。嘉靖十四年進士及第，授編修。累官禮部左侍郎。三十五年改吏部。尋代王用賓爲禮部尙書。明年加太子太保。

山與嚴嵩鄉里。嵩子世蕃介大學士李本飲山，欲與爲婚姻。山不可，世蕃不悅而罷。

帝欲用山內閣，嵩密阻之。府丞朱隆禧者，考察罷官，獻方術，得加禮部侍郎。及卒請卹，山執不與。裕、景二邸並建，國本未定。三十九年冬，帝忽諭禮部，具景王之藩儀。嵩知帝激於郭希顏疏，欲覘人心，諷山留王。山曰：「中外望此久矣」，立具儀以奏，王竟之藩。司禮監黃錦嘗竊語山曰：「公他日得爲編氓幸矣，王之藩，非帝意也。」

明年二月朔，日當食，微陰。曆官言：「日食不見，卽同不食。」嵩以爲天眷，趣部急上賀，侍郎袁煒亦爲言。山仰首曰：「日方虧，將誰欺耶？」仍救護如常儀。帝大怒，山引罪。帝謂山守禮無罪，而責禮科對狀。給事中李東華等震懼，劾山，請與同罪。帝乃責山賣直沽名，停東華俸。嵩言罪在部臣。帝乃貰東華等，命姑識山罪。吏科梁夢龍等見帝怒山甚，又惡專劾山，乃幷吏部尚書吳鵬劾之。詔鵬致仕，山冠帶閒住。時皆惜山而深快鵬之去。穆宗卽位，召爲南京禮部尚書，堅辭不赴。卒，贈少保，謚文端。

陸樹聲，字與吉，松江華亭人。初冒林姓，及貴乃復。家世業農。樹聲少力田，暇卽讀書。舉嘉靖二十年會試第一。選庶吉士，授編修。三十一年請急歸。遭父喪，久之起南京司業。未幾，復請告去。起左諭德，掌南京翰林院。尋召還春坊，不赴。久之，起太常卿，掌南京祭酒事。嚴敕學規，著條教十二以勵諸生。召爲吏部右侍郎，引病不拜。隆慶中，再起故官，不就。神宗嗣位，即家拜禮部尚書。

初，樹聲屢辭朝命，中外高其風節。遇要職，必首舉樹聲，唯恐其不至。張居正當國，以得樹聲爲重，用後進禮先謁之。樹聲相對穆然，意若不甚接者，居正失望去。一日以公事詣政府。見席稍偏，熟視不就坐，居正趣爲正席。其介介如此。北部要增歲幣，兵部將許之，樹聲力爭。歲終，陳四方災異，請帝循舊章，省奏牘，愼賞賚，防壅蔽，納讜言，崇儉德，攬魁柄，別忠邪。詔皆嘉納。

萬曆改元，中官不樂樹聲，屢宣詣會極門受旨，且頻趣之。比趨至，則曹司常事耳。樹聲知其意，連疏乞休。居正語其弟樹德曰：「朝廷行相平泉矣。」平泉者，樹聲別號也。樹聲聞之曰：「一史官，去國二十年，豈復希揆席耶？且虛拘何益。」其冬請愈力，乃命乘傳歸。辭朝，陳時政十事。語多切中，報聞而已。居正就邸舍與別，問誰可代者。舉萬士和、林爔。比出國門，士大夫傾城追送，皆謝不見。

樹聲端介恬雅，翛然物表，難進易退。通籍六十餘年，居官未及一紀。與徐階同里，高拱則同年生。兩人相繼柄國，皆辭疾不出。爲居正所推，卒不附也。已，給廩隸如制，加太子少保，再遣存問。弟樹德，自有傳。子彥章，萬曆十七年進士。樹聲誡毋就館選，隨以行人終養。詔給月俸，異數也。樹聲年九十七卒。贈太子太保，謚文定。彥章有節概，官至南京刑部侍郎。

瞿景淳，字師道，常熟人。八歲能屬文。久困諸生間，教授里中自給。嘉靖二十三年舉會試第一，殿試第二，授編修。

鄭王厚烷以言事廢，徙鳳陽。景淳奉敕封其子載堉爲世子，攝國事。世子內懼，贐重幣，景淳却之。時恭順侯吳繼爵爲正使。已受幣，慚景淳，亦謝不納。既而語景淳曰：「上遣使密詗狀，微公，吾幾中法。」滿九載，遷侍讀，請急歸。

江南久苦倭，總督胡宗憲師未捷。景淳還京，謁大學士嚴嵩。嵩語之曰：「倭且夕且平。胡總督才足辦，南中人短之，何也？」景淳正色曰：「相公遙度之耳。景淳自南來，目覩倭患。胡君坐擁十萬師，南中人不得一安枕臥。相公不欲聞，誰爲言者？」嵩愕然謝之。

歷侍讀學士，掌院事。改太常卿，領南京祭酒事，就遷吏部右侍郎。隆慶元年召爲禮部左侍郎。用總校永樂大典勞，兼翰林院學士，支二品俸，侍經筵，修嘉靖實錄。疾作，累疏乞骸骨歸。踰年卒。贈禮部尚書，謚文懿。

爲編修時，典制誥。錦衣陸炳先後四妻，欲封最後者。屬景淳撰詞，不可。介嚴嵩爲請，亦不應。橐金以投，卒笑謝之。

子汝稷、汝說。汝稷，字元立。好學，工屬文，以廕補官。三遷刑部主事。扶溝知縣扶宗人，神宗令予重比。汝稷曰：「是微服至邑庭，官自扶扶溝民耳。」讞上，竟得釋。歷黃州知府，徙邵武，再守辰州。永順土司彭元錦助其弟保靖土司象坤，與酉陽冉躍龍相讎殺。〔二〕汝稷馳檄元錦解兵去，三土司皆安。尋遷長蘆鹽運使，以太僕少卿致仕。尋卒。汝說字星卿。五歲而孤。搆文成，輒跪薦父木主前。萬曆中舉進士，官至湖廣提學僉事。亦以剛正聞。子式耜，別有傳。

田一儁，字德萬，大田人。隆慶二年會試第一。選庶吉士，授編修，進侍講。萬曆五年，吳中行攻張居正奪情，趙用賢等繼之，居正怒不測。一儁偕侍講趙志皐、修撰沈懋學等疏救，格不入。乃會王錫爵等詣居正，陳大義。一儁詞尤峻，居正心嗛之。未幾，志皐等皆逐，一儁先請告歸，獲免。

居正歿，起故官。屢遷禮部左侍郎，掌翰林院。辭疾歸，未行卒。一儁禔身嚴苦，家無贏貲。贈禮部尚書。

懋學，字君典，宣城人。父寵，字畏思。嘉靖中舉鄉試，授行唐知縣。以民不諳織紝，置機杼教之。調獲鹿，徵授御史，官至廣西參議。師貢安國、歐陽德，又從王畿、錢德洪游。知府羅汝芳創講會，御史耿定向聘寵與梅守德共主其席。

懋學少有才名。舉萬曆五年進士第一，授修撰。居正子嗣修，其同年生也。疏既格不入，乃三貽書勸嗣修諫，嗣修不能用。以工部尚書李幼滋與居正善，復貽書爲言。幼滋報曰：「若所言，宋人腐語，趙氏所以不競也。張公不奔喪，與揖讓征誅，並得聖賢中道，豎儒安足知之。」幼滋初講學，盜虛名，至是縉紳不與焉。懋學遂引疾歸。居數年，卒。福王時，追謚文節。

從孫壽民，字眉生，爲諸生有聲。崇禎九年行保舉法，巡撫張國維以壽民應詔。甫入都，疏劾兵部尚書楊嗣昌奪情。復攻總督熊文燦，言：「嗣昌挈軍旅權，付文燦兵十二萬，餉二百八十餘萬。使賊面縛輿櫬，猶應宣布皇威，而後待以不死；今乃講盟結約，若與國然。

天下有授柄於賊，而能制賊者乎？」通政張紹先寢不上。壽民以書責，紹先乃請上裁，嗣昌皇恐待罪。帝以疏違式，命勿進。壽民遂檃括兩疏上之，留中。少詹事黃道周歎曰：「此何等事，在朝者不言而草野言之，吾輩愧死矣。」後道周及何楷等相繼抗疏，要自壽民發之。壽民名動天下。未幾移疾去，講學姑山，從游者數百人。福王時，阮大鋮用事。銜壽民劾嗣昌疏有「大鋮妄陳條畫，鼓煽豐芑」語，必欲殺之。壽民乃變姓名避之金華山。國變乃歸，不復出。

黃鳳翔，字鳴周，晉江人。隆慶二年進士及第，授編修。教習內書堂，輯前史宦官行事可爲鑒戒者，令誦習之。世宗實錄成，進修撰。

萬曆五年，張居正奪情，杖諸諫者。鳳翔不平，誦言於朝，編纂章奏，盡載諸諫疏。及居正二子會試，示意，鳳翔峻却之。當主南畿試，以王篆欲私其子，復謝不往。屢遷南京國子祭酒。省母歸，起補北監。

時方較刻十三經註疏，鳳翔言：「頃陛下去貞觀政要，進講禮經，甚善。陛下讀曾子論孝曰敬父母遺體，則當思珍護聖躬。誦學記言學然後知不足，則當思緝熙聖學。察月令篇以四時敷政、法天行健，則可見聖治之當勤勵。繹世子篇陳保傅之教、齒學之儀，則可見皇儲之當早建豫教。」疏入，報聞。

尋擢禮部右侍郎。洮、河告警，抗疏言：「多事之秋，陛下宜屏游宴，親政事，以實圖安攘。爲今大計，惟用人、理財二端。宋臣有言，『平居無極言敢諫之臣，則臨難無敵愾致命之士』。鄒元標直聲勁節，銓司特擬召用。其他建言遷謫，如潘士藻、孫如法亦擬量移，而疏皆中寢。士氣日摧，言路日塞，平居祇懷祿養交，臨難孰肯捐軀爲國家盡力哉。昔宋藝祖欲積縑二百萬，易遼人首；太宗移內藏上供物，爲用兵養士之資。今戶部歲進二十萬，初非舊額，積成常供。陛下富有四海，奈何自營私蓄。竊見都城寺觀，丹碧熒煌，梵剎之供奉，齋醮之祈禳，何一不糜內帑。與其要福於冥漠之鬼神，孰若廣施於孑遺之赤子。」帝不能用。

廷臣爭建儲，久未得命，帝諭閣臣以明春舉行。大學士王家屏出語禮部，鳳翔與尚書于愼行、左侍郎李長春以册立儀上。帝怒，俱奪俸，意復變。鳳翔又疏爭，不報，遂請告去。

二十年，禮部左侍郎韓世能去，張一桂未任而卒，復起鳳翔代之。尋改吏部，拜南京禮部尚書。以養親歸。再起故官，力以親老辭。久之母卒，遂不出，卒於家。天啓初，謚文簡。

世能，字存良，長洲人。鳳翔同年進士。由庶吉士授編修。與修世宗、穆宗實錄，充經筵日講官。歷侍讀、祭酒、禮部侍郎、教習庶吉士。館閣文字，是科爲最盛。世能嘗使朝鮮，贈遺一無所受。

余繼登，字世用，交河人。萬曆五年進士。改庶吉士，授檢討。與修會典成，進修撰，直講經筵。尋進右中允，充日講官。時講筵久輟，侍臣無所納忠。繼登與同官馮琦共進通鑑講義，傅以時政缺失。歷少詹事兼侍讀學士，充正史副總裁。已，擢詹事掌翰林院。兩宮災，偕諸講官引洪範五行傳切諫。不報。進禮部右侍郎。

二十六年，以左侍郎攝部事。陝西、山西地震，南都雷火，西寧鐘自鳴，〔三〕紹興地湧血。繼登於歲終類奏，因請罷一切誅求開採之害民者。時不能用。雷擊太廟樹，復請帝躬郊祀、廟享，册立元子，停礦稅，撤中使。帝優詔報聞而已。

旋擢本部尙書。時將討播州楊應龍。繼登請罷四川礦稅，以佐兵食。復上言：「頃者星躔失度，水旱爲沴，太白晝見，天不和也。鑿山開礦，裂地求砂，致狄道山崩地震，地不和也。閭閻窮困，更加誅求，帑藏空虛，復責珠寶，奸民蟻聚，中使鴟張，中外壅隔，上下不交，人不和也。戾氣凝而不散，怨毒結而成形，陵谷變遷，高卑易位，是爲陰乘陽、邪干正、下叛上之象。臣子不能感動君父，言愈數愈厭，故天以非常之變，警悟陛下，尚可恬然不爲意乎？」帝不省。

繼登自署部事，請元子册立冠婚。疏累上，以不得請，鬱鬱成疾。每言及，輒流涕曰：「大禮不舉，吾禮官死不瞑目。」病滿三月，連章乞休，不許。請停俸，亦不許。竟卒於官。贈太子少保，謚文恪。

繼登樸直愼密，寡言笑。當大事，言議侃侃。居家廉約。學士曾朝節嘗過其里，蓬蒿滿徑。及病革，視之，擁粗布衾，羊毳覆足而已。幼子應諸生試，夫人請爲一言，終不可。

馮琦，字用韞，臨朐人。幼穎敏絶人。年十九，舉萬曆五年進士，改庶吉士，授編修。預修會典成，進侍講，充日講官，歷庶子。三王並封議起，移書王錫爵力爭之。進少詹事，掌翰林院事。遷禮部右侍郎，改吏部。涖政勤敏，力抑營競，尚書李戴倚重之。

二十七年九月，太白、太陰同見於午；又狄道山崩，平地湧大小山五。琦草疏，偕尚書戴上言：

近見太陰經天，太白晝見，已爲極異。至山陷成谷，地湧成山，則自開闢以來惟唐垂拱中有之，而今再見也。竊惟上天無私，惟民是聽。欲承天意，當順民心。比來天下賦額，視二十年以前，十增其四。而民戶殷足者，則十減其五。東征西討，蕭然苦兵。

自礦稅使出，而民間之苦更甚。加以水旱蝗災，流離載道，畿輔近地，盜賊公行，此非細故也。諸中使銜命而出，所隨奸徒，動以千百。陛下欲通商，而彼專困商。陛下欲愛民，而彼專害民。蓋近日神奸有二：其一工伺上意，具有成奏，假武弁上之；其一務剝小民，晝有成謀，假中官行之。運機如鬼蜮，取財盡錙銖。遠近同嗟，貧富交困。貧者家無儲蓄，惟恃經營。但奪其數錢之利，已絕其一日之生。至於富民，更蒙毒害。或陷以漏稅竊礦，或誣之販鹽盜木。布成詭計，聲勢赫然。及其得財，寂然無事。小民累足屏息，無地得容。利歸羣奸，怨萃朝宁。夫以刺骨之窮，抱傷心之痛，一呼則易動，一動則難安。今日猶承平，民已洶洶，脫有風塵之警，天下誰可保信者。夫哱拜誅，關白死，此皆募民丁以爲兵，用民財以爲餉。若一方窮民倡亂，而四面應之，於何徵兵，於何取餉哉！陛下試遣忠實親信之人，采訪都城內外，閭巷歌謠，令一一聞奏，則民之怨苦，居然可覩。天心仁愛，明示咎徵，誠欲陛下翻然改悟，坐弭禍亂。

乃禮部修省之章未蒙批答，而奸民搜括之奏又見允行，如納何其賢妄說，令偏解天下無礙官銀。夫四方錢穀，皆有定額，無礙云者，意蓋指經費羨餘。近者征調頻仍，正額猶逋，何從得羨。此令一下，趣督嚴急，必將分公帑以充獻。經費罔措，還派民間，此事之必不可者也。又如仇世亨奏徐鼐掘墳一事，以理而論，烏有一墓藏黃金巨萬者。借使有之，亦當下撫按覈勘。先正其盜墓之罪，而後沒墓中之藏。未有罪狀未明，而先沒入貲財者也。片紙朝入，嚴命夕傳，縱抱深冤，誰敢辨理。不但破此諸族，又將延禍多人。但有株連，立見敗滅。輦轂之下尚須三覆，萬里之外止據單詞。遂令狡猾之流，操生殺之柄。此風一倡，孰不效尤。已同告緡之令，又開告密之端。臣等方欲陳訴，而奸人之奏又得旨矣。五日之內，搜取天下公私金銀已二百萬。奸內生奸，例外創例。臣等前猶望其日減，今更患其日增，不至民困財殫，激大亂不止。伏望陛下穆然遠覽，亟與廷臣共圖修弭，無令海內赤子結怨熙朝，千秋青史貽譏聖德。不報。

尋轉左侍郎，拜禮部尙書。帝將册立東宮，詔下期迫，中官掌司設監者以供費不給爲詞。琦曰：「今日禮爲重，不可與爭。」其弟戶部主事瑗適輦餉銀四萬出都，琦立追還，給費，事乃克濟。

三十年，帝有疾，諭停礦稅，旣而悔之。琦與同列合疏爭，且請躬郊廟祭享，御殿受朝，不納。湖廣稅監陳奉以虐民撤還，會陝西黃河竭，琦言遼東高淮、山東陳增、廣東李鳳、陝西梁永、雲南楊榮，肆虐不減於奉，並乞徵還，皆不報。南京守備中官邢隆請別給關防徵稅，琦不可，乃以御前牙關防給之。

時士大夫多崇釋氏教，士子作文每竊其緒言，鄙棄傳註。前尚書余繼登奏請約禁，然習尚如故。琦乃復極陳其弊，帝爲下詔戒厲。

琦明習典故，學有根柢。數陳讜論，中外想望丰采，帝亦深眷倚。內閣缺人，帝已簡用朱國祚及琦。而沈一貫密揭，言二人年未及艾，盍少需之，先用老成者。乃改命沈鯉、朱賡。琦素善病，至是篤。十六疏乞休，不允。卒於官，年僅四十六。遺疏請厲明作，發章奏，補缺官，推誠接下，收拾人心。語極懇摯。帝悼惜之。贈太子少保。天啓初，謚文敏。

自琦曾祖裕以下，累世皆進士。裕，字伯順，以戍籍生於遼東。師事賀欽，有學行。終雲南副使。祖惟重，行人。父子履，河南參政。從祖惟健，舉人；惟訥，字汝言，江西左布政使，加光祿卿致仕。惟重、惟健、惟訥皆有文名，惟訥最著。

惟健子子咸，字受甫。少孤，事母孝。母疾，不解衣者踰年。母歿，哀毁骨立。萬曆元年舉於鄉。再會試不第，遂不復赴。講求濂、洛之學，嘗曰：「爲學須剛與恒。不剛則隳，不恒則退。」治家宗顏氏家訓。鍾羽正稱「子咸信道忘仕則漆雕子，循經蹈古則高子羔」云。

王圖，字則之，耀州人。萬曆十一年進士。改庶吉士，授檢討，以右中允掌南京翰林院事。召充東宮講官。「妖書」事起，沈一貫欲有所羅織，圖，其教習門生也，盡言規之。累遷詹事，充日講官，教習庶吉士。進吏部右侍郎，掌翰林院。兄國，方巡撫保定。廷臣附東林及李三才者，往往推轂圖兄弟。會孫丕揚起掌吏部，孫瑋以尚書督倉場，皆陝西人。諸不悅圖者，目爲秦黨。而是時郭正域、劉曰寧及圖並有相望。正域逐去，曰寧卒，時論益歸圖。葉向高獨相久，圖旦夕且入閣，忌者益衆。適將京察，惡東林及李三才、王元翰者，設詞惑丕揚，令發單咨是非，將陰爲鉤黨計。圖急言於丕揚，止之。羣小大恨。

初，圖典庚戌會試。分校官湯賓尹欲私韓敬，與知貢舉吳道南盛氣相詬誶。比出闈，道南欲劾賓尹，以圖沮而止。王紹徽者，圖同郡人，賓尹門生也，極譽賓尹於圖，而言道南黨欲傾賓尹幷及圖，宜善爲計。圖正色却之，紹徽怫然去。時賓尹已爲祭酒，其先歷翰林京察，當圖注考，思先發傾之。乃與紹徽計，令御史金明時劾圖子寶坻知縣淑抃贓私鉅萬。

且謂國素疾李三才，圖爲求解，國怒詈之，圖遂欲以拾遺去國。圖兄弟抗章力辯，忌者復僞爲淑抃劾國疏，播之邸抄。圖上疏言狀，帝爲下詔購捕，乃已。及考察，卒注賓尹不謹，褫其官，明時亦被黜。由是其黨大譟。秦聚奎、朱一桂、鄭繼芳、徐兆魁、高節、王萬祚、曾陳易輩，連章力攻圖。圖亦連章求去，出郊待命。溫詔屢慰留，堅臥不起，九閱月始予告歸。國亦乞休去，未幾卒。四十五年京察，當事者多賓尹、紹徽黨，以拾遺落圖職。

天啓三年召起故官。進禮部尚書，協理詹事府。明年，魏忠賢黨劉弘先劾圖，遂削籍。尋卒。崇禎初，贈太子太保，諡文肅。淑抃終戶部郎中。

劉曰寧，字幼安，南昌人。萬曆十七年進士。改庶吉士，授編修。進右中允，直皇長子講幄。時冊立未舉，外議紛紜。曰寧旁慰曲喻，依於仁孝，光宗心識之。礦使四出，曰寧發憤上疏，陳六疑四患，極言稅監李道、王朝諸不法狀。疏入，留中。以母病歸。起右諭德，掌南京翰林院，就遷國子祭酒。奉母歸，吏進贏金數千，曰「例也」，曰寧峻却之。尋起少詹事，母喪不赴。服闋，召爲禮部右侍郎，協理詹事府。道卒。贈禮部尙書。天啓初，追諡文簡。

翁正春，字兆震，侯官人。萬曆中，爲龍溪教諭。二十年擢進士第一，授修撰，累遷少詹事。

三十八年九月拜禮部左侍郎，代吳道南署部事。十一月，日有食之，正春極言闕失，不報。明年秋，萬壽節，正春獻八箴：曰淸君心，遵祖制，振國紀，信臣僚，寶賢才，謹財用，恤民命，重邊防。帝不省。吉王翊鑾請封支子常源爲郡王。正春言翊鑾之封在宗藩條例已定之後，〔三〕其支庶宜止本爵。乃授鎭國將軍。王貴妃薨，久不卜葬，正春以爲言。命偕中官往擇地，得吉。中官難以煩費，正春勃然曰：「貴妃誕育元良，他日國母也，奈何以天下儉乎？」奏上，報可。代王欲廢長子鼎渭，立次子鼎莎，朝議持二十餘年。正春集衆議上疏，鼎渭卒得立。琉球中山王遣使入貢，正春言：「中山已入於倭，今使臣多倭人，貢物多倭器，絕之便；否亦宜詔福建撫臣量留土物，毋俾入朝。」帝是之。

四十年，進士鄒之麟分校鄉試，私舉子童學賢，爲御史馬孟禎等所發。正春議黜學賢，謫之麟，而不及主考官。給事中趙興邦、亓詩教因劾正春徇私。正春求去，不許。頃之，言官發湯賓尹、韓敬科場事。正春坐敬不謹，敬黨大恨。詩教復劾正春，正春疏辯，益求去。帝雖慰留，然自是不安其位。尋改吏部，掌詹事府，以侍養歸。

天啓元年起禮部尚書，協理詹事府事。抗論忤魏忠賢，被旨譙責。明年，御史趙胤昌希指劾之，正春再疏乞歸。帝以正春嘗爲皇祖講官，特加太子少保，賜敕馳傳，異數也。時正春年逾七十，母百歲，率子孫奉觴上壽，鄉閭豔之。未幾，卒。崇禎初，謚文簡。

正春風度峻整，終日無狎語。倦不傾倚，暑不裸裎，目無流視。見者肅然。明一代，科目職官冠廷對者二人：曹鼐以典史，正春以教諭云。

劉應秋，字士和，吉水人。萬曆十一年進士及第，授編修，遷南京司業。

十八年冬，疏論首輔申時行言：「陛下召對輔臣，諮以邊事，時行不能抒誠謀國，專事蒙蔽。賊大舉入犯，既掠洮、岷，直迫臨、鞏，覆軍殺將，頻至喪敗，而時行猶曰『掠番』，曰『聲言入寇』，豈洮、河以內，盡皆番地乎？輔臣者，天子所與託腹心者也。輔臣先蒙蔽，何責庶僚。故近日敵情有按臣疏而督撫不以聞者，有督撫聞而樞臣不以奏者。彼習見執政大臣喜聞捷而惡言敗，故內外相蒙，恬不爲怪。欺蔽之端，自輔臣始。夫士風高下，關乎氣運，說者謂嘉靖至今，士風三變。一變於嚴嵩之黷賄，而士化爲貪。再變於張居正之專擅，而士競於險。至於今，外逃貪黷之名，而頑夫債帥多出門下；陽避專擅之迹，而芒刃斧斤倒持手中。威福之權，潛移其向；愛憎之的，明示之趨。欲天下無靡，不可得也。」語幷侵次輔王錫爵。時主事蔡時鼎、南京御史章守誠亦疏論時行。〔四〕並留中。應秋尋召爲中允，充日講官。歷右庶子、祭酒。

二十六年有撰憂危竑議者，御史趙之翰以指大學士張位，幷及應秋。所司言應秋非位黨，宜留。帝命調外，應秋遂辭疾歸。初，御史黃卷索珠商徐性善賕，不盡應，上章籍沒之。應秋詈卷啓天子好利之端。男子諸龍光奏訐李如松，至荷枷大暑中。應秋言一妄人上書，何必置死地。時詞臣率優游養望，應秋獨好譏評時事，以此取忌，竟被黜。歸數年，卒。崇禎時，贈禮部侍郎，謚文節。

子同升，字晉卿。師同里鄒元標。崇禎十年，殿試第一。莊烈帝問年幾何，對曰：「五十有一。」帝曰：「若尚如少年，勉之。」授翰林修撰。楊嗣昌奪情入閣，何楷、林蘭友、黃道周言之俱獲罪，同升抗疏言：「日者策試諸臣，簡用嗣昌，良以中外交訌，冀得一效，拯我蒼生，聖明用心，亦甚苦矣。都人籍籍謂嗣昌縗絰在身，且入閣非金革比。臣以嗣昌必且哀痛惻怛，上告君父，辭免綸扉；乃循例再疏，遽入辦事。夫人有所不忍，而後能及其所忍；有所不爲，而後可以有爲。臣以嗣昌所忍，覘其所爲，知嗣昌心失智短，必不能爲國建功。何也？

成天下之事在乎志，勝天下之任在乎氣；志敗氣餒，而能任天下事，必無是理。伎倆已窮，苟且富貴。兼樞部以重綸扉之權，借綸扉爲解樞部之漸。和議自專，票擬由己。與方一藻、高起潛輩扶同罔功，掩敗爲勝。歲糜金繒，養患邊圉。立心如此，獨不畏堯、舜在上乎？曩自陛下切責議和，而嗣昌不可以爲臣。今一旦忽易墨縗，而嗣昌不可以爲子。若附和黨比，緘口全軀，嗣昌得罪名教，臣亦得罪名教矣。」疏入，帝大怒，謫福建按察司知事。移疾歸。廷臣屢薦，將召用，而京師陷。

福王立，召起故官，不赴。明年五月，南都不守，江西郡縣多失。同升攜家將入福建，止雩都，與楊廷麟謀興復。唐王加同升祭酒。同升乃入贛州，偕廷麟籌兵食。取吉安、臨江，加詹事兼兵部左侍郎。同升已羸疾，日與士大夫講忠孝大節，聞者咸奮。以廷麟請，撫南、贛，十二月卒於贛州。

唐文獻，字元徵，華亭人。萬曆十四年進士第一。授修撰，歷詹事。

沈一貫以「妖書」事傾尚書郭正域，持之急。文獻偕其僚楊道賓、周如砥、陶望齡往見一貫曰：「郭公將不免，人謂公實有意殺之。」一貫跼蹐，酹地若爲誓者。文獻曰：「亦知公無意殺之也，第臺省承風下石，而公不早訖此獄，何辭以謝天下。」一貫斂容謝之。望齡見朱賡不爲救，亦正色責以大義，願棄官與正域同死。獄得稍解。然文獻等以是失政府意。久之，拜禮部右侍郎，掌翰林院事。

初，文獻出趙用賢門，以名節相矜許。同年生給事中李沂劾張鯨被廷杖，〔五〕文獻掖之出，資給其湯藥。荆州推官華鈺忤稅監逮下詔獄，〔六〕文獻力周旋，得無死。掌翰林日，當考察。執政欲庇一人，執不許。卒官。贈禮部尚書，謚文恪。

楊道賓，字惟彥，晉江人。萬曆十四年進士第二，授編修。累遷國子祭酒，少詹事，禮部右侍郎，掌翰林院事。轉左，改掌部事。嘗因星變請釋逮繫知縣滿朝薦等，又請亟舉朝講大典，皆不報。南京大水，疏陳時政。略言：「宮中夜分方寢，日旰未起，致萬幾怠曠。請夙興夜寐，以圖治功。時御便殿，與大臣面決大政。章疏及時批答，毋輒留中及從內降。」帝優旨報聞。皇太子輟講已四年，道賓極諫，引唐宦官仇士良語爲戒。其冬，天鼓鳴，道賓言：「天之視聽在民。今民生顛躓，無所赴愬，天若代爲之鳴。宜急罷礦使，更張闕政，以和民心。」帝不聽。踰年卒官。贈禮部尚書，謚文恪。

陶望齡，字周望，會稽人。父承學，南京禮部尚書。望齡少有文名。舉萬曆十七年會試第一，殿試一甲第三，授編修，歷官國子祭酒。篤嗜王守仁說，所宗者周汝登。與弟奭齡皆以講學名。卒謚文簡。

李騰芳，字子實，湘潭人。萬曆二十年進士。改庶吉士。好學，負才名。三王並封旨下，騰芳爲書詣朝房投大學士王錫爵。略言：「公欲暫承上意，巧借封王，轉作册立。然恐王封既定，大典愈遲。他日公去而事壞，罪公始謀，何辭以解。此不獨宗社憂，亦公子孫禍也。」錫爵讀未竟，遽牽衣命坐，曰：「諸人詈我，我何以自明？如子言，我受教。但我疏必親書，謂子孫禍何也？」騰芳曰：「外廷止以公手書密揭，無由知其詳，公乃欲藉以自解。異日能使天子出公手書示天下乎？」錫爵憮然淚下，明日遂反並封之詔。

屢遷左諭德。騰芳與崑山顧天埈善。天埈險詖無行，爲世所指名，被劾去，騰芳亦投劾歸。時遂有顧黨、李黨之目。詔論朝士擅去者罪，貶騰芳太常博士。三十九年京察，復以浮躁謫江西都司理問。稍遷行人司正，歷太常少卿，掌司業事。

光宗立，擢少詹事，署南京翰林院。旋拜禮部右侍郎，教習庶吉士。御史王安舜劾騰芳驟遷。騰芳辭位，熹宗不許，竟以省母歸。天啓初，以故官協理詹事府，尋改吏部左侍郎。丁內艱，加禮部尚書以歸。魏忠賢惡騰芳與楊漣同鄉。御史王際逵因論騰芳被察驟起，丁憂進官，皆非制。遂削奪。崇禎初，再以尚書協理詹事府。京師戒嚴，條畫守禦，多稱旨，代何如寵掌部事。卒官。贈太子太保。

蔡毅中，字宏甫，光山人。祖鳳翺，平陽同知。父光，臨洮同知。毅中五歲通孝經。父問：「讀書何爲？」對曰：「欲爲聖賢耳。」萬曆二十九年第進士，改庶吉士，授檢討。時礦稅虐民，毅中取祖訓、會典諸書禁戒礦稅者，集爲二卷，注釋以上。大學士沈鯉於毅中爲鄉先達，與首輔沈一貫不相能。而溫純參政河南，器毅中於諸生。至是爲都御史，疏侵一貫。一貫疑出毅中手，爲鯉地，銜之。遂用計典，鐫秩去。起廨城丞。旋以行人司副召擢尚寶丞。移疾歸。四十五年，以浮躁鐫秩。

天啓初，大起廢籍，補長蘆鹽運判官。屢遷國子祭酒，擢禮部右侍郎，仍領祭酒事。楊漣劾魏忠賢得嚴旨，毅中率其屬抗疏言：學校者，天下公議所從出也。臣正與諸生講「爲君難」一書，忽接楊漣劾忠賢疏，合監師生千有餘人無不鼓掌稱慶。乃皇上不下其奏於九卿，而謂一切朝政皆親裁，以奸璫爲忠，代之受過，合監師生無不捫心愁歎不已也。臣惟三代以後，漢、隋、唐、宋諸君，其受權璫之害與處權璫之法，載在通鑑。我朝列聖受權璫之害與處權璫之法，載在實錄。臣皆不必多言。但取至近至親如武宗之處劉瑾，神宗之處馮保二事，願皇上遵之。瑾在武宗左右，言聽計從，一聞諸臣劾奏，夜半自起，擒而殺之。神宗臨御方十齡，保左右扶持，盡心竭力。旣而少作威福，臺省劾奏，未聞舉朝公疏，神祖遂不動聲色而戍保於南京。

今忠賢無保之功，而極瑾之惡。二十四罪，無一不當悉究。舉朝羣臣欲於朝罷，跪以候旨，忠賢遂要皇上入宮，不禮羣臣。今又欲於視學之日，羣臣及太學諸生面叩陳請矣，而皇上漫不經意。數日以來，但有及忠賢者，留中不發，如此蒙蔽，其中寧可測哉。乞將漣疏發九卿科道從公究問，卽不加劉瑾之誅，而以處馮保之法懲之，則恩威並著，與神祖媲美矣。

疏入，忠賢戟手大詬。毅中乃再疏乞歸，不許。已，嗾其黨劾罷之。

毅中有至性。四歲父病，籲天請代。公車時，聞母喪，一慟嘔血數升，終喪斷酒肉，不入內寢。方母病，盛夏思冰，盂水忽凍。廬居，有紫芝、白烏、千鴉集墓之異。卒，贈禮部尙書。

公鼐，字孝與，蒙陰人。曾祖奎躋，湖廣副使。父家臣，翰林編修。鼐舉萬曆二十九年進士，改庶吉士，授編修。屢遷左諭德，爲東宮講官。進左庶子，引疾歸。

光宗立，召拜祭酒。熹宗進鼐詹事，乃上疏曰：「近聞南北臣僚，論先帝升遐一事，跡涉怪異，語多隱藏。恐因委巷之訛傳，流爲湘山之稗說，臣竊痛焉。皇祖在昔，原無立愛之心。祇因大典遲回，於是繳還册立之後，有三王並封之事，憂危竑議之後，有國本攸關之事。迨龐、劉之邪謀，張差之梃擊，而逆亂極矣。臣嘗備員宮僚，目睹狂謀孔熾，以歸向東宮者爲小人，不向東宮者爲君子。盡除朝士之淸流，陰翦元良之羽翼。批根引蔓，干紀亂常。至今追想，猶爲寒心。夫臣子愛君，存其眞不存其僞。今實錄纂修在卽，請將光宗事蹟，別爲一錄。凡一月間明綸善政，固大書特書；其有聞見異詞及宮闈委曲之妙用，亦皆直筆指陳，勒成信史。臣雖不肖，竊敢任之。」疏入，不許。

天啓元年，鼐以紀元甫及半載，言官獲譴者至十餘人，上疏切諫，并規諷輔臣。忤旨，譙責。尋遷禮部右侍郎，協理詹事府，充實錄副總裁。鼐好學博聞，磊落有器識。見魏忠賢亂政，引疾歸。

初，廷議李三才起用不決，鼐颺言曰：「今封疆倚重者，多遠道未至。三才猷略素優，家近輦轂，可朝發夕至也。」侍郎鄒元標趣使盡言，以言路相持而止。後御史葉有聲追論鼐與三才爲姻，徇私妄薦，遂落職閒住。未幾卒。崇禎初，復官賜卹，諡文介。

羅喻義，字湘中，益陽人。萬曆四十一年進士。改庶吉士，授檢討。請假歸。天啓初還朝，歷官諭德，直經筵。六年擢南京國子祭酒。諸生欲爲魏忠賢建祠，喻義懲其倡者，乃已。忠賢黨輯東林籍貫，湖廣二十人，以喻義爲首。

莊烈帝嗣位，召拜禮部右侍郎，協理詹事府。尋充日講官，教習庶吉士。喻義性嚴冷，閉戶讀書，不輕接一客。後見中外多故，將吏不習兵，銳意講武事，推演陣圖獻之。帝爲褒納。以時方用兵，而督撫大吏不立軍府，財用無所資，因言：「武有七德，豐財居其一。正餉之外，宜別立軍府，朝廷勿預知。饗士、賞功、購敵，皆取給於是。」又極陳車戰之利。帝下軍府議於所司，令喻義自製戰車。喻義復上言按畝加派之害，而以戰車營造職在有司，不肯奉詔。帝不悅，疏遂不行。

明年九月進講尚書，〔七〕撰布昭聖武講義。中及時事，有「左右之者不得其人」語，頗傷執政；末陳祖宗大閱之規，京營之制，冀有所興革。呈稿政府，溫體仁不懌。使正字官語喻義，令改。喻義造閣中，隔扉詘體仁。體仁怒，上言：「故事，惟經筵進規，多於正講，日講則正多規少。今喻義以日講而用經筵之制，及令刪改，反遭其侮，惟聖明裁察。」遂下吏部議。喻義奏辨曰：「講官於正文外旁及時事，亦舊制也。臣展轉敷陳，冀少有裨益。體仁刪去，臣誠恐愚忠不獲上達，致忤輔臣。今稿草具在，望聖明省覽。」吏部希體仁指，議革職閒住，可之。喻義雅負時望，爲體仁所傾，士論交惜。瀕行乞恩，請乘傳，帝亦報可。家居十年，卒。

姚希孟，字孟長，吳縣人。生十月而孤，母文氏勵志鞠之。稍長，與舅文震孟同學，並負時名。舉萬曆四十七年進士，改庶吉士。座主韓爌、館師劉一燝器之。兩人並執政，遇大事多所咨決。天啓初，震孟亦取上第，入翰林，甥舅並持清議，望益重。尋請假歸。四年冬還朝，趙南星、高攀龍等悉去位，黨禍大作，希孟鬱鬱不得志。其明年以母喪歸。甫出都，給事中楊所修劾其爲繆昌期死黨，遂削籍。魏忠賢敗，其黨倪文煥懼誅，使使持厚賄求解，希孟執而鳴之官。

崇禎元年起左贊善。歷右庶子，爲日講官。三年秋，與諭德姚明恭主順天鄉試。有武生二人冒籍中式，給事中王猷論之，遂獲譴。希孟雅爲東林所推，韓爌等定逆案，參其議。羣小惡希孟，謀先之。及華允誠劾溫體仁、閔洪學，兩人疑疏出希孟手，體仁遂借冒籍事修隙，擬旨覆試，黜兩生下所司，論考官罪，擬停俸半年。體仁意未慊，令再擬。希孟時已遷詹事，乃貶二秩爲少詹事，掌南京翰林院。尋移疾歸，家居二年，卒。

許士柔，字仲嘉，常熟人。天啓二年進士。改庶吉士，授檢討。崇禎時，歷遷左庶子，掌左春坊事。

先是，魏忠賢既輯三朝要典，以光宗實錄所載與要典左，乃言葉向高等所修非實，宜重修，遂恣意改削牴牾要典者。崇禎改元，燬要典而所改光宗實錄如故。六年，少詹事文震孟言：「皇考實錄爲魏黨曲筆，當改正從原錄。」時溫體仁當國，與王應熊等陰沮之，事遂寢。士柔憤然曰：「若是，則要典猶弗焚矣。」乃上疏曰：「皇考實錄總記，於世系獨略。皇上娠敎之年，聖誕之日，不書也。命名之典，潛邸之號，不書也。聖母出何氏族，受何封號，不書也。此皆原錄備載，而改錄故削之者也。原錄之成，在皇上潛邸之日，猶詳愼如彼。新錄之進，在皇上御極之初，何以率略如此，使聖朝父子、母后、兄弟之大倫，皆闇而不明，缺而莫考。其於信史謂何。」疏上，不省。

體仁令中書官檢穆宗總記示士柔，士柔具揭爭之曰：「皇考實錄與列聖條例不同。列聖在位久，登極後事，編年排纂，則總記可以不書。皇考在位僅一月，三后誕育聖躬皆在未登極以前，不書之總記，將於何書也。穆廟大婚之禮，皇子之生，在嘉靖中，故總記不載，至於册立大典，編年未嘗不具載也。皇考一月易世，熹廟之册立當書，皇上之册封獨不當書乎？」體仁怒，將劾之，爲同列沮止。士柔復上疏曰：「累朝實錄，無不書世系之例。臣所以抉摘改錄，正謂與累朝成例不合也。孝端皇后，皇考之嫡母也，原錄具書保護之功，而改錄削之，何也？當日國本幾危，坤寧調護，眞孝慈之極則，顧復之深恩，史官不難以寸管抹摋之，此尤不可解也。」疏上，報聞。

體仁滋不悅。會體仁嗾劉孔昭劾祭酒倪元璐，因言士柔族子重熙私撰五朝注略，將以逮士柔。士柔亟以注略進，乃得解。尋出爲南京國子祭酒。

體仁去，張至發當國，益謀逐士柔。先是，高攀龍贈官，士柔草詔詞送內閣，未給攀龍家。故事，贈官誥，屬誥敕中書職掌。崇禎初，褒卹諸忠臣，翰林能文者或爲之，而中書以爲侵官。崇禎三年禁誥文駢儷語。至是攀龍家請給，去士桑草制時數年矣，主者仍以士桑前撰文進。中書黃應恩告至發語違禁，至發喜，劾士桑，降二級調用。司業周鳳翔抗疏辯曰：「詞林故事，閣臣分屬撰文，或手加詳定，或發竄改，未有徑自糾參者也。誥敕用寶，歲有常期，未有十年後用寶進呈，吹求當制者也。贈誥專屬中書，崇禎三年所申飭，未有追咎元年之史官，詆爲越俎者也。」不報。士桑尋補尚寶司丞，遷少卿，卒。子琪詣闕辨誣，乃復原官。贈詹事兼侍讀學士。

顧錫疇，字九疇，崑山人。年十三，以諸生試南京，魏國公以女女之。第萬曆四十七年進士，改庶吉士，授檢討。

天啓四年，魏忠賢勢大熾，錫疇偕給事中董承業典試福建，程策大有譏刺。忠賢黨遂指爲東林，兩人並降調。已，更削籍。

崇禎初，召復故官。歷遷國子祭酒。疏請復積分法，禮官格不行。錫疇復申言之，且請擇監生爲州縣長。已，請正從祀位次，進士爲國子博士者得與考選。帝並允行。省親歸，乞在籍終養。母服除，起少詹事，進詹事，拜禮部左侍郎，署部事。帝嘗召對，問理財用人。錫疇退，列陳用人五失，曰銓敍無法，文網太峻，議論太多，資格太拘，鼓舞未至。請先令用人之地一清其源。「精心鑒別，隨才器使，一善也。赦小過而不終廢棄，二善也。省議論而專責成，三善也。拔異才而不拘常格，四善也。急奬勵而寬督責，五善也。」末極陳耗財之弊，仍歸本於用人。帝善其奏。

楊嗣昌疏請撫流寇，有「樂天者保天下」及「善戰服上刑」語。錫疇抗言此諸侯交鄰事，稱引不倫，與嗣昌大忤。嗣昌秉政，諸詞臣多攻之，嗣昌頗疑錫疇。會駙馬都尉王昺有罪，錫疇擬輕典，嗣昌搆之，遂削其籍。十五年，廷臣交薦，召還。御史曹溶、給事中黃雲師復言其不當用。帝不聽，起爲南京禮部左侍郎。

福王立，進本部尙書。時尊福恭王爲恭皇帝，將議廟祀，錫疇請別立專廟。俄請補建文帝廟謚、景皇帝廟號及建文朝忠臣贈謚，並從之。東平伯劉澤清言：「宋高宗卽位南京，卽以靖康二年五月爲建炎元年，從民望也。乞以今歲五月爲弘光元年。」錫疇言明詔已頒，不可追改，乃已。時定大行皇帝廟號爲思宗，忻城伯趙之龍言「思」非美稱，援證甚核，錫疇亦以爲然，疏請改定。大學士高弘圖以前議自己出，力持之，遂寢。溫體仁之卒也，特謚文忠，而文震孟、羅喩義、姚希孟、呂維祺皆不獲謚。錫疇言：「體仁得君行政最專且久，其負先帝罪大且深，乞將文忠之謚，或削或改，而補震孟諸臣，庶天下有所勸懲。」報可。遂謚諸人，削體仁謚。

吏部尚書張愼言去位，代者徐石麒未至，命錫疇攝之。時馬士英當國，錫疇雅不與合。給事中章正宸、〔八〕熊汝霖劾之，遂乞祭南海去。明年春，御史張孫振力頌體仁功，請復故謚。遂勒錫疇致仕。

南都失守，錫疇鄉邑亦破。時方遭父喪，間關赴閩。唐王命以故官，力辭不拜，寓居溫州江心寺。總兵賀君堯撻辱諸生，錫疇將論劾。君堯夜使人殺之，投屍於江。溫人覓之三日，乃得棺斂。

贊曰：吳山等雍容館閣，敭歷臺省，固所謂詞苑之鴻儒，廟堂之巋望也。要其守正自立，不激不爭，淳靜敦雅，承平士大夫之風流，概可想見矣。

校勘記

〔一〕與酉陽冉躍龍相讐殺　冉躍龍，原作「冉御龍」，據本書卷三一二及明史稿傳一八六酉陽宣撫司傳、神宗實錄卷五八八萬曆四十七年十一月戊子條改。

〔二〕西寧鐘自鳴　西寧，本書卷三〇五行志稱萬曆「二十六年五月庚寅古浪城樓大鐘自鳴者三」。國榷卷七八頁四八一三作「庚寅，甘肅古浪城樓大鐘自鳴」。按西寧衞與古浪守禦千戶所不相屬，疑當作「古浪」。

〔三〕正春言翊鑾之封在宗藩條例已定之後　宗藩條例，原作「宗藩要例」，據本書卷九七及明史稿志七五藝文志改。按本書卷一九三李春芳傳稱：「時宗室蕃衍，歲祿苦不繼，春芳考故事爲書上之。諸吉凶大禮及歲時給賜，皆嚴爲之制。帝嘉之，賜名宗藩條例。」

〔四〕南京御史章守誠亦疏論時行　章守誠，原作「張守誠」，據明史稿傳九八劉應秋傳、神宗實錄卷二二八萬曆十八年十月己巳條改。

〔五〕同年生給事中李沂劾張鯨被廷杖　李沂，原作「李泝」。明進士題名碑錄萬曆丙戌科作「李沂」。按本書卷二三四有李沂傳，事跡與此合，今改正。

〔六〕荆州推官華鈺忤稅監逮下詔獄　華鈺，原作「華珏」。神宗實錄卷三三八萬曆二十七年八月丁丑條作「華鈺」。按本書卷二三七有華鈺傳，事跡與此合，今改正。

〔七〕明年九月進講尙書　「明年」繫於「莊烈帝嗣位」之後，是莊烈帝卽位之明年，卽崇禎元年。按明史稿傳九八羅喻義傳，在「明年九月進講尙書」之上，尙有「崇禎三年進左侍郎直講如故」一句。如此，則「明年」實指崇禎四年。今傳文删省明史稿此一句，而未改原文「明年」二字，致生時間差異。當以明史稿爲是。

〔八〕給事中章正宸　章正宸，原作「章正震」。明史稿傳九八顧錫疇傳作「章正宸」。按本書卷二一五八有章正宸傳，據改。

明史卷二百十七

列傳第一百五

王家屏　陳于陛　沈鯉　于愼行　李廷機　吳道南

王家屏，字忠伯，大同山陰人。隆慶二年進士。選庶吉士，授編修，預修世宗實錄。高拱兄捷前爲操江都御史，以官帑遺趙文華，家屏直書之。時拱方柄國，囑稍諱，家屏執不可。

萬曆初，進修撰，充日講官。敷奏剴摯，帝嘗斂容受，稱爲端士。張居正寢疾，詞臣率奔走禱祈，獨家屏不往。再遷侍講學士。十二年擢禮部右侍郎，改吏部，甫踰月，命以左侍郎兼東閣大學士入預機務。去史官二年即輔政，前此未有也。

申時行當國，許國、王錫爵次之，家屏居末。每議事，秉正持法，不亢不隨。越二年，遭繼母憂。詔賜銀幣，馳傳，行人護行。服甫闋，詔進禮部尚書，遣行人召還。抵京師，三月未得見。家屏以爲言，請因聖節御殿受賀，畢發留中章奏，舉行册立皇太子禮。不報。復偕同官疏請。帝乃於萬壽節强一臨御焉。俄遣中官諭家屏，奬以忠愛。家屏疏謝，復請帝勤視朝。居數日，帝爲一御門延見，自是益深居不出矣。

評事雒于仁進四箴，〔二〕帝將重罪之。家屏言：「人主出入起居之節，耳目心志之娛，庶官不及知，不敢諫者，輔弼之臣得先知而預諫之，故能防欲於微渺。今于仁以庶僚上言，而臣備位密勿，反緘默苟容，上虧聖明之譽，下陷庶僚蒙不測之威，臣罪大矣，尚可一日立於聖世哉。」帝不懌，留中，而于仁得善去。

十八年以久旱乞罷，言：「邇年以來，天鳴地震，星隕風霾，川竭河涸，加以旱潦蝗螟，疫癘札瘥，調燮之難莫甚今日。況套賊跳梁於陜右，土蠻猖獗於遼西，貢市屬國復鴟張虎視於宣、大。虛內事外，內已竭而外患未休；剝民供軍，民已窮而軍食未裕。且議論紛紜，罕持大體；簿書淩雜，祇飾靡文。綱維縱弛，愒玩之習成；名實混淆，僥倖之風啓。陛下又深居靜攝，朝講希臨。統計臣一歲間，僅兩覲天顏而已。間嘗一進瞽言，竟與諸司章奏並寢不行。今驕陽爍石，小民愁苦之聲殷天震地，而獨未徹九閽。此臣所以中夜旁皇，飲食俱廢，不能自已者也。乞賜罷歸，用避賢路。」不報。

時儲位未定，廷臣交章請册立。其年十月，閣臣合疏以去就爭。帝不悅，傳諭數百言，切責廷臣沽名激擾，指爲悖逆。時行等相顧錯愕，各具疏再爭，杜門乞去。獨家屛在閣，復請速決大計。帝乃遣內侍傳語，期以明年春夏，廷臣無所奏擾，卽於冬間議行，否則待踰十五歲。家屛以口敕難據，欲帝特頒詔諭，立具草進。帝不用，復諭二十年春舉行。家屛喜，卽宣示外廷，外廷歡然。而帝意實猶豫，聞家屛宣示，弗善也，傳諭詰責。時行等合詞謝，乃已。

明年秋，工部主事張有德以册立儀注請。帝復以爲激擾，命止其事。國執爭去，時行被人言，不得已亦去，錫爵先以省親歸，家屛遂爲首輔。以國諫疏已列名，不當獨留，再疏乞罷。不允，乃視事。家屛制行端嚴，推誠秉公，百司事一無所撓。性忠讜，好直諫。册立期數更，中外議論紛然。家屛深憂之，力請踐大信，以塞口語，消宮闈釁。不報。

二十年春，給事中李獻可等請豫敎，帝黜之。家屛封還御批力諫。帝益怒，譴謫者相屬。家屛遂引疾求罷，上言：

漢汲黯有言：「天子置公卿輔弼之臣，寧令從臾承意陷主於不義乎。」每感斯言，惕然內愧。頃年以來，九閽重閉，宴安懷毒，郊廟不饗，堂陛不交。天災物怪，罔徹宸聰；國計民生，莫關聖慮。臣備員輔弼，曠職鰥官，久當退避。迺今數月間，請朝講，請廟饗，請元旦受賀，請大計臨朝，悉寢不報。臣犬馬微誠，不克感回天意，已可見矣。至豫敎皇儲，自宜早計，奈何厭聞直言，概加貶謫。臣誠不忍明主蒙咈諫之名，熙朝有橫施之罰，故冒死屢陳。若依違保祿，淟涊苟容，汲黯所謂「陷主不義」者，臣死不敢出此，願賜骸骨還田里。

帝得奏不下。次輔趙志皐亦爲家屛具揭。帝遂責家屛希名託疾。家屛復奏，言：

名，非臣所敢棄，顧臣所希者陛下爲堯、舜之主，臣爲堯、舜之臣，則名垂千載，沒有餘榮。若徒犯顏觸忌，抗爭僨事，被譴罷歸，何名之有！必不希名，將使臣身處高官，家享厚祿，主愆莫正，政亂莫匡，可謂不希名之臣矣，國家奚賴焉。更使臣棄名不顧，逢迎爲悅，阿諛取容，許敬宗、李林甫之姦佞，無不可爲，九廟神靈必陰殛臣，豈特得罪於李獻可諸臣已哉。

疏入，帝益不悅。遣內侍至邸，責以徑駁御批，故激主怒，且託疾要君。家屛言：「言涉至親，不宜有怒。事關典禮，不宜有怒。臣與諸臣但知爲宗社大計，盡言效忠而已，豈意激皇上之怒哉？」於是求去益力。或勸少需就大事。家屛曰：「人君惟所欲爲者，由大臣持祿，小臣畏罪，有輕羣下心。吾意大臣不愛爵祿，小臣不畏刑誅，事庶有濟耳。」遂復兩疏懇請。詔馳傳歸。家屛柄國止半載，又強半杜門，以戇直去國，朝野惜焉。閱八年儲位始定。〔三〕遣官賚敕存問，賚金幣羊酒。又二年卒，年六十八。贈少保，謚文端。熹宗立，再贈太保，任一子尚寶丞。

家屏家居時，朝鮮用兵。貽書經略顧養謙曰：「昔衞爲狄滅，齊桓率諸侯城楚丘，春秋高其義；未聞遂與狄仇，連諸侯兵以伐之也。今第以保會稽之恥，激厲朝鮮，以城楚丘之功，獎率將吏，無爲主而爲客則善矣。」養謙不能用，朝鮮兵數年無功。其深識有謀，皆此類也。

陳于陛，字元忠，大學士以勤子也。隆慶二年進士。選庶吉士，授編修。萬曆初，預修世、穆兩朝實錄，充日講官。累遷侍講學士，擢詹事，掌翰林院。疏請早建東宮。十九年拜禮部右侍郎，領詹事府事。明年改吏部，進左侍郎，敎習庶吉士。奏言元子不當封王，請及時册立豫敎，又請早朝勤政，皆不報。又明年進禮部尚書，仍領詹事府事。

于陛少從父以勤習國家故實。爲史官，益究經世學。以前代皆修國史，疏言：「臣考史家之法，紀、表、志、傳謂之正史。宋去我朝近，制尤可考。眞宗祥符間，王旦等撰進太祖、太宗兩朝正史。仁宗天聖間，呂夷簡等增入眞宗朝，名三朝國史。此則本朝君臣自修本朝正史之明證也。我朝史籍，止有列聖實錄，正史闕焉未講。伏覩朝野所撰次，可備採擇者無慮數百種。倘不及時網羅，歲月浸邈，卷帙散脫，耆舊漸凋，事跡罕據。欲成信史，將不可得。惟陛下立下明詔，設局編輯，使一代經制典章，犂然可考，鴻謨偉烈，光炳天壤，豈非萬世不朽盛事哉。」詔從之。二十二年三月遂命詞臣分曹類纂，以于陛及尚書沈一貫、少詹事馮琦爲副總裁，而閣臣總裁之。

其年夏，首輔王錫爵謝政，遂命于陛兼東閣大學士入參機務。疏陳親大臣、錄遺賢、獎外吏、核邊餉、儲將才、擇邊吏六事。末言：「以肅皇帝之精明，而末年貪黷成風，封疆多事，則倦勤故也。今至尊端拱，百職不修，不亟圖更始，後將安極。」帝優詔答之，而不能用。帝以軍政失察，斥兩都言官三十餘人。于陛與同官申救至再，又獨疏請宥，俱不納。以甘肅破賊功，加太子少保。乾清、坤寧兩宮災，請面對，不報。乞罷，亦不許。其秋，二品三年滿，改文淵閣，進太子太保。

時內閣四人。趙志皐、張位、沈一貫皆于陛同年生，遇事無齟齬。而帝拒諫益甚，上下否隔。于陛憂形於色，以不能補救，在直廬數太息視日影。二十四年冬病卒於位，〔三〕史亦竟罷。贈少保，謚文憲。終明世，父子爲宰輔者，惟南充陳氏。世以比漢韋、平焉。

沈鯉，字仲化，歸德人。祖瀚，建寧知府。鯉，嘉靖中舉鄉試。師尙詔作亂，陷歸德，已而西去。鯉策賊必再至，急白守臣，捕殺城中通賊者，嚴爲守具。賊還逼，見有備去。奸人倡言屠城，將驅掠居民，鯉請諭止之，衆始定。四十四年成進士，改庶吉士，授檢討。大學士高拱，其座主又鄉人也，旅見外，未嘗以私謁。

神宗在東宮，鯉爲講官，嘗令諸講官書扇。鯉書魏卞蘭太子頌以進，因命陳大義甚悉。神宗咨美，遂蒙眷。比卽位，用宮寮恩，進編修。旋進左贊善。每直講，擧止端雅，所陳說獨契帝心。帝亟稱之。連遭父母喪，帝數問沈講官何在，又問服闋期，命先補講官俟之。萬曆九年還朝。屬當輟講，特命展一日，示優異焉。

明年秋，擢侍講學士，再遷禮部右侍郎。尋改吏部，進左侍郎。屛絕私交，好推轂賢士不使知。十二年冬，拜禮部尙書。去六品甫二年至正卿。素負物望，時論不以爲驟。久之，會典成，加太子少保。鯉初官翰林，中官黃錦緣同鄉以幣交，拒不納。敎習內書堂，侍講筵，皆數與巨璫接，未嘗與交。及官愈高，益無所假借，雖上命及政府指，不徇也。

十四年春，貴妃鄭氏生子，進封皇貴妃。鯉率僚屬請册建皇長子，進封其母，不許。未幾，復以爲言，且請宥建儲貶官姜應麟等。忤旨譙讓。帝旣却羣臣請，因詔諭少俟一二年。

至十六年，期已屆，鯉執前旨固請，帝復不從。

鯉素鯁亮。其在部持典禮，多所建白。念時俗侈靡，稽先朝典制，自喪祭、冠婚、宮室、器服率定爲中制，頒天下。又以士習不端，奏行學政八事。又請復建文年號，重定景帝實錄，勿稱郕戾王。大同巡撫胡來貢議移祀北岳於渾源，力駁其無據。太廟侑享，請移親王及諸功臣於兩廡，毋與帝后雜祀。進世廟諸妃葬金山者，配食永陵。諸帝陵祀，請各遣官毋兼攝。諸王及妃墳祝版稱謂未協者，率請裁定。帝憂旱，步禱郊壇，議分遣大臣禱天下名山大川。鯉言使臣往來驛騷，恐重困民，請齋三日以告文授太常屬致之，罷寺觀勿禱，帝多可其奏。鄭貴妃父成憲爲父請恤，〔四〕援后父永年伯例，鯉力駁之。詔畀葬資五千金，鯉復言過濫。順義王妻三娘子請封，鯉不予妃號，但稱夫人。眞人張國祥言肅皇享國久長，由虔奉玄修所致，勸帝效之，鯉劾國祥詆誣導諛，請正刑辟。事亦寢。秦王誼漶故由中尉入繼，而乞封其弟郡王，中貴爲請，申時行助之，鯉不可。唐府違制請封妾子，執不從，帝並以特旨許之。京師久旱，鯉備陳恤民實政以崇儉戒奢爲本，且請減織造。已，京師地震，又請謹天戒，恤民窮。畿輔大侵，請上下交修，詞甚切。帝以四方災，敕廷臣修省，鯉因請大損供億營建，振救小民。帝每嘉納。

初，藩府有所奏請，賄中貴居間，禮臣不敢違，輒如志。至鯉，一切格之。中貴皆大怨，數以事聞於帝。帝漸不能無疑，累加詰責，且奪其俸。鯉自是有去志。而時行銜鯉不附己，亦忌之。一日，鯉請告，遽擬旨放歸。帝曰：「沈尚書好官，奈何使去？」傳旨諭留。時行益忌。其私人給事中陳與郊爲人求考官不得，怨鯉，屬其同官陳尚象劾之。與郊復危言撼鯉，鯉求去益力。帝有意大用鯉，微言：「沈尚書不曉人意。」有老宮人從子爲內豎者，走告鯉；司禮張誠亦屬鯉鄉人內豎廖某密告之。鯉並拒之，曰：「禁中語，非所敢聞。」皆恚而去。鯉卒屢疏引疾歸。累推內閣及吏部尚書，皆不用。二十二年起南京禮部尚書，辭弗就。

二十九年，趙志皋卒，沈一貫獨當國。廷推閣臣，詔鯉以故官兼東閣大學士入參機務，與朱賡並命。屢辭不允。明年七月始入朝，時年七十有一矣。一貫以士心夙附鯉，深忌之，貽書李三才曰：「歸德公來必奪吾位，將何以備之？」歸德，鯉邑名，欲風鯉辭召命也。三才答書，言鯉忠實無他腸，勸一貫同心。一貫由此幷憾三才。鯉既至，即具陳道中所見礦稅之害。他日復與賡疏論。皆弗納。楚假王被訐事起，禮部侍郎郭正域請行勘，鯉是之。及奸人所撰續憂危竑議發，一貫輩張皇其事，令其黨錢夢皐誣奏正域鯉門生，協造妖言，幷羅織鯉奸贓數事。帝察其誣，不問。而一貫輩使邏卒日夜操兵圍守其邸。已而事解，復譖鯉詛咒。鯉嘗置小屏閣中，列書謹天戒、恤民窮、開言路、發章奏、用大僚、補庶官、起廢棄、舉考選、釋冤獄、撤稅使十事，而上書「天啓聖聰，撥亂反治」八字。每入閣，輒焚香拜祝之，讒者遂指爲詛咒。帝取入視之，曰：「此豈詛咒耶？」讒者曰：「彼詛咒語，固不宜諸口。」賴帝知鯉深，不之信。

先是，閣臣奏揭不輕進，進則無不答者。是時中外扞格，奏揭繁，多寢不下。鯉以失職，累引疾求退。奬諭有加，卒不能行其所請。三十二年敍皮林功，加太子太保。尋以秩滿，加少保，改文淵閣。

鯉初相，卽請除礦稅。居位數年，數以爲言。會長陵明樓災，〔五〕鯉語一貫、賡各爲奏，俟時上之。一日大雨，鯉曰：「可矣。」兩人問故，鯉曰：「帝惡言礦稅事，疏入多不視，今吾輩冒雨素服詣文華奏之，上訝而取閱，亦一機也。」兩人從其言。帝得疏，曰：「必有急事。」啓視果心動，然不爲罷。明年長至，一貫在告，鯉、賡謁賀仁德門。帝賜食，司禮太監陳矩侍，小璫數往來竊聽，且執筆以俟。鯉因極陳礦稅害民狀，矩亦戚然。鯉復進曰：「礦使出，破壞天下名山大川靈氣盡矣，恐於聖躬不利。」矩嘆息還，具爲帝道之。帝悚然遣矩咨鯉所以補救者。鯉曰：「此無他，急停開鑿，則靈氣自復。」帝聞爲首肯。一貫慮鯉獨收其功，急草疏上。帝不懌，復止。然越月果下停礦之命，鯉力也。

鯉遇事秉正不撓。壓於一貫，志不盡行。而是時一貫數被論，引疾杜門，鯉乃得行閣事。皇孫生，詔赦天下。中官請徵茶蠟夙逋，鯉以戾詔旨再執奏，竟報寢。帝乳母翊聖夫人金氏，其夫官都督同知，歿，請以從子繼。鯉言都督非世官，乃已。眞人張國祥謂皇孫誕生，己有祝釐功，乞三代誥命且世襲僉事主簿。鯉力斥其謬，乃賚以金幣。帝惑中貴言，將察核畿輔牧地，諭鯉撰敕。鯉言：「近年以來，百利之源，盡籠於朝廷，常恐勢極生變。況此牧地，豈眞有豪右隱占新墾未科者？奸民所傳，未足深信。」遂止。雲南武弁殺稅使楊榮。帝怒甚，將遣官逮治。鯉具陳榮罪狀，請誅爲首殺榮者，而貸其餘，乃不果逮。陝西稅使梁永求領鎭守事，亦以鯉言罷。遼東稅使高淮假進貢名，率所統練甲至國門。鯉中夜密奏其不可，詔責淮而止。時一貫雖稱疾杜門，而章奏多卽家擬旨，鯉力言非故事。

鯉旣積忤一貫，一貫將去，慮鯉在，貽己後憂，欲與俱去，密傾之。帝亦嫌鯉方鯁，因鯉乞休，遽命與一貫同致仕。賡疏乞留鯉，不報。旣抵家，疏謝，猶極陳怠政之弊，以明作進規。年八十，遣官存問，賚銀幣。鯉奏謝，復陳時政要務。又五年卒，年八十五。贈太師，謚文端。

于愼行，字無垢，東阿人。年十七，舉於鄉。御史欲卽鹿鳴宴冠之，以未奉父命辭。隆慶二年成進士。改庶吉士，授編修。萬曆初，穆宗實錄成，進修撰，充日講官。故事，率以翰林大僚直日講，無及史官者。愼行與張位及王家屏、沈一貫、陳于陛咸以史官得之，異數也。嘗講罷，帝出御府圖畫，令講官分題。愼行不善書，詩成，屬人書之，具以實對。帝悅，嘗大書「責難陳善」四字賜之，詞林傳爲盛事。

御史劉臺以劾張居正被逮，僚友悉避匿，愼行獨往視之。及居正奪情，偕同官具疏諫。呂調陽格之，不得上。居正聞而怒，他日謂愼行曰：「子吾所厚，亦爲此耶？」愼行從容對曰：「正以公見厚故耳。」居正怫然。愼行尋以疾歸。居正卒，起故官。進左諭德，日講如故。時居正已敗，侍郎丘橓往籍其家。愼行遺書，言居正母老，諸子覆巢之下，顚沛可傷，宜推明主帷蓋恩，全大臣簪履之誼。詞極懇摯，時論韙之。由侍講學士擢禮部右侍郎。轉左，改吏部，掌詹事府。尋遷禮部尚書。

愼行明習典制，諸大禮多所裁定。先是，嘉靖中孝烈后升祔，祧仁宗。萬曆改元，穆宗升祔，復祧宣宗。愼行謂非禮，作太廟祧遷考，言：「古七廟之制，三昭三穆，與太祖之廟而七。劉歆、王肅並以高、曾、祖、禰及五世、六世爲三昭三穆。其兄弟相傳，則同堂異室，不可爲一世。國朝，成祖既爲世室，與太祖俱百世不遷，則仁宗以下，必實歷六世，而後三昭三穆始備。孝宗與睿宗兄弟，武宗與世宗兄弟，昭穆同，不當各爲一世。世宗升祔，距仁宗止六世，不當祧仁宗。穆宗升祔，當祧仁宗，不當祧宣宗。」引晉、唐、宋故事爲據，其言辨而罷。事雖不行，識者服其知禮。又言：「南昌、壽春等十六王，世次既遠，宜別祭陵園，不宜祔享太廟。」亦寢不行。

十八年正月疏請早建東宮，出閣講讀。及冬，又請。帝怒，再嚴旨詰責。愼行不爲懾，明日復言：「册立，臣部職掌，臣等不言，罪有所歸。幸速決大計，放歸田里。」帝益不悅，責以要君疑上，淆亂國本，及僚屬皆奪俸。山東鄉試，預傳典試者名，已而果然。言者遂劾禮官，皆停俸。愼行引罪乞休。章累上，乃許。家居十餘年，中外屢薦，率報寢。

三十三年始起掌詹事府。疏辭，復留不下。居二年，廷推閣臣七人，首愼行。詔加太子少保兼東閣大學士，入參機務。再辭不允，乃就道。時愼行已得疾。及廷謝，拜起不如儀，上疏請罪。歸臥於家，遂草遺疏，請帝親大臣、錄遺逸、補言官。數日卒，年六十三。贈太子太保，謚文定。

愼行學有原委，貫穿百家。神宗時，詞館中以愼行及臨朐馮琦文學爲一時冠。

李廷機，字爾張，晉江人。貢入太學，順天鄉試第一。萬曆十一年，會試復第一，以進士第二授編修。累遷祭酒。故事，祭酒每視事，則二生共舉一牌詣前，大書「整齊嚴肅」四字。蓋高皇帝所製，以警師儒者。廷機見之愓然，故其立教，一以嚴爲主。

久之，遷南京吏部右侍郎，署部事。二十七年典京察，無偏私。嘗兼署戶、工二部事，綜理精密。奏行軫恤行戶四事，商困大蘇。外城陵垣，多所繕治，費皆取公帑奇羨，不以煩民。召爲禮部右侍郎，四辭不允，越二年始受任。時已進左侍郎，遂代郭正域視部事。會楚王華奎因正域發其餽遺書，誣訐正域不法數事。廷機意右楚王，而微爲正域解。大學士沈一貫欲藉妖書傾正域，廷機與御史沈裕、同官涂宗濬俱署名上趣定皦生光獄，株連遂絕。三十三年夏，雷震郊壇。既率同列條上修省事宜，復言今日闕失，莫如礦稅，宜罷撤。不報。其冬，類上四方災異。秦王誼漶由中尉進封，其庶長子應授本爵，夤緣欲封郡王，廷機三疏力持。王遣人居間，廷機固拒，特旨許之。益府服內請封，亦持不可。

廷機遇事有執，尤廉潔，帝知之。然性刻深，亦頗偏愎，不諳大體。楚宗人華趆以奏訐楚王，撫按官既擬奪爵，錮高牆，廷機援祖訓謀害親王例，議置之死。言路勢張，政府暨銓曹畏之，不敢出諸外，年例遂廢。禮部主事聶雲翰論之，廷機希言路意，中雲翰察典。給事中袁懋謙劾之。廷機求退，不允。

時內閣止朱賡一人。給事中王元翰等慮廷機且入輔，數陰詆之。三十五年夏，廷推閣臣，廷機果與焉。給事中曹于汴、宋一韓，御史陳宗契不可。相持久之，卒列以上。帝雅重廷機，命以禮部尚書兼東閣大學士入參機務。廷機三辭始視事。元翰及給事中胡忻攻之不已，帝爲奪俸，以慰廷機。已而姜士昌、宋燾復以論廷機被黜，羣情益憤。廷機力辨求罷，又疏陳十宜去，帝慰諭有加。明年四月，主事鄭振先論賡十二罪，幷及廷機。廷機累疏乞休，杜門數月不出。言者疑其僞，數十人交章力攻。廷機求去不已，帝屢詔勉留，且遣鴻臚趣出，堅臥不起。待命踰年，乃屏居荒廟，廷臣猶有繁言。至四十年九月，疏已百二十餘上，乃陛辭出都待命。同官葉向高言廷機已行，不可再挽，乃加太子太保，賜道里費，乘傳，以行人護歸。居四年卒。贈少保，謚文節。

廷機繫閣籍六年，秉政止九月，無大過。言路以其與申時行、沈一貫輩密相授受，故交章逐之。輔臣以齮齕受辱，屏棄積年而後去，前此未有也。廷機輔政時，四川巡撫喬璧星銳欲討鎭雄安堯臣，與貴州守臣持議不決。廷機力主撤兵，其後卒無事，議者稱之。閩人入閣，自楊榮、陳山後，以語言難曉，垂二百年無人，廷機始與葉向高並命。後周如磐、張瑞圖、林釬、蔣德璟、黃景昉復相繼云。

吳道南，字會甫，崇仁人。萬曆十七年進士及第。授編修，進左中允。直講東宮，太子偶旁矚，道南卽輟講拱竢，太子爲改容。

歷左諭德少詹事。擢禮部右侍郎，署部事。歷城、高苑牛產犢，皆兩首兩鼻，道南請盡錙山東諸稅，召還內臣；又因災異言貂璫斂怨，乞下詔罪己，與天下更新。皆不報。尋請追謚建文朝忠臣。京師久旱，疏言：「天下人情鬱而不散，致成旱災。如東宮天下本，不使講明經術，練習政務，久置深閫，聰明隔塞，鬱一也。法司懸缺半載，讞鞫無人，囹圄充滿，有入無出，愁憤之氣，上薄日星，鬱二也。內藏山積，而閭閻半菽不充，曾不發帑振救，坐視其死亡轉徙，鬱三也。纍臣滿朝薦、卞孔時，時稱循吏，因權璫搆陷，一繫數年，鬱四也。廢棄諸臣，實堪世用，一斥不復，山林終老，鬱五也。陛下誠渙發德音，除此數鬱，不崇朝而雨露遍天下矣。」帝不省。

道南遇事有操執，明達政體。朝鮮貢使歸，請市火藥，執不予。土魯番貢玉，請勿納。遼東議開科試士，以巖疆當重武，格不行。

父喪歸。服闋，卽家拜禮部尚書兼東閣大學士預機務，與方從哲並命。三辭不允，久之始入朝。故事，廷臣受官，先面謝乃蒞任。帝不視朝久，皆先蒞任。道南至，不獲見，不敢入直。同官從哲爲言，帝令先視事，道南疏謝。居數日，言：「臣就列經旬，僅下瑞王婚禮一疏。他若儲宮出講、諸王豫教、簡大僚、舉遺佚、撤稅使、補言官諸事，廷臣舌敝以請者，舉皆杳然，豈陛下簡置臣等意。」帝優詔答之，卒不行。迨帝因「梃擊」之變，召見羣臣慈寧宮。道南始得面謝，自是不獲再見。

織造中官劉成死，遣其黨呂貴往護，貴嗾奸民留己督造。中旨許之，命草敕。道南偕從哲爭，且詢疏所從進，請永杜內降，弗聽。鄱陽故無商稅，中官爲稅使，置關湖口征課。道南極言傍湖舟無所泊，多覆沒，請罷關勿征，亦不納。

道南輔大政不爲詭隨，頗有時望。歲丙辰偕禮部尚書劉楚先典會試。吳江舉人沈同和者，副都御史季文子，目不知書，賄禮部吏，與同里趙鳴陽聯號舍。其首場七篇，自坊刻外，皆鳴陽筆也。榜發，同和第一，鳴陽亦中式，都下大譁。道南等亟檢舉，詔令覆試。同和竟日搆一文。下吏，戍烟瘴，鳴陽亦除名。

先是，湯賓尹科場事，實道南發之，其黨側目。御史李嵩、周師旦遂連章論道南，而給事中劉文炳攻尤力。道南疏辨乞休，頗侵文炳。文炳遂極詆，御史張至發助之。道南不能堪，言：「臺諫劾閣臣，職也，未有肆口嫚罵者。臣辱國已甚，請立罷黜。」帝雅重道南，謫文炳外任，奪嵩等俸。御史韓浚、朱堦救文炳，復詆道南。道南益求去。杜門踰年，疏二十七上，帝猶勉留。會繼母訃至，乃賜道里費，遣行人護歸。天啓初，以覃恩即家進太子太保。居二年卒。贈少保，謚文恪。

贊曰：傳稱「道合則服從，不合則去」，其王家屏、沈鯉之謂乎。廷機雖頗叢物議，然清節不汙。若于陛之世德，愼行之博聞，亦足稱羽儀廊廟之選矣。

校勘記

〔一〕評事雒于仁進四箴　雒于仁，原作「雒於仁」。明史稿傳九五王家屏傳作「雒于仁」。按本書卷二三四有雒于仁傳，事跡與此合，據改。下同。

〔二〕閱八年儲位始定　按本書卷一〇九宰輔年表，王家屏於萬曆二十年三月致仕，本書卷二一神宗紀，二十九年十月，立皇子常洛爲皇太子，相去九年餘。

〔三〕二十四年冬病卒於位　「二十四年」當移至上文「乾清、坤寧兩宮災」前。按上文稱「二十二年三月」，又稱「其年夏」，又稱「乾清、坤清兩宮災」，又稱「其秋」，是將兩宮災及其秋以下記事均繫於二十二年。考本書卷二〇神宗紀，二十四年三月，乾清、坤寧兩宮災，其秋以下記事亦在二十四年。疑傳文「二十四年」誤倒。

〔四〕鄭貴妃父成憲爲父請恤　成憲，原作「承憲」，據本書卷三〇〇及明史稿傳一七六鄭成憲傳改。

〔五〕會長陵明樓災　長陵，原作「孝陵」，據本書卷二一神宗紀、神宗實錄卷三九六萬曆三十二年五月癸酉條、國榷卷七九頁四九二七改。

明史卷二百十八

列傳第一百六

申時行 子用懋 用嘉 孫紹芳 王錫爵 弟鼎爵 子衡 沈一貫 方從哲 沈潅 弟演

申時行，字汝默，長洲人。嘉靖四十一年進士第一。授修撰。歷左庶子，掌翰林院事。萬曆五年由禮部右侍郎改吏部。時行以文字受知張居正，蘊藉不立崖異，居正安之。六年三月，居正將歸葬父，請廣閣臣，遂以左侍郎兼東閣大學士入預機務。已，進禮部尚書兼文淵閣，累進少傅兼太子太傅、吏部尚書、建極殿。張居正攬權久，操羣下如束濕，異己者率逐去之。及居正卒，張四維、時行相繼柄政，務爲寬大。以次收召老成，布列庶位，朝論多稱之。然是時內閣權積重，六卿大抵徇閣臣指。諸大臣由四維、時行起，樂其寬，多與相厚善。

四維憂歸，時行爲首輔。余有丁、許國、王錫爵、王家屏先後同居政府，無嫌猜。而言路爲居正所遏，至是方發舒。以居正素暱時行，不能無諷刺。時行外示博大能容人，心故弗善也。帝雖樂言者訐居正短，而頗惡人論時事，言事者間謫官。衆以此望時行，口語相詆諆。諸大臣又皆右時行拄言者口，言者益憤，時行以此損物望。

十二年三月，御史張文熙嘗言前閣臣專恣者四事，請帝永禁革之。時行疏爭曰：「文熙謂部院百執事不當置考成簿，送閣察考；吏、兵二部除授，不當一一取裁；督撫巡按行事，不當密揭請教；閣中票擬，當使同官知。夫閣臣不職當罷黜，若幷其執掌盡削之，是因噎廢食也。至票擬，無不與同官議者。」帝深以爲然，絀文熙議不用。御史丁此呂言侍郎高啓愚以試題勸進居正，帝手疏示時行。時行曰：「此呂以曖昧陷人大辟，恐讒言接踵至，非清明之朝所宜有。」尙書楊巍因請出此呂於外，帝從巍言。而給事御史王士性、李植等交章劾巍阿時行意，蔽塞言路。帝尋亦悔之，命罷啓愚，留此呂。時行、巍求去。有丁、國言：「大臣國體所繫，今以羣言留此呂，恐無以安時行、巍心。」國尤不勝憤，專疏求去，詆諸言路。副都御史石星、侍郎陸光祖亦以爲言。帝乃聽巍，出此呂於外，慰留時行、國，而言路羣起攻國。時行請量罰言者，言者益心憾。既而李植、江東之以大峪山壽宮事撼時行不勝，貶去，閣臣與言路日相水火矣。

初，御史魏允貞、郎中李三才以科場事論及時行子用懋，貶官。給事中鄒元標劾罷時行姻徐學謨，時行假他疏逐之去。已而占物情，稍稍擢三人官，三人得毋廢。世以此稱時行長者。時行欲收人心，罷居正時所行考成法；一切爲簡易，亦數有獻納。嘗因災異，力言催科急迫，徵派加增，刑獄繁多，用度侈靡之害。又嘗請止撫按官助工贓罰銀，請減織造數，趣發諸司章奏。緣尙寶卿徐貞明議，請開畿內水田。用鄧子龍、劉綎平隴川，薦鄭洛爲經略，趣順義王東歸，寢葉夢熊奏以弭楊應龍之變。然是時天下承平，上下恬熙，法紀漸不振。時行務承帝指，不能大有建立。帝每遇講期多傳免。時行請雖免講仍進講章。自後爲故事，講筵遂永罷。評事雒于仁進酒色財氣四箴。帝大怒，召時行等條分析之，將重譴。時行請毋下其章，而諷于仁自引去，于仁賴以免。然章奏留中自此始。

十四年正月，光宗年五歲，而鄭貴妃有寵，生皇三子常洵，頗萌奪嫡意。時行率同列再請建儲，不聽。廷臣以貴妃故，多指斥宮闈，觸帝怒，被嚴譴。帝嘗詔求直言。郎官劉復初、李懋檜等顯侵貴妃。時行請帝下詔，令諸曹建言止及所司職掌，聽其長擇而獻之，不得專達。帝甚悅，衆多咎時行者。

時行連請建儲。十八年，帝召皇長子、皇三子，令時行入見毓德宮。時行拜賀，請亟定大計。帝猶豫久之，下詔曰：「朕不喜激聒。近諸臣章奏概留中，惡其離間朕父子。若明歲廷臣不復瀆擾，當以後年册立，否則俟皇長子十五歲舉行。」時行因戒廷臣毋激擾。

明年八月，工部主事張有德請具册立儀注。帝怒，命展期一年。而內閣中亦有疏入。時行方在告，次輔國首列時行名。時行密上封事，言：「臣方在告，初不預知。册立之事，聖意已定。有德不諳大計，惟宸斷親裁，勿因小臣妨大典。」於是給事中羅大紘劾時行，謂陽附羣臣之議以請立，而陰緩其事以內交。中書黃正賓復論時行排陷同官，巧避首事之罪。二人皆被黜責。御史鄒德泳疏復上，時行力求罷。詔馳驛歸。歸三年，光宗始出閣講學，十年始立爲皇太子。

四十二年，時行年八十，帝遣行人存問。詔書到門而卒。先以雲南岳鳳平，加少師兼太子太師、中極殿大學士，詔贈太師，謚文定。

子用懋、用嘉。用懋，字敬中，舉進士。累官兵部職方郎中。神宗擢太僕少卿，仍視職方事。再遷右僉都御史，巡撫順天。崇禎初，歷兵部左、右侍郎，拜尚書，致仕歸。卒，贈太子太保。用嘉，舉人。歷官廣西參政。孫紹芳，進士，戶部左侍郎。

王錫爵，字元馭，太倉人。嘉靖四十一年舉會試第一，廷試第二，授編修。累遷至祭酒。

萬曆五年以詹事掌翰林院。張居正奪情，將廷杖吳中行、趙用賢等。錫爵要同館十餘人詣居正求解，居正不納。錫爵獨造喪次切言之，居正徑入不顧。中行等既受杖，錫爵持之大慟。明年進禮部右侍郎。居正甫歸治喪，九卿急請召還，錫爵獨不署名。旋乞省親去。居正以錫爵形己短，益銜之，錫爵遂不出。

十二年冬，即家拜禮部尚書兼文淵閣大學士，參機務。還朝，請禁諂諛、抑奔競、戒虛浮、節侈靡、闢横議、簡工作。帝咸褒納。

初，李植、江東之與大臣申時行、楊巍等相搆，以錫爵負時望，且與居正貳，力推之。比錫爵至，與時行合，反出疏力排植等，植等遂悉去。時時行爲首輔，許國次之，三人皆南畿人，而錫爵與時行同舉會試，且同郡，政府相得甚。然時行柔和，而錫爵性剛負氣。十六年，子衡舉順天試第一，郎官高桂、饒伸論之。錫爵連章辨訐，語過忿，伸坐下詔獄除名，桂謫邊方。御史喬璧星請帝戒諭錫爵，務擴其量，爲休休有容之臣，錫爵疏辨。以是積與廷論忤。

時羣臣請建儲者衆，帝皆不聽。十八年，錫爵疏請豫教元子，錄用言官姜應麟等，且求宥故巡撫李材，不報。嘗因旱災，自陳乞罷。帝優詔留之。火落赤、眞相犯西陲，議者爭請用兵，錫爵主款，與時行合。未幾，偕同列爭册立不得，杜門乞歸。尋以母老，連乞歸省。乃賜道里費，遣官護行。歸二年，時行、國及王家屛相繼去位，有詔趣召錫爵。二十一年正月還朝，遂爲首輔。

先是有旨，是年春舉册立大典，戒廷臣毋瀆陳。廷臣鑒張有德事，咸默默。及是，錫爵密請帝決大計。帝遣內侍以手詔示錫爵，欲待嫡子，令元子與兩弟且並封爲王。錫爵懼失上指，立奉詔擬諭旨。而又外慮公論，因言「漢明帝馬后、唐明皇王后、宋眞宗劉后皆養諸妃子爲子，請令皇后撫育元子，則元子卽嫡子，而生母不必崇位號以上壓皇貴妃」，亦擬諭以進。同列趙志皐、張位咸不預聞。帝竟以前諭下禮官，令卽具儀。於是舉朝大譁。給事中史孟麟、禮部尚書羅萬化等，羣詣錫爵第力爭。廷臣諫者，章日數上。錫爵偕志皐、位力請追還前詔，帝不從。已而諫者益多，而岳元聲、顧允成、張納陛、陳泰來、于孔兼、李啓美、曾鳳儀、鍾化民、項德禎等遮錫爵於朝房，面爭之。李騰芳亦上書錫爵。錫爵請下廷議，不許。請面對，不報。乃自劾三悞，乞罷斥。帝亦迫公議，追寢前命，命少俟二三年議行。錫爵旋請速決，且曰：「曩元子初生，業爲頒詔肆赦，詔書稱『祗承宗社』，明以皇太子待之矣。今復何疑而弗決哉？」不報。

七月，彗星見，有詔修省。錫爵因請延見大臣。又言：「彗漸近紫微，宜愼起居之節，寬左右之刑，寡嗜欲以防疾，散積聚以廣恩。」踰月，復言：「彗已入紫微，非區區用人行政所能消弭，惟建儲一事可以禳之。蓋天王之象曰帝星，太子之象曰前星。今前星旣耀而不早定，故致此災。誠速行册立，天變自弭。」帝皆報聞，仍持首春待期之說。錫爵答奏復力言之，又連章懇請。

十一月，皇太后生辰，帝御門受賀畢，獨召錫爵煖閣，勞之曰：「卿扶母來京，誠忠孝兩全。」錫爵叩頭謝，因力請早定國本。帝曰：「中宮有出，奈何？」對曰：「此說在十年前猶可，今元子已十三，尚何待？況自古至今，豈有子弟十三歲猶不讀書者。」帝頗感動。錫爵因請頻召對，保聖躬。退復上疏力請，且曰：「外廷以固寵陰謀，歸之皇貴妃，恐鄭氏舉族不得安。惟陛下深省。」帝得疏，心益動，手詔諭錫爵：「卿每奏必及皇貴妃，何也？彼數勸朕，朕以祖訓后妃不得與外事，安敢輒從。」錫爵上言：「今與皇長子相形者，惟皇貴妃子，天下不疑皇貴妃而誰疑？皇貴妃不引爲己責而誰責？祖訓不與外事者，不與外廷用人行政之事也。若册立，乃陛下家事，而皇三子又皇貴妃親子，陛下得不與皇貴妃謀乎？且皇貴妃久侍聖躬，至親且賢，外廷紛紛，莫不歸怨，臣所不忍聞。臣六十老人，力捍天下之口，歸功皇貴妃，陛下尙以爲疑。然則必如羣少年盛氣以攻皇貴妃，而陛下反怏於心乎？」疏入，帝頷之。志皋、位亦力請。居數日，遂有出閣之命。而帝令廣市珠玉珍寶，供出閣儀物，計直三十餘萬。戶部尚書楊俊民等以故事爭，給事中王德完等又力諫。帝遂手詔諭錫爵，欲易期。錫爵婉請，乃不果易。明年二月，出閣禮成，俱如東宮儀，中外爲慰。

錫爵在閣時，嘗請罷江南織造，停江西陶器，減雲南貢金，出內帑振河南饑。帝皆無忤，眷禮逾前後諸輔臣。其救李沂，力爭不宜用廷杖，尤爲世所稱。特以阿並封指，被物議。既而郎中趙南星斥，侍郎趙用賢放歸，論救者咸遭譴謫，衆指錫爵爲之。雖連章自明且申救，人卒莫能諒也。錫爵遂屢疏引疾乞休。帝不欲其去，爲出內帑錢建醮祈愈。錫爵力辭，疏八上乃允。先累加太子太保，至是命改吏部尚書，進建極殿，賜道里費，乘傳，行人護歸。歸七年，東宮建，遣官賜敕存問，賚銀幣羊酒。

三十五年，廷推閣臣。帝既用于慎行、葉向高、李廷機，還念錫爵，特加少保，遣官召之。三辭，不允。時言官方厲鋒氣，錫爵進密揭力詆，中有「上於章奏一概留中，特鄙夷之如禽鳥之音」等語。言官聞之大憤。給事中段然首劾之，其同官胡嘉棟等論不已。錫爵亦自闔門養重，竟辭不赴。又三年，卒於家，年七十七。贈太保，謚文肅。

子衡，字辰玉，少有文名。爲舉首才，自稱因被論，遂不復會試。至二十九年，錫爵罷相已久，始舉會試第二人，廷試亦第二。授編修。先父卒。

錫爵弟鼎爵，進士。累官河南提學副使。

沈一貫，字肩吾，鄞人。隆慶二年進士。選庶吉士，授檢討，充日講官。進講高宗諒陰，拱手曰：「託孤寄命，必忠貞不二心之臣，乃可使百官總己以聽。苟非其人，不若躬親聽覽之爲孝也。」張居正以爲刺己，頗憾一貫。居正卒，始遷左中允。歷官吏部左侍郎兼侍讀學士，加太子賓客。假歸。

二十二年起南京禮部尚書，復召爲正史副總裁，協理詹事府，未上。王錫爵、趙志皋、張位同居內閣，復有旨推舉閣臣。吏部舉舊輔王家屏及一貫等七人名以上。而帝方怒家屏，譙責尚書陳有年。有年引疾去。一貫家居久，故有清望，閣臣又力薦之。乃詔以尚書兼東閣大學士，與陳于陛同入閣預機務，命行人卽家起焉。會朝議許日本封貢。一貫慮貢道出寧波爲鄉郡患，極陳其害，貢議乃止。未幾，錫爵去，于陛位第三，每獨行己意。一貫柔而深中，事志皋等惟謹。其後于陛卒官，志皋病痺久在告，位以薦楊鎬及憂危竑議事得罪去，一貫與位嘗私致鎬書，爲贊畫主事丁應泰所劾。位疏辨激上怒罷。一貫惟引咎，帝乃慰留之。

時國本未定，廷臣爭十餘年不決。皇長子年十八，諸請冊立冠婚者益迫。帝責戶部進銀二千四百萬，爲冊立、分封諸典禮費以困之。一貫再疏爭，不聽。二十八年命營慈慶宮居皇長子。工竣，諭一貫草敕傳示禮官，上冊立、冠婚及諸王分封儀。敕既上，帝復留不下。一貫疏趣，則言：「朕因小臣謝廷讚乘機邀功，故中輟。俟皇長子移居後行之。」既而不舉行。明年，貴妃弟鄭國泰迫羣議，請冊立、冠婚幷行。一貫因再草敕請下禮官具儀，不報。廷議有欲先冠婚後冊立者，一貫不可，曰：「不正名而苟成事，是降儲君爲諸王也。」會帝意亦頗悟，命卽日舉行。九月十有八日漏下二鼓，詔下。既而帝復悔，令改期。一貫封還詔書，言「萬死不敢奉詔」，帝乃止。十月望，冊立禮成，時論頗稱之。會志皐於九月卒，一貫遂當國。初，志皐病久，一貫屢請增閣臣。及是乃簡用沈鯉、朱賡，而事皆取決於一貫。尋進太子太保、戶部尙書、武英殿大學士。〔一〕

自一貫入內閣，朝政已大非。數年之間，礦稅使四出爲民害。其所誣劾逮繫者，悉滯獄中。吏部疏請起用建言廢黜諸臣，幷考選科道官，久抑不下，中外多以望閣臣。一貫等數諫，不省。而帝久不視朝，閣臣屢請，皆不報。一貫初輔政面恩，一見帝而已。東征及楊應龍平，帝再御午門樓受俘。一貫請陪侍，賜面對，皆不許。上下否隔甚，一貫雖小有救正，大率依違其間，物望漸減。

迨三十年二月，皇太子婚禮甫成，帝忽有疾。急召諸大臣至仁德門，俄獨命一貫入啓祥宮後殿西煖閣。皇后、貴妃以疾不侍側，皇太后南面立稍北，帝稍東，冠服席地坐，亦南面，太子、諸王跪於前。一貫叩頭起居訖，帝曰：「先生前。朕病日篤矣，享國已久，何憾。佳兒佳婦付與先生，惟輔之爲賢君。礦稅事，朕因殿工未竣，權宜採取，今可與江南織造、江西陶器俱止勿行，所遣內監皆令還京。法司釋久繫罪囚，建言得罪諸臣咸復其官，給事中、御史卽如所請補用。朕見先生止此矣。」言已就臥。一貫哭，太后、太子、諸王皆哭。一貫復奏：「今尚書求去者三，請定去留。」帝留戶部陳蕖、兵部田樂，而以祖陵衝決，削工部楊一魁籍。一貫復叩首，出擬旨以進。是夕，閣臣九卿俱直宿朝房。漏三鼓，中使捧諭至，具如帝語一貫者。諸大臣咸喜。

翼日，帝疾瘳，悔之。中使二十輩至閣中取前諭，言礦稅不可罷，釋囚、錄直臣惟卿所裁。一貫欲不予，中使輒搏顙幾流血，一貫惶遽繳入。時吏部尚書李戴、左都御史溫純期卽日奉行，頒示天下，刑部尚書蕭大亨則謂弛獄須再請。無何，事變。太僕卿南企仲劾戴、大亨不卽奉帝諭，起廢釋囚。帝怒，并二事寢不行。當帝欲追還成命，司禮太監田義力爭。帝怒，欲手刃之。義言愈力，而中使已持一貫所繳前諭至。後義見一貫唾曰：「相公稍持之，礦稅撤矣，何怯也！」自是大臣言官疏請者日相繼，皆不復聽。礦稅之害，遂終神宗世。

帝自疾瘳以後，政益廢弛。稅監王朝、梁永、高淮等所至橫暴，奸人乘機虐民者愈衆。一貫與鯉、賡共著論以風，又嘗因事屢爭，且揭陳用人行政諸事。帝不省。顧遇一貫厚，嘗特賜敕獎之。一貫素忌鯉，鯉亦自以講筵受主眷，非由一貫進，不爲下，二人漸不相能。禮部侍郎郭正域以文章氣節著，鯉甚重之。都御史溫純、吏部侍郎楊時喬皆以清嚴自持相標置，一貫不善也。會正域議奪呂本謚，一貫、賡與本同鄉，寢其議。由是益惡正域并惡鯉及純、時喬等，而黨論漸興。浙人與公論忤，由一貫始。

三十一年，楚府鎮國將軍華趆訐楚王華奎爲假王。一貫納王重賄，令通政司格其疏月餘，先上華奎劾華趆欺罔四罪疏。正域，楚人，頗聞假王事有狀，請行勘虛實以定罪案。一貫持之。正域以楚王饋遺書上，帝不省。及撫按臣會勘并廷臣集議疏入，一貫力右王，嗾給事中錢夢皐、楊應文劾正域，勒歸聽勘，華趆等皆得罪。正域甫登舟，未行，而「妖書」事起。一貫方銜正域與鯉，其黨康丕揚、錢夢皐等遂捕僧達觀、醫生沈令譽等下獄，窮治之。一貫從中主其事，令錦衣帥王之禎與丕揚大索鯉私第三日，發卒圍正域舟，執掠其婢僕乳媼，皆無所得。乃以皦生光具獄。二事錯見正域及楚王傳中。

始，都御史純劾御史于永清及給事中姚文蔚，語稍涉一貫。給事中鍾兆斗爲一貫論純，御史湯兆京復劾兆斗而直純。純十七疏求去，一貫佯揭留純。至歲乙巳，大察京朝官。純與時喬主其事，夢皐、兆斗皆在黜中。一貫怒，言於帝，以京察疏留中。久之，乃盡留給事、御史之被察者，且許純致仕去。於是主事劉元珍、龐時雍，南京御史朱吾弼力爭之，謂二百餘年計典無特留者。時南察疏亦留中，後迫衆議始下。一貫自是積不爲公論所與，彈劾日衆，因謝病不出。

三十四年七月，給事中陳嘉訓、御史孫居相復連章劾其奸貪。一貫憤，益求去。帝爲黜嘉訓，奪居相俸，允一貫歸，鯉亦同時罷。而一貫獨得溫旨，雖賚右之，論者益訾其有內援焉。

一貫之入閣也，爲錫爵、志皐所薦。輔政十有三年，當國者四年。枝拄清議，好同惡異，與前後諸臣同。至楚宗、妖書、京察三事，獨犯不韙，論者醜之，雖其黨不能解免也。一貫歸，言者追劾之不已，其鄉人亦多受世詆諆云。一貫在位，累加少傅兼太子太傅、吏部尚書、建極殿大學士。家居十年卒。贈太傅，謚文恭。

方從哲，字中涵，其先德清人。隸籍錦衣衞，家京師。從哲登萬曆十一年進士，授庶吉士，屢遷國子祭酒。請告家居，久不出，時頗稱其恬雅。大學士葉向高請用爲禮部右侍郎，不報。中旨起吏部左侍郎。爲給事中李成名所劾，求罷，不允。

四十一年拜禮部尚書兼東閣大學士，與吳道南并命。時道南在籍，向高爲首輔，政事多決於向高。向高去國，從哲遂獨相。請召還舊輔沈鯉，不允。御史錢春劾其容悅，從哲乞罷。帝優旨慰留。未幾，道南至。會張差梃擊事起，刑部以瘋癲蔽獄。王之宷鉤得其情，龐保、劉成等跡始露。從哲偕道南斥之宷言謬妄，帝納之。道南爲言路所詆，求去者經歲，以母憂歸。從哲復獨相，卽疏請推補閣臣。自後每月必請。帝以一人足辦，迄不增置。

從哲性柔懦，不能任大事。時東宮久輟講，瑞王婚禮逾期，惠王、桂王未擇配，福府莊田遣中使督賦，又議令鬻鹽，中旨命呂貴督織造，駙馬王昺以救劉光復褫冠帶，山東盜起，災異數見，言官翟鳳翀、郭尚賓以直言貶，帝遣中使令工部侍郎林如楚繕修咸安宮，宣府缺餉數月，從哲皆上疏力言，帝多不聽。而從哲有內援，以名爭而已，實將順帝意，無所匡正。

向高秉政時，黨論鼎沸。言路交通銓部，指清流爲東林，逐之殆盡。及從哲秉政，言路已無正人，黨論漸息。丁巳京察，盡斥東林，且及林居者。齊、楚、浙三黨鼎立，務搏擊清流。齊人亓詩敎，從哲門生，勢尤張。

從哲昵羣小，而帝怠荒亦益甚。畿輔、山東、山西、河南、江西及大江南北相繼告災，疏皆不發。舊制，給事中五十餘員，御史百餘員。至是六科止四人，而五科印無所屬；十三道止五人，一人領數職。在外，巡按率不得代。六部堂上官僅四五人，都御史數年空署，督撫監司亦屢缺不補。文武大選、急選官及四方敎職，積數千人，以吏、兵二科缺掌印不畫憑，久滯都下，時攀執政輿哀訴。詔獄囚，以理刑無人不決遣，家屬聚號長安門。職業盡弛，上下解體。

四十六年四月，大淸兵克撫順，朝野震驚。帝初頗憂懼，章奏時下，不數月泄泄如故。從哲子世鴻殺人，巡城御史劾之。從哲乞罷，不允。長星見東南，長二丈，廣尺餘，十有九日而滅。是日京師地震。從哲言：「妖象怪徵，層見疊出，除臣奉職無狀痛自修省外，望陛下大奮乾綱，與天下更始。」朝士雜然笑之。帝亦不省。御史熊化以時事多艱、佐理無效劾從哲，乞用災異策免。從哲懇求罷，堅臥四十餘日，閣中虛無人。帝慰留再三，乃起視事。

明年二月，楊鎬四路出師，兵科給事中趙興邦用紅旗督戰，師大敗。禮部主事夏嘉遇謂遼事之壞，由興邦及從哲庇李維翰所致，兩疏劾之。從哲求罷，不敢入閣，視事於朝房。帝優旨懇留，乃復故，而反擢興邦爲太常少卿。未幾，大淸兵連克開原、鐵嶺。廷臣於文華門拜疏，立請批發，又候旨思善門，皆不報。從哲乃叩首仁德門跪俟俞旨，帝終不報。俄請帝出御文華殿，召見羣臣，面商戰守方略，亦不報。請補閣臣疏十上，情極哀，始命廷推。及推上，又不用。從哲復連請，乃簡用史繼偕、沈㴶，疏仍留中，終帝世寢不下。御史張新詔劾從哲諸所疏揭，委罪君父，誑言欺人，祖宗二百年金甌壞從哲手。御史蕭毅中、劉蔚、周方鑑、楊春茂、王尊德、左光斗，山西參政徐如翰亦交章擊之。從哲連疏自明，且乞罷。帝皆不問。自劉光復繫獄，從哲論救數十疏。帝特釋爲民，而用人行政諸章奏終不發。帝有疾數月。會皇后崩，從哲哭臨畢，請至榻前起居。召見弘德殿，跪語良久，因請補閣臣，用大僚，下臺諫命。帝許之，乃叩頭出。帝素惡言官。前此考選除授者，率候命二三年，及是候八年。從哲請至數十疏，竟不下。帝自以海宇承平，官不必備，有意損之。及遼左軍興，又不欲矯前失，行之如舊。從哲獨秉國成，卒無所匡救。又用姚宗文閱遼東，齮經略熊廷弼去，遼陽遂失。論者謂明之亡，神宗實基之，而從哲其罪首也。

四十八年七月丙子朔，帝不豫，十有七日大漸。外廷憂危，從哲偕九卿臺諫詣思善門問安。越二日，召從哲及尙書周嘉謨、李汝華、黃嘉善、黃克纘等受顧命。又二日，乃崩。

八月丙午朔，光宗嗣位。鄭貴妃以前福王故，懼帝銜之，進珠玉及侍姬八人啗帝。選侍李氏最得帝寵，貴妃因請立選侍爲皇后，選侍亦爲貴妃求封太后。帝已於乙卯得疾，丁已力疾御門，命從哲封貴妃爲皇太后，從哲遽以命禮部。侍郎孫如游力爭，事乃止。辛酉，帝不視朝，從哲偕廷臣詣宮門問安。時都下紛言中官崔文昇進洩藥，帝由此委頓，而帝傳諭有「頭目眩暈，身體軟弱，不能動履」語，羣情益疑駭。給事中楊漣劾文昇幷及從哲。刑部主事孫朝肅、徐儀世，御史鄭宗周幷上書從哲，請保護聖體，速建儲貳。從哲候安，因言進藥宜愼。帝褒答之。戊辰，新閣臣劉一燝、韓爌入直，帝疾已殆。辛未召從哲、一燝、爌，英國公張惟賢，吏部尙書周嘉謨，戶部尙書李汝華，禮部侍郎署部事孫如游，刑部尙書黃克纘，左都御史張問達，給事中范濟世、楊漣，御史顧慥等至乾清宮。帝御東煖閣憑几，皇長子、皇五子等皆侍。帝命諸臣前，從哲等因請愼醫藥。帝曰：「十餘日不進矣。」遂諭册封選侍爲皇貴妃。甲戌復召諸臣，諭册封事。從哲等請速建儲貳。帝顧皇長子曰：「卿等其輔爲堯、舜。」又語及壽宮，從哲等以先帝山陵對。帝自指曰：「朕壽宮也。」諸臣皆泣。帝復問：「有鴻臚官進藥者安在？」從哲曰：「鴻臚寺丞李可灼自云仙方，臣等未敢信。」帝命宣可灼至，趣和藥進，所謂紅丸者也。帝服訖，稱「忠臣」者再。諸臣出竢宮門外。頃之，中使傳上體平善。日晡，可灼出，言復進一丸。從哲等問狀，曰：「平善如前。」明日九月乙亥朔卯刻，帝崩。中外皆恨可灼甚，而從哲擬遺旨賚可灼銀幣。時李選侍居乾清宮，羣臣入臨，諸閣閉宮門不許入。劉一燝、楊漣力拄之，得哭臨如禮，擁皇長子出居慈慶宮。從哲委蛇而已。

初，鄭貴妃居乾清宮侍神宗疾，光宗即位猶未遷。尙書嘉謨責貴妃從子養性，乃遷慈寧宮。及光宗崩，而李選侍居乾清宮。給事中漣及御史左光斗念選侍嘗邀封后，非可令居乾清，以沖主付託也。於是議移宮，爭數日不決。從哲欲徐之。至登極前一日，一燝、爌邀從哲立宮門請，選侍乃移噦鸞宮。明日庚辰，熹宗即位。

先是，御史王安舜劾從哲輕薦狂醫，又賞之以自掩。從哲擬太子令旨，罰可灼俸一年。御史鄭宗周劾文昇罪，請下法司，從哲擬令旨司禮察處。及御史郭如楚、馮三元、焦源溥，給事中魏應嘉，太常卿曹珖，光祿少卿高攀龍，主事呂維祺，先後上疏言：「可灼罪不容誅，從哲庇之，國法安在！」而給事中惠世揚直糾從哲十罪、三可殺。言：「從哲獨相七年，妨賢病國，罪一。驕蹇無禮，失悞哭臨，罪二。梃擊青宮，庇護奸黨，罪三。恣行胸臆，破壞絲綸，罪四。縱子殺人，蔑視憲典，罪五。阻抑言官，蔽壅耳目，罪六。陷城失律，寬議撫臣，罪七。馬上催戰，覆沒全師，罪八。徇私罔上，鼎鉉貽羞，罪九。代當權稅，蠹國殃民，罪十。貴妃求封后，舉朝力爭，從哲依違兩可，當誅者一。李選侍乃鄭氏私人，抗凌聖母，飲恨而沒。從哲受劉遜、李進忠所盜美珠，欲封選侍爲貴妃，又聽其久據乾清，當誅者二。崔文昇用洩藥傷損先帝，諸臣論之，從哲擬脫罪，李可灼進劫藥，從哲擬賞賚，當誅者三。」疏入，責世揚輕詆。從哲累求去，皆慰留。已而張潑、袁化中、王允成等連劾之，皆不聽。其冬，給事中程註復劾之，從哲力求去，疏六上。命進中極殿大學士，賚銀幣、蟒衣，遣行人護歸。

天啓二年四月，禮部尚書孫愼行追論可灼進紅丸，斥從哲爲弑逆。詔廷臣議。都御史鄒元標主愼行疏。從哲疏辨，自請削官階，投四裔。帝慰諭之。給事中魏大中以九卿議久稽，趣之上。廷臣多主愼行罪從哲，惟刑部尚書黃克纘，御史王志道、徐景濂，給事中汪慶百右從哲，而詹事公鼐持兩端。時大學士爌述進藥始末，爲從哲解。於是吏部尚書張問達會戶部尚書汪應蛟合奏言：「進藥始末，臣等共聞見。輔臣視皇考疾，急迫倉皇，弑逆二字何忍言。但可灼非醫官，且非知脈知醫者。以藥嘗試，先帝龍馭即上昇。從哲與臣等九卿未能止，均有罪，乃反賚可灼。及御史安舜有言，止令養病去，罰太輕，何以慰皇考，服中外。宜如從哲請，削其官階，爲法任咎。至可灼罪不可勝誅，而文昇當皇考哀感傷寒時，進大黃涼藥，罪又在可灼上。法皆宜顯僇，以洩公憤。」議上，可灼遣戍，文昇放南京，而從哲不罪。無何，愼行引疾去。五年，魏忠賢輯「梃擊」、「紅丸」、「移宮」三事爲三朝要典以傾正人，遂免可灼戍，命文昇督漕運。其黨徐大化請起從哲，從哲不出。然一時請誅從哲者貶殺略盡矣。

崇禎元年二月，從哲卒。贈太傅，謚文端。三月下文昇獄，戍南京。

沈㴶，字銘縝，烏程人。

父節甫，字以安。嘉靖三十八年進士。授禮部儀制主事，歷祠祭郎中。詔建祠禁內，令黃冠祝釐，節甫持不可。尙書高拱恚甚，遂移疾歸。起光祿丞。會拱掌吏部，復移疾避之。萬曆初，屢遷至南京刑部右侍郎。召爲工部左侍郎，攝部事。御史高舉言節甫素負難進之節，不宜一歲三遷。吏部以節甫有物望，絀其議。節甫連上疏請省浮費，核虛冒，止興作，減江、浙織造，停江西瓷器，帝爲稍減織造數。中官傳奉，節甫持不可，且上疏言之。又嘗獻治河之策，語鑿鑿可用。父憂歸，卒。贈右副都御史。天啓初，㴶方柄用，得賜謚端清。

㴶與弟演同登萬曆二十年進士。㴶改庶吉士，授檢討。累官南京禮部侍郎，掌部事。西洋人利瑪竇入貢，因居南京，與其徒王豐肅等倡天主教，士大夫多宗之。㴶奏：「陪京都會，不宜令異教處此。」識者韙其言。然㴶素乏時譽。與大學士從哲同里閈，相善也。神宗末從哲獨當國，請補閣臣，詔會推。亓詩教等緣從哲意擯何宗彥、劉一燝輩，獨以㴶及史繼偕名上。帝遂用之。或曰由從哲薦也。疏未發，明年，神宗崩，光宗立，乃召㴶爲禮部尙書兼東閣大學士。未至，光宗復崩。天啓元年六月，漼始至。

故事，詞臣教習內書堂，所教內豎執弟子禮。李進忠、劉朝皆漼弟子。李進忠者，魏忠賢始名也。漼既至，密結二人，乃奏言：「遼左用兵亟，臣謹於東陽、義烏諸邑及揚州、淮安募材官勇士二百餘，請以勇士隸錦衣衞，而量授材官職。」進忠、朝方舉內操，得漼奏大喜。詔錦衣官訓練募士，授材官王應斗等遊擊以下官有差。漼又奏募兵後至者復二百餘人，請發遼東、四川軍前。詔從之。尋加太子太保，進文淵閣，再進少保兼太子太保、戶部尚書、武英殿大學士。

禁中內操日盛，駙馬都尉王昺亦奉詔募兵，願得帷幄重臣主其事。廷臣皆言漼與朝陰相結，於是給事中惠世揚、周朝瑞等劾漼陽託募兵，陰藉通內。劉朝內操，漼使門客誘之。王昺疏，疑出漼教。閹人、戚畹、姦輔內外弄兵，長安片土，成戰場矣。漼疏辨，因請疾求罷。帝慰留之。世揚等遂盡發漼通內狀，刑部尚書王紀再疏劾漼，比之蔡京。漼亦劾紀保護熊廷弼、佟卜年、劉一燝等。詔兩解之。未幾，紀以卜年獄削籍，議者益側目漼。大學士葉向高言「紀、漼交攻，均失大臣體。今以讞獄斥紀，如公論何？」朱國祚至以去就爭，帝皆弗聽。漼不自安，乃力求去。命乘傳歸。逾年卒。贈太保，謚文定。

漼弟演，由工部主事歷官南京刑部尚書。

贊曰：神宗之朝，於時爲豫，於象爲蠱。時行諸人有鳴豫之凶，而無幹蠱之略。外畏清議，內固恩寵，依阿自守，掩飾取名，彌諧無聞，循默避事。書曰「股肱惰哉，萬事墮哉」，此孔子所爲致歎於「焉用彼相」也。

校勘記

〔一〕尋進太子太保戶部尙書武英殿大學士　此繫於二十九年十月後。按本書卷一一〇宰輔年表，萬曆二十五年：「一貫，五月晉太子太保、戶部尙書、武英殿大學士。」二十九年：「一貫，十一月，晉兼太子太傅、建極殿大學士。」神宗實錄卷三六五萬曆二十九年十一月丙申條同。當以神宗實錄及宰輔年表爲是。

明史卷二百十九

列傳第一百七

張四維 子泰徵 甲徵　馬自強 子怡 慥　許國　趙志皐

張位　朱賡 子敬循

張四維，字子維，蒲州人。嘉靖三十二年進士。改庶吉士，授編修。隆慶初，進右中允，直經筵，尋遷左諭德。四維倜儻有才智，明習時事。楊博、王崇古久歷邊陲，善談兵。四維，博同里而崇古姊子也，以故亦習知邊務。高拱深器之。

拱掌吏部，超擢翰林學士。甫兩月，拜吏部右侍郎。俺答封貢議起，朝右持不決。四維爲交關於拱，款事遂成。拱益才四維，四維亦干進不已，朝士頗有疾之者。御史郜永春視鹽河東，言鹽法之壞由勢要橫行，大商專利，指四維、崇古爲勢要，四維父、崇古弟爲大商。四維奏辨，因乞去。拱力護之，溫詔慰留焉。

初，趙貞吉去位，拱欲援四維入閣，而殷士儋夤緣得之，諸人遂相搆。及御史趙應龍劾士儋，士儋未去，言路復有劾四維者。四維已進左侍郎，不得已引去，無何士儋亦去。東宮出閣，召四維充侍班官。給事中曹大埜言四維賄拱得召，四維馳疏辨，求罷。帝不許，趣入朝。未至而穆宗崩，拱罷政，張居正當國，復移疾歸。

四維家素封，歲時餽問居正不絕。武清伯李偉，慈聖太后父也，故籍山西，四維結爲援。萬曆二年復召掌詹事府。明年三月，居正請增置閣臣，引薦四維，馮保亦與善，遂以禮部尚書兼東閣大學士入贊機務。當是時，政事一決居正。居正無所推讓，視同列蔑如也。四維由居正進，謹事之，不敢相可否，隨其後，拜賜進官而已。居正卒，四維始當國。累加至少師、吏部尚書、中極殿大學士。

初，四維曲事居正，積不能堪，擬旨不盡如居正意，居正亦漸惡之。既得政，知中外積苦居正，欲大收人心。會皇子生，頒詔天下，疏言：「今法紀修明，海宇寧謐，足稱治平。而文武諸臣，不達朝廷勵精本意，務爲促急煩碎，致徵斂無藝，政令乖舛，中外囂然，喪其樂生之心。誠宜及此大慶，蕩滌煩苛，弘敷惠澤，俾四海烝黎，咸戴帝德，此固人心培國脈之要術也。」帝嘉納之。自是，朝政稍變，言路亦發舒，詆居正時事。

於是居正黨大懼。王篆、曾省吾輩，厚結申時行以爲助。而馮保欲因兩宮徽號封己爲伯，惡四維持之。篆、省吾知之，厚賄保，數短四維；而使所善御史曹一夔劾吏部尚書王國光媚四維，拔其中表弟王謙爲吏部主事。時行遂擬旨罷國光，並謫謙。四維以帝慰留，復起視事。命甫下，御史張問達復劾四維。四維窘，求保心腹徐爵、張大受賄保，保意稍解。時行乃謫問達於外，以安四維。四維以時行與謀也，卒銜之。已而中官張誠譖保，保眷大衰，四維乃授意門生李植輩發保奸狀。保及篆、省吾皆逐，朝事一大變。

於是四維稍汲引海內正人爲居正所沉抑者。雖未即盡登用，然力反前事，時望頗屬焉。雲南貢金後期，帝欲罪守土官，又詔取雲南舊貯礦銀二十萬，皆以四維言而止。尋以父喪歸。服將闋，卒。贈太師，謚文毅。

子泰徵、甲徵皆四維柄政時舉進士。泰徵累官湖廣參政，甲徵工部郎中。

馬自強，字體乾，同州人。嘉靖三十二年進士。改庶吉士，授檢討。隆慶中，歷洗馬，直經筵。遷國子祭酒，振飭學政，請寄不行。遷少詹事兼侍讀學士，掌翰林院。神宗爲皇太子出閣，充講官。敷陳明切，遂受眷。及即位，自強已遷詹事，敎習庶吉士，乃擢禮部右侍郎，爲日講官。尋以左侍郎掌詹事府，直講如故。丁繼母憂歸。服闋，詔以故官協理詹事府。至則遷吏部左侍郎，仍直經筵。甫兩月，廷推禮部尚書。帝遣使詢居正尚書得兼講官否，居正言，事繁不得兼。乃用爲尚書，罷日講，充經筵講官。

禮官所掌，宗藩事最多，先後條例自相牴牾，黠吏得恣爲奸利。自强擇其當者俾僚吏遵守，諸不可用者悉屛之。每藩府疏至，應時裁決，榜之部門，明示行止，吏無所牟利。龍虎山正一眞人，隆慶時已降爲提點，奪印敕。至是，張國祥求復故號，自强寢其奏。國祥乃重賄馮保固求復，自强力持不可，卒以中旨許之。初，俺答通貢市，賞有定額，後邊臣徇其求，額漸溢。自强請申故約，濫乞者勿與，歲省費不貲。世宗實錄成，加太子少保。

六年三月，居正將歸葬父。念閣臣在鄉里者，高拱與己有深隙，殷士儋多奧援，或乘間以出，惟徐階老易與，擬薦之自代。已遣使報階，既念階前輩，己還，當位其下，乃請增置閣臣。帝卽令居正推擇，遂以人望薦自强及所厚申時行。詔加自强太子太保兼文淵閣大學士，與時行並參機務。自强初以救吳中行、趙用賢忤居正，自分不敢望，及制下，人更以是多居正。時呂調陽、張四維先在閣。調陽衰，數寢疾不出，小事四維代擬旨，大事則馳報居正於江陵，聽其裁決。自强雖持正，亦不能有爲，守位而已。

已，居正還朝，調陽謝政，自强亦得疾卒。詔贈少保，謚文莊，遣行人護喪還。

子怡，舉人，終參議；慥，進士，尚寶卿。

關中人入閣者，自自强始。其後薛國觀繼之。終明世，惟二人。

許國，字維楨，歙縣人。舉鄉試第一，登嘉靖四十四年進士。改庶吉士，授檢討。神宗爲太子出閤，兼校書。及卽位，進右贊善，充日講官。歷禮部左、右侍郎，改吏部，掌詹事府。

十一年四月以禮部尚書兼東閣大學士入參機務。國與首輔申時行善。以丁此呂事與言者相攻，語侵吳中行、趙用賢，由是物議沸然。已而御史陳性學復摭前事劾國，時行右國，請薄罰性學。國再疏求去，力攻言者。帝命鴻臚宣諭，始起視事。南京給事中伍可受復劾國，帝爲謫可受官。國復三疏乞休，語憤激，帝不允。性學旋出爲廣東僉事。先是，帝考卜壽宮，加國太子太保，改文淵閣，以雲南功進太子太傅。國以父母未葬，乞歸襄事。帝不允，命其子代。御史馬象乾以劾中官張鯨獲罪，國懇救。帝爲霽威受之。

十七年，進士薛敷教劾吳時來，南京御史王麟趾、黃仁榮疏論臺規，辭皆侵國。國憤，連疏力詆，幷及主事饒伸。伸方攻大學士王錫爵，公議益不直國。國性木强，遇事輒發。數與言者爲難，無大臣度，以故士論不附。

明年秋，火落赤犯臨洮、鞏昌，西陲震動，帝召對輔臣暖閣。時行言款貢足恃，國謂渝盟犯順，桀驁已極，宜一大創之，不可復羈縻。帝心然國言，而時行爲政不能奪。無何，給事中任讓論國庸鄙。國疏辨，帝奪讓俸。國、時行初無嫌。而時行適爲國門生萬國欽所論，讓則時行門生也，故爲其師報復云。福建守臣報日本結琉球入寇，國因言：「今四裔交犯，而中外小臣爭務攻擊，致大臣紛紛求去，誰復爲國家任事者？請申諭諸臣，各修職業，毋恣胸臆。」帝遂下詔嚴禁。國始終惡疾言者如此。

廷臣爭請册立，得旨二十年春舉行。十九年秋，工部郎張有德以儀注請，帝怒奪俸。時行適在告，國與王家屏慮事中變，欲因而就之，引前旨力請。帝果不悅，責大臣不當與小臣比。國不自安，遂求去。疏五上，乃賜敕馳傳歸。踰一日，時行亦罷，〔一〕而册立竟停。人謂時行以論劾去，國以爭執去，爲二相優劣焉。

國在閣九年，廉慎自守，故累遭攻擊，不能被以汙名。卒，贈太保，謚文穆。

趙志皐，字汝邁，蘭谿人。隆慶二年進士及第，授編修。萬曆初，進侍讀。張居正奪情，將廷杖吳中行、趙用賢。志皐偕張位、習孔敎等疏救，格不上，則請以中行等疏宣付史館，居正恚。會星變考察京朝官，遂出志皐爲廣東副使。居三年，再以京察謫其官。居正歿，言者交薦，起解州同知。旋改南京太僕丞，歷國子監司業、祭酒，再遷吏部右侍郎，並在南京。尋召爲吏部左侍郎。

十九年秋，申時行謝政，薦志皐及張位自代。遂進禮部尚書兼東閣大學士，入參機務。明年春，王家屏罷，王錫爵召未至，志皐暫居首輔。會寧夏變起，兵事多所咨決。主事岳元聲疏論錫爵，中言當事者變亂傾危，爲主事諸壽賢、給事中許弘綱所駁。志皐再辨，帝皆不問。

二十一年，錫爵還朝，明年五月遂歸，志皐始當國。遼東失事，詔褫巡撫韓取善職，逮副使馮時泰詔獄，而總兵官楊紹勳止下御史問。給事中吳文梓等論其失平，志皐亦言：「封疆被寇，武臣罪也。今寬紹勳而深罪文吏，武臣益恣，文吏益喪氣。」帝不從，時泰竟謫戍。皇太后誕辰，帝受賀畢，召見輔臣暖閣，志皐論宥御史彭應參。言官乞減織造，志皐等因合詞請。尋極論章奏留中之弊，請盡付諸曹議行。帝惡中官張誠黨霍文炳，以言官不舉發，貶黜者三十餘人。志皐等連疏諫，皆不納。累進少傅，加太子太傅，改建極殿。

時兩宮災，彗星見，日食九分有奇，三殿又災，連歲間變異迭出。志皐請下罪己詔，因累疏陳時政缺失。而其大者定國本、罷礦稅諸事，凡十一條。優詔報聞而已。皇長子年十六時，志皐嘗請舉冠婚禮。帝命禮官具儀。及儀上，不果行。二十六年三月，志皐等復以爲言，終不允。

張居正柄國，權震主。申時行繼之，勢猶盛。王錫爵性剛負氣，人亦畏之。志皐爲首輔，年七十餘，耄矣，柔而懦，爲朝士所輕，詬誶四起。其始爲首輔也，值西華門災，御史趙文炳論之。無何，南京御史柳佐、給事中章守誠言，吏部郎顧憲成等空司而逐志皐，實激帝怒。已而給事中張濤、楊洵，御史冀體、況上進，南京評事龍起雷相繼抜詆。而巡按御史吳崇禮劾其子兩淮運副鳳威，鳳威坐停俸。未幾，工部郎中岳元聲極言志皐宜放，給事中劉道亨詆尤力。志皐憤，言：「同一閣臣也，往日勢重而權有所歸，則相率附之以媒進。今日勢輕而權有所分，則相率擊之以博名。」因求退益切。帝慰諭之。

初，日本封貢議起，石星力主之。志皐亦冀無事，相與應和。及封事敗，議者蜂起，凡劾星者必及志皐。志皐每被言，輒疏辨求退，帝悉勉留。先嘗譴言者以謝之，後言者益衆，則多寢不下，而留志皐益堅。迨封事大壞，星坐欺罔下獄論死，位亦以楊鎬故褫官，而志皐終不問。然志皐已病不能視事，乞休疏累上，御史于永淸、給事中桂有根復疏論之。志皐身在牀褥，於罷礦、建儲諸大政，數力疾草疏爭，帝歲時恩賜亦如故。

志皐疾轉篤。在告四年，疏八十餘上。二十九年秋卒於邸舍。贈太傅，諡文懿。

張位，字明成，新建人。隆慶二年進士。改庶吉士。授編修，預修世宗實錄。萬曆元年，位以前代皆有起居注，而本朝獨無，疏言：「臣備員纂修，竊見先朝政事，自非出於詔令，形諸章疏，悉湮沒無考。鴻猷茂烈，鬱而未章，徒使野史流傳，用僞亂眞。今史官充位，無以自効。宜日分數人入直，凡詔旨起居，朝端政務，皆據見聞書之，待內閣裁定，爲他年實錄之助。」張居正善其議，奏行焉。

後以救吳中行、趙用賢忤居正意。時已遷侍講，抑授南京司業。未行，復以京察，謫徐州同知。居正卒之明年，用給事中馮景隆、御史孫維城薦，〔二〕擢南京尙寶丞。俄召爲左中允，管司業事，進祭酒。疏陳六事，多議行。以禮部右侍郎，教習庶吉士，引疾歸。詔起故官，協理詹事府，辭不赴。久之，以申時行薦，拜吏部左侍郎兼東閣大學士，與趙志皋並命。

王錫爵還朝，帝適降諭三王並封，以待嫡爲辭。而志皋、位遽請帝篤修交泰，早兆高禖，議者竊哂之。趙南星以考察事褫官，朝士詆錫爵者多及位。錫爵去，志皋爲首輔。位與志皋相厚善。志皋衰，位精悍敢任，政事多所裁決。時黜陟權盡還吏部，政府不得侵撓。

位深憾之，事多掣其肘。以故孫鑨、陳有年、孫丕揚、蔡國珍皆不安其位而去。

二十四年，兩宮災，礦稅議起，位等不能沮。及奸人請稅煤炭，開臨清皇店，位與沈一貫乃執奏不可，不報。明年春，偕一貫陳經理朝鮮事宜。請於開城、平壤建置重鎮，練兵屯田，通商惠工，省中國輸輓。且擇人爲長帥，分署朝鮮八道，爲持久計。事下朝鮮議。其國君臣慮中國遂幷其土，疏陳非便，乃寢。頃之，日本封事壞，位力薦參政楊鎬才，請付以朝鮮軍務。鎬遭父喪，又請奪情視事，且薦邢玠爲總督。帝皆從之。位已進禮部尚書，改文淵閣，以甘肅破賊敍功，加太子太保，復以延鎭功，進少保、吏部尚書，改武英殿。

三殿災，志皐適在告，位偕同列請面慰，不許。乃請帝引咎頒赦，勤朝講，發章奏，躬郊廟，建皇儲，錄廢棄，容狂直，宥細過，補缺官，減織造，停礦使，徹稅監，釋繫囚。帝優詔報之，不能盡行。位又言：「臣等請停礦稅，非遽停之也，蓋欲責成撫按，使上不虧國，下不累民耳。」於是給事中張正學劾位逢迎遷就，宜斥。帝亦不省。

位初官翰林，聲望甚重，朝士冀其大用。及入政府，招權示威，素望漸衰。給事中劉道亨劾位奸貪數十事。位憤，力辨，遂落道亨三官。呂坤、張養蒙與孫丕揚交好，而沈思孝、徐作、劉應秋、劉楚先、戴士衡、楊廷蘭則與位善，各有所左右。丕揚嘗劾位，指道亨爲其黨。道亨恥之，劾位以自解。已而贊畫主事丁應泰劾楊鎬喪師，言位與鎬密書往來，朋黨欺罔，鎬拔擢由賄位得之。帝怒下廷議。位惶恐奏辨，帝猶慰留。給事中趙完璧、徐觀瀾復交章論。位窘，亟奏：「羣言交攻，孤忠可憫。臣心無纖毫愧，惟上矜察。」帝怒曰：「鎬由卿密揭屢薦，故奪哀授任。今乃朋欺隱慝，辱國損威，猶云無愧。」遂奪職閒住。

無何，有獲妖書名憂危竑議者，御史趙之翰言位實主謀。帝亦疑位怨望有他志，詔除名爲民，遇赦不宥。其親故右都御史徐作、侍郎劉楚先、祭酒劉應秋、給事中楊廷蘭、主事萬建崑皆貶黜有差。

位有才，果於自用，任氣好矜。其敗也，廷臣莫之救。既卒，亦無湔雪之者。天啓中，復官，贈太保，謚文莊。

朱賡，字少欽，浙江山陰人。父公節，泰州知州。兄應，刑部主事。賡登隆慶二年進士，改庶吉士，授編修。萬曆六年以侍讀爲日講官。宮中方興土木，治苑囿。賡因講宋史，極言「花石綱」之害，帝爲悚然。歷禮部左、右侍郎。帝營壽宮於大峪山，命賡往視。中官示帝意欲倣永陵制，賡言：「昭陵在望，制過之，非所安。」疏入，久不下。已，竟如其言。累官禮部尚書，遭繼母喪去。

二十九年秋，趙志皐卒，沈一貫獨當國，請增置閣臣。帝素慮大臣植黨，欲用林居及久廢者。詔賡以故官兼東閣大學士參預機務，遣行人召之。再辭，不允。明年四月詣闕，即捐一歲俸助殿工。其秋極陳礦稅之害，帝不能用。既而與一貫及沈鯉共獻守成、遣使、權宜三論，大指爲礦稅發，賡手筆也。賡於己邸門獲妖書，而書辭誣賡動搖國本，大懼。立以疏聞，乞避位。帝慰諭有加。一貫倡羣小窮治不已。賡在告，再貽書一貫，請速具獄無株連，事乃得解。

三十三年大計京官。帝留被察者錢夢皐輩，及南京察疏上，亦欲有所留。賡力陳不可，曰：「北察之留，旨從中出，人猶咎臣等。今若出自票擬，則二百餘年大典，自臣壞之，死不敢奉詔。」言官劾溫純及鯉，中使傳帝意欲去純。賡言大臣去國必採公論，豈可於劾疏報允。帝下南察疏，而純竟去。其冬，工部請營三殿。時方濬河、繕城，賡力請俟之異日。帝皆納之，不果行。

三十四年，一貫、鯉去位，賡獨當國，年七十有二矣。朝政日弛，中外解體。賡疏揭月數上，十不能一下。御史宋燾首諷切賡，給事中汪若霖繼之。賡緣二人言，力請帝更新庶政，於增閣臣、補大僚、充言路三事語尤切。帝優詔答之而不行。賡乃素服詣文華門懇請，終不得命。賡以老，屢引疾，閣中空無人。帝諭簡閣臣，而廷臣慮帝出中旨如往年趙志皐、張位故事。賡力疾請付廷推，乃用于愼行、李廷機、葉向高，而召王錫爵於家，以爲首輔。給事中王元翰、胡忻以廷機之用，賡實主之，疏詆廷機並侵賡。賡疏辯，帝爲切責言者。既而姜士昌及宋燾被謫，言路謂出賡意，益不平。禮部主事鄭振先遂劾賡十二大罪，且言賡與一貫、錫爵爲過去、見在、未來三身。帝怒，貶振先三秩。俄以言官論救，再貶二秩。

先，考選科道，吏部擬上七十八人。候命踰年，不下，賡連疏趣之。三十六年秋，命始下。諸人列言路，方欲見風采，而給事中若霖先嘗忤賡，及是見黜，適當賡病起入直時。衆謂賡修郤，攻訐四起，先後疏論至五十餘人。給事中喻安性者，賡里人，爲賡上疏言：「今日政權不由內閣，盡移於司禮。」言者遂交章劾安性，復侵賡。是時賡已寢疾，乞休疏二十餘上。言者慮其復起，攻不已，而賡以十一月卒於官。遺疏陳時政，語極悲切。賡先加少保兼太子太保，進吏部尚書、文華殿大學士。及卒，贈太保，謚文懿。御史彭端吾復疏詆賡，給事中胡忻請停其贈謚，帝不聽。

賡醇謹無大過，與沈一貫同鄉相比，暱給事中陳治則、姚文蔚等，以故蒙詬病云。子敬循，官禮部郎中，改稽勳。前此無正郎改吏部者，自敬循始。終右通政。

贊曰：四維等當軸處中，頗滋物議。其時言路勢張，恣爲抨擊。是非瞀亂，賢否混淆，羣相敵仇，罔顧國是。詬誶日積，又烏足爲定論乎。然謂光明磊落有大臣之節，則斯人亦不能無愧辭焉。

校勘記

〔一〕踰一日時行亦罷　一日，原作「一月」。本書卷一一〇宰輔年表萬曆十九年：時行「九月致仕」，國「九月致仕」。兩人致仕都在九月。神宗實錄卷二四〇萬曆十九年九月、國榷卷七五頁四六五八都作壬申許國去，甲戌申時行去，正踰一日。據改。

〔二〕用給事中馮景隆御史孫維城薦　孫維城，原作「孫惟成」，據神宗實錄卷一三三萬曆十一年丙戌條、明進士題名碑錄隆慶辛未科改。

明史卷二百二十

列傳第一百八

萬士和 王之誥 劉一儒 吳百朋 劉應節 徐栻 王遴

畢鏘 舒化 李世達 曾同亨 弟乾亨 辛自修 溫純

趙世卿 李汝華

萬士和，字思節，宜興人。父吉，桐廬訓導，有學術。士和成嘉靖二十年進士，改庶吉士，授禮部主事。父喪除，乞便養母，改南京兵部。累遷江西僉事，歲裁上供瓷器千計。遷貴州提學副使，進湖廣參政。撫納叛苗二十八砦，以功賚銀幣。三殿工興，採木使者旁午。士和經畫備至，民賴以安。遷江西按察使，之官踰期，劾免。

起山東按察使，再遷廣東左布政使。政事故專決於左，士和曰：「朝廷設二使，如左右手，非有軒輊。」乃約右使分日治事。召拜應天府尹，道遷右副都御史。督南京糧儲，奏請便民六事。隆慶初，進戶部右侍郎，總督倉場。尋改禮部，進左。引疾歸。

神宗立，起南京禮部侍郎，署國子監事。萬曆元年，禮部尚書陸樹聲去位。張居正用樹聲言，召士和代之。條上崇儉數事。又以災祲屢見，奏乞杜倖門，容戇直，汰冗員，抑干請，多犯時忌。俺答及所部貢馬，邊臣請加官賞。士和言賞賚有成額，毋徇邊臣額外請，從之。方士倚馮保求官，士和持不可。成國公朱希忠歿，居正許贈王，士和力爭。給事中余懋學言事得罪，士和言直臣不當斥。於是積忤居正。給事中朱南雍承風劾之，遂謝病去。居正歿，起南京禮部尚書，再疏引年不赴。卒，年七十一。贈太子少保，謚文恭。

王之誥，字告若，石首人。嘉靖二十三年進士。授吉水知縣。遷戶部主事，改兵部員外郎，出爲河南僉事。討師尚詔有功，轉參議。調大同兵備副使。以擣板升功，增俸一級，進山西右參政。擢右僉都御史，巡撫遼東。大興屯田，每營墾田百五十頃，役軍四百人。列上便宜八事，行之。召爲兵部右侍郎。尋以左侍郎總督宣、大、山西軍務。

隆慶元年就進右都御史。俺答犯石州，之誥令山西總兵官申維岳，參將劉寶、尤月、黑雲龍四營兵尾之南下，而檄大同總兵官孫吳、山西副總兵田世威等出天門關，遏其東歸。巡撫王繼洛駐代州不出，維岳不敢前，石州遂陷。殺人數萬，所過無孑遺，大掠十有四日而去。事聞，維岳、世威、寶論死，繼洛戍邊，吳落職。之誥以還守南山，止貶二秩。

明年詔之誥以左侍郎巡視薊、遼、保定、宣、大、山西，侍郎劉燾巡陝西、延綏、寧夏、甘肅。之誥以疾辭，代以冀練。已，復因給事中張鹵言，皆罷不遣。三年起督京營。進右都御史，總督陝西三邊軍務。以延寧將士搗巢功，予一子官，遷南京兵部尚書。

神宗嗣位，召拜刑部尚書。張居正專政，之誥與有連，每規切之。萬曆三年乞假送母歸，踰時不至，被劾。會之誥亦奏請終養，遂報許。後居正喪父奪情，杖言者闕下。歸葬還闕，之誥以召還直臣，收人心爲勸。卒，贈太子太保，謚端襄。

時有夷陵劉一儒者，字孟真，亦居正姻也。嘉靖三十八年進士。屢官刑部侍郎。居正當國，嘗貽書規之。居正歿，親黨皆坐斥，一儒獨以高潔名。尋拜南京工部尚書。甫半歲，移疾歸。初，居正女歸一儒子，珠琲紈綺盈箱篋，一儒悉扃之別室。居正死，貲產盡入官，一儒乃發向所緘物還之。南京御史李一陽請還一儒於朝，以厲恬讓。帝可其奏。一儒竟不赴召，卒於家。天啓中，追謚莊介。

吴百朋，字維錫，義烏人。嘉靖二十六年進士。授永豐知縣。徵拜御史，歷按淮、揚、湖廣。擢大理寺丞，進右少卿。

四十二年夏，進右僉都御史，撫治鄖陽。改提督軍務，巡撫南、贛、汀、漳。與兩廣提督吴桂芳討平河源賊李亞元、程鄉賊葉丹樓，又會師破倭海豐。

初，廣東大埔民藍松山、余大眷倡亂，〔一〕流劫漳、延、興、泉間。官軍擊敗之，奔永春。與香寮盜蘇阿普、范繼祖連兵犯德化，〔二〕爲都指揮耿宗元所敗，僞請撫。百朋亦陽罷兵，而誘賊黨爲内應，先後悉擒之，惟三巢未下。三巢者，和平李文彪據岑岡，龍南謝允樟據高沙，賴清規據下歷。朝廷以倭患棘，不討且十年。文彪死，子珍及江月照繼之，益猖獗。四十四年秋，百朋進右副都御史，巡撫如故。上疏曰：「三巢僭號稱王，旋撫旋叛。廣東和平、龍川、興寧，江西龍南、信豐、安遠，蠶食過半。不亟討，禍不可言。三巢中惟清規跨江、廣六縣，最逆命，用兵必自下歷始。」帝采部義，從之。百朋乃命守備蔡汝蘭討擒清規於苦竹嶂，羣賊震懾。

隆慶初，吏部以百朋積苦兵間，稍遷大理卿。給事中歐陽一敬等請留百朋剿賊，詔進兵部右侍郎兼右僉都御史，巡撫如故。百朋奏，春夏用兵妨耕作，宜且聽撫，帝從之。尋擢南京兵部右侍郎。乞終養，不許。改刑部右侍郎。父喪歸，起改兵部。

萬曆初，奉命閱視宣、大、山西三鎮。百朋以糧餉、險隘、兵馬、器械、屯田、鹽法、番馬、逆黨八事核邊臣，督撫王崇古、吳兌，總兵郭琥以下，陞賞黜革有差。又進邊圖，凡關塞險隘，番族部落，士馬强弱，亭障遠近，歷歷如指掌。以省母歸。起南京右都御史，召拜刑部尚書。踰年卒。

劉應節，字子和，濰人。嘉靖二十六年進士。授戶部主事。歷井陘兵備副使，兼轄三關。三關屬井陘道自此始。四十三年以山西右參政擢右僉都御史，巡撫遼東。母喪歸。隆慶元年起撫河南。俺答寇石州，山西騷動，詔應節赴援。已，寇退。會順天巡撫耿隨卿坐殺平民充首功逮治，改應節代之。建議永平西門抵海口距天津止五百里，可通漕，請募民習海道者赴天津領運，同運官出海達永平。部議以漕卒冒險不便，發山東、河南粟十萬石儲天津，令永平官民自運焉。

四年秋，進右副都御史，巡撫如故。旋進兵部右侍郎兼右僉都御史，代譚綸總督薊、遼、保定軍務。奏罷永平、密雲、霸州采礦。又因御史傅孟春言，議諸鎮積貯，當計歲豐歉。常時以折色便軍，可以積粟；凶歲以本色濟荒，可以積銀。又明年建議通漕密雲，上疏曰：「密雲環控潮、白二水，天設之以便漕者也。向二水分流，至牛欄山始合。通州運艘至牛欄山，以上陸運至龍慶倉，輸輓甚苦。今白水徙流城西，去潮水不二百武，近且疏渠植壩，合爲一流，水深漕便。舊昌平運額共十八萬石有奇，今止十四萬，密雲僅得十萬，惟賴召商一法，而地瘠民貧，勢難長恃。聞通倉粟多紅朽。若漕五萬石於密雲，而以本鎮折色三萬五千兩留給京軍，則通倉無腐粟，京軍沾實惠，密雲免僉商，一舉而三善備矣。」報可。

給事中陳渠以薊鎮多虛伍，請核兵省餉。應節上疏曰：「國初設立大寧，薊門猶稱內地。旣大寧內徙，三衞反覆，一切防禦之計，與宣、大相埒，而額兵不滿三萬。倉卒召外兵，疲於奔命，又半孱弱。於是議減客兵，募士著，而游食之徒，饑聚飽颺。請清勾逃軍，而所勾皆老稚，又未必安於其伍。本鎮西起鎮邊，東抵山海，因地制兵，非三十萬不可。今主、客兵不過十三萬而已。且宣府地方六百里，額兵十五萬；大同地方千餘里，額兵十三萬五千；今薊、昌地兼二鎮，而兵力獨不足。援彼例此，何以能守？以今上計，發精兵二十餘萬，恢復大寧，控制外邊，俾畿輔肩背益厚，宣、遼聲援相通，國有重關，庭無近寇，此萬年之利也。如其不然，集兵三十萬，分屯列戍，使首尾相應，此百年之利也。又不然，則選主、客兵十七萬，訓練有成，不必仰藉隣鎭，亦目前苟安之計。今皆不然，徵兵如弈棋，請餉如乞糴，操練如搏沙，教戰如談虎。邊長兵寡，掣襟肘見。今爲不得已之計，姑勾新軍補主兵舊額十一萬，與入衞客兵分番休息，庶軍不告勞，稍定邊計。」部議行所司清軍，而補兵之說卒不行。

萬曆元年進右都御史兼兵部右侍郎，總督如故。進南京工部尚書，召爲戎政尚書，改刑部。錦衣馮邦寧者，太監保從子，道遇不引避，應節叱下之，保不悅。會雲南參政羅汝芳奉表至京，應節出郭與談禪，給事中周良寅疏論之，遂偕汝芳劾罷。卒，贈太子少保。

初，王宗沐建議海運，應節與工部侍郎徐栻請開膠萊河，張居正力主之。用栻兼僉都御史以往，議鑿山引泉，計費百萬。議者爭駁之。召栻還，罷其役。栻，常熟人，累官南京工部尚書。

王遴，字繼津，霸州人。嘉靖二十六年進士。除紹興推官。入爲兵部主事，歷員外郎。峭直矜節概，不妄交。同官楊繼盛劾嚴嵩及其孫效忠冒功事，下部覆。世蕃自爲稾，以屬武選郎中周冕。冕發之，反得罪。尙書聶豹懼，趣所司以世蕃稾上。遴直前爭，豹怒，竟覆如世蕃言。繼盛論死，遴爲資粥饘，且以女字其子應箕。嵩父子大恚，摭他事下之詔獄。事白復官。及繼盛死，收葬之。遷山東僉事，再遷岢嵐兵備副使。有威名，爲巡撫所忌，劾去。官民相率訟寃，詔許起用。

四十五年擢右僉都御史，巡撫延綏。寇大入定邊、固原，總兵官郭江戰歿。總督陳其學、陝西巡撫戴才坐免，遴貶俸一秩。隆慶改元，寇六入塞，皆失利去。而御史溫如玉論遴不已，解官候勘。後御史楊鉁勘上其功，遂以故官巡撫宣府。總兵官馬芳驍勇，寇不敢深入。遴乃大興屯田，邊儲賴之。秩滿，進右副都御史。尋召拜兵部右侍郎。省親歸，起協理戎政。

神宗立，張居正秉政。遴其同年生，然雅不相能。會議閱邊，遴請行。命往陝西四鎭。峻絕餽遺。事竣，遽移疾歸。居正歿，始起南京工部尚書。尋改兵部，參贊機務。守備中官丘得用濫役營軍，遴奏禁之，因奏行計安留都十二事。召拜戶部尚書。先奉詔蠲除及織造議留共銀百七十六萬餘兩，命於太倉庫補進，遴言：「陛下歷十餘年之儲積僅三百餘萬，今因一載蠲除，卽收補於庫。計十餘年之積，不足償二年取補之資。矧金花額進歲當百萬，自六年以後增進二十萬，今合六年計之，不啻百萬矣。庫積非源泉，歲進不已，後將何繼？」因言京、通二倉糧積八百萬石，足供九年之需，請量改折百五十萬石，三年而止。詔許一年。

時尚寶丞徐貞明、御史徐待開京東水田，遴力贊之，議遂決。故事，戶部銀專供軍國，不給他用。帝大婚，暫取濟邊銀九萬兩爲織造費，至是復欲行之，遴執爭。未幾詔取金四千兩爲慈寧宮用，遴又力持。皆不納。已，陳理財七事，請崇節儉、重農務、督逋負、懲貪墨、廣儲蓄、飭貢市。帝報曰：「事關朕躬者已知之，餘飭所司議行。」時釋教大盛，遴請汰其壯者歸農，聚衆修齋者坐左道罪。禮部尚書沈鯉請如遴言。詔已許，后妃宦官多言不便，事中止。

改兵部尚書。遼東總兵官李成梁賂遺徧輦轂，不敢至遴門。遴在戶部頻執爭，已爲中官所嫉。會帝閱壽宮，中官持御批索馬。遴以爲題本當鈐印，司禮傳奉由科發部，無徑下部者，援故事執奏。帝不悅。大學士申時行嘗以管事指揮羅秀屬遴補錦衣僉書，遴格不許。時行乃調旨責遴擅留御批，失敬上體。御史因交章劾遴，遴乞休去，張佳胤代之。給事中張養蒙言：「羅秀本太監滕祥奴，賄入禁衞。往歲營僉書，尚書遴持正，爲所中傷去。未幾秀即蠲用，物議沸騰。」於是黜秀，佳胤亦罷。

遴雖退，聲望愈重，以年高存問者再三。三十六年卒。贈太子太保。天啓中，追謚恭肅。

畢鏘，字廷鳴，石埭人。嘉靖三十二年進士。授刑部主事。歷郎中，擢浙江提學副使，遷廣西右參政，進按察使，再遷湖廣左布政使。召爲太僕卿，未至，改應天尹。海瑞撫江南，移檄京府，等於屬吏，鏘却不受。瑞察鏘政，更與善。進南京戶部右侍郎，督理糧儲。萬曆二年入爲刑部右侍郎。改戶部，總督倉場。擢南京戶部尚書，謝病去。起南京工部尚書，就改吏部，徵爲戶部尚書。帝以風霾諭所司陳時政，鏘以九事上。中言：「錦衣旗校至萬七千四百餘人，內府諸監局匠役數亦稱是。此宂食之尤，宜屛除冒濫。州縣丈田滋弊，雲南鼓鑄不酬工直，官已裁而復置，田欲墾而再停。請酌土俗人情，毋率意更改。至袍服錦綺，歲有積餘，何煩頻織。天燈費鉅萬，尤不經。濫予不可不裁，淫巧不可不革。」他所奏，並多切要。近倖從中撓之，不盡行。鏘乃引年乞罷。予馳驛歸。

鏘遇事守正，有物望。年及八十，賜存問，加太子少保。後凡存問者再。其孫汝楩奉表入謝，詔以爲太學生。年九十三而卒。贈太子太保，謚恭介。

舒化，字汝德，臨川人。嘉靖三十八年進士。授衡州推官。改補鳳陽，擢戶科給事中。隆慶初，三遷刑科給事中。帝任宦官，旨多從中下。化言：「法者天下之公，大小罪犯宜悉付法司。不當，則臣等論劾。若竟自敕行，則喜怒未必當，而法司與臣等俱虛設。」詔是其言。冬至郊天，聞帝咳聲，推論陰陽姤復之漸，請法天養微陽，詞甚切直。有詔言災眚洊至，由部院政事不修，令廠衞密察。化偕同列言：「廠衞徼巡輦下，惟詰奸宄、禁盜賊耳。駕馭百官，乃天子權，而糾察非法，則責在臺諫，豈廠衞所得干。今命之刺訪，將必開羅織之門，逞機阱之術，禍貽善類，使人人重足累息，何以為治。且廠衞非能自廉察，必屬之番校。陛下不信大臣，反信若屬耶？」御史劉思賢等亦極陳其害。帝並不從。已而事竟寢。校尉負屍出北安門，兵馬指揮孫承芳見之，疑有奸，繫獄鞫訊，詞連內官李陽春。陽春懼，訴於帝。言尉所負非死者，出外乃死，承芳妄生事，刑校尉。帝信之，杖承芳六十，斥為民。化請以陽春所奏下法司勘問，不納。

四年熱審，請釋纍臣鄭履淳、李芳，及朝審，又請釋李已，皆得宥。時高拱當國，路楷、楊順以搆殺沈鍊論死。拱欲為楷地，謂順首禍，順死，楷可勿坐。化取獄牘示拱曰：「獄故無鍊名。有之，自楷始。楷誠罪首。」拱又議宥方士王金等罪，化言：「此遺詔意，卽欲勿罪，宜何辭？」忤拱，出為陝西參政。再疏致仕歸。

萬曆初，累擢太僕少卿。復以疾歸。由南京大理卿召拜刑部左侍郎。雲南緬賊平，帝御午門樓受俘。化讀奏詞，音吐洪亮，進止有儀，帝目屬之。會刑部缺尚書，手詔用化。化言：「陛下仁心出天性。知府錢若賡、知州方復乾以殘酷死戍。請飭大小臣僚各遵律例毋淫刑。大明律一書，高皇帝揭之兩廡，手加更定。今未經詳斷者或命從重擬議，已經定議者又詔加等處斬，是謂律不足用也。去冬雨雪不時，災異頻見，咎當在此。」帝優詔答之。會續修會典，因輯嘉靖三十四年以後事例與刑名相關者三百八十二條，奏之。詔頒示中外。十四年應詔陳言。請信詔令，淸獄訟，速訊讞，嚴檢驗，禁冤濫，而以格天安民歸本聖心。帝嘉納焉。帝慮羣下欺罔，間有訐發，輒遣官逮捕，牽引證佐，文案累積。化言：「主衞貴執要，不當侵有司；徒使人歸過於上，而下反得緣以飾非。」潞王府小校以事爲兵馬司吏目所笞，帝怒，逮吏目下詔獄，掠死，又罪其捕卒七人。化爭之。詔罪爲首一人，餘並獲宥。

明年，京察拾遺，南京科道論及化。遂三疏乞歸，帝不許。會當慮囚，復起視事。中貴傳帝意宥重辟三十餘人，化爭不可。詔卒從其議。尋稱病篤，乃聽歸。卒，贈太子少保，諡莊僖。

李世達，字子成，涇陽人。嘉靖三十五年進士。授戶部主事。改吏部，歷考功、文選郎中，與陸光祖並爲尙書所倚。隆慶初，丁曾祖憂。起右通政，歷南京太僕卿。

萬曆二年以右僉都御史巡撫山東。尋進右副都御史，總理河道。未上，改撫浙江。旋移疾歸，起督漕運兼巡撫鳳陽。黃河南侵，淮安告警，世達請修石堤捍城；寶應氾光湖風濤險惡，歲漂溺，請開越河殺水勢。俱報可。遷南京兵部右侍郎。召改戶部，復改吏部，進左侍郎。擢南京吏部尙書，就改兵部，參贊機務。

俄召爲刑部尙書。中官張德毆人死，世達請置於理，刑科唐堯欽亦言之，德遂屬吏。大興知縣王階坐撻樂舞生下吏，帝密遣兩校尉偵之，讞日爲巡風主事孫承榮所拒。校尉還奏，帝怒詰世達。世達言偵伺非大體。承榮竟奪俸。東廠太監張鯨有罪，言官交劾，帝曲貸之。世達執奏，帝乃屏鯨於外。駙馬都尉侯拱宸僕斃平民抵法，世達請並坐拱宸。乃革其任，命國學肄禮。罪人焦文粲法不當死，帝怒入之。會朝審，命戶部尙書宋纁主筆。世達言於纁，薄文粲罪。忤旨，詰問，復據法以對。帝卒不從。時帝燕居多暴怒，近侍屢以非罪死，世達因災異上書以諷。浙江饑，或請令罪人出粟除罪。世達言：「法不可廢，寧赦毋贖。赦則恩出於上，法猶存。贖則力出於下，人滋玩。」識者韙之。

改左都御史。兵馬指揮何价虐死三人，御史劉思瑜庇之。世達劾奏，帝鐫思瑜秩。復劾罷御史韓介等數人。帝深惡言官，下詔申飭，責以挾私報復。世達言：「效忠持正者，語雖過激，心實無他。卽或心未可知，而言不可廢，並宜容納。惟緘默依阿，然後加黜罰。則讜言日進，邪說漸消。」報聞。

二十一年與吏部尙書孫鑨同主京察，斥政府私人殆盡。考功郎中趙南星被劾貶官，世達力爭之，反除南星等名，遂求去，不許。其秋，吏部侍郎趙用賢以絕婚事被訐，世達白其無罪。郎中楊應宿、鄭材疏詆世達，遂連章乞休去。歸七年卒。贈太子太保，諡敏肅。

曾同亨，字于野，吉水人。父存仁，雲南布政使。同亨舉嘉靖三十八年進士。授刑部主事。改禮部，遷吏部文選主事。故事，丞簿以下官，聽胥吏銓注，同亨悉躬親之。與陸光祖、李世達齊名。隆慶初，爲文選郎中，薦用遺佚幾盡。進太常少卿，請急去。

萬曆初，起大理少卿。歷順天府尹，以右副都御史巡撫貴州。御史劉臺得罪張居正。同亨，臺姊夫也，給事中陳三謨欲並逐之，奏同亨羸不任職。詔調南京，遂移疾歸。九年，京察拾遺，給事中秦燿、御史錢岱等復希居正指，列同亨名。勒休致。

居正卒，起南京太常卿。召爲大理卿，遷工部右侍郎。督治壽宮，節浮費三十餘萬。由左侍郎進尙書。軍器自外輸，率不中程，奏請半收其直，又請減織造之半。皆報可。汝安王妃乞橋稅，同亨拒之。帝竟如妃請。內府工匠，隆慶初數至萬五千八百人，尋汰二千五百人，而中官濫增不已。同亨疏請淸釐。已得旨，中官復奏寢之。給事中楊其休疏爭，弗納。同亨弟乾亨請裁冗員以裕經費，京衞諸武臣謂減己月俸也，大譁，伺同亨出朝圍而譟之。同亨再乞休，不得請。九門工成，加太子少保。力乞去，詔乘傳歸。起南京吏部尙書，辭不拜。久之，再起故官，累辭乃就職。稅使所在虐民，同亨極諫。

三十三年大計京官，與考功郎徐必達持正不撓。是年，北察失執政意，中旨留給事中錢夢皐等；南察及同亨自陳疏，亦久不下。同亨適給由入都，遂引疾。詔加太子太保致仕。同亨初入吏部，嚴嵩其鄉人，尙書吳鵬則父同年也，同亨無私謁。嘗止宿署舍，彌月不歸。雅與羅汝芳、耿定向善。尙書楊博痛詆僞儒，同亨曰：「此中多闇修，非可概斥。即使陽假名義，視呈身進取、恬不知恥者，孰愈哉？」卒年七十有五。贈少保，謚恭端。

弟乾亨，字于健。從羅洪先學。登萬曆五年進士，除合肥知縣，調休寧。擢御史。給事中馮景劾李成梁被譎，乾亨以尙書張學顏右成梁也，並劾之。帝怒，黜爲海州判官。稍遷大名推官，歷光祿少卿。

十八年冬，敕兼監察御史，閱視大同邊務。劾罷總兵官以下十餘人。大同士兵歲餉萬二千石，兵自徵之，民不勝擾。乾亨議留兵二百，餘盡汰之。屢奏邊備事宜，輒中機要。諸武弁之詬同亨也，大學士王家屏遺諭之曰：「天下有叛軍，寧有叛臣？若曹於禁地辱大臣，罪且死。」諸人乃散去。尚書石星言貴臣被辱，大傷國體，給事中鍾羽正亦言之。不報。家屏密揭力爭，乃奪掌後府定國公徐文璧祿半歲，而治首事者以法。

乾亨尋進大理丞，遷少卿。考功郎趙南星以考察事被斥，乾亨論救，侵執政，復移書辨之。廷推巡撫者三，俱不用。遂引疾歸，未幾卒。乾亨言行不苟，與其兄並以名德稱。

辛自修，字子吉，襄城人。嘉靖三十五年進士。除海寧知縣。

擢吏科給事中。奏言：「吏部銓注，遴才要矣，量地尤急。邇京府屬吏以大計去者十之五，豈畿輦下獨多不肖哉？地艱而事猥也。請量地劇易以除官，量事繁簡以注考。」吏部善其言，請令撫按舉劾如自修議。巡視京營，劾典營務鎮遠侯顧寰、協理僉都御史李燧，請戒寰罷燧。從之。歷遷禮科都給事中。誠意伯劉世延不法，自修極論其奸。詔革任禁錮。

隆慶元年，給事中胡應嘉言事斥，自修疏救。未幾，論奪尚書顧可學、徐可成，侍郎朱隆禧、郭文英贈諡；以可成由黃冠，文英由工匠，可學、隆禧俱以方藥進也。擢太僕少卿，引疾歸。

萬曆六年起應天府丞，再遷光祿卿。以右僉都御史巡撫保定六府。奏減均徭里甲銀六萬兩，增築雄、任丘二縣堤，以禦滹沱水患。每歲防秋，巡撫移駐易州，徵所部供費，防秋已罷，徵如故，自修奏已之。入歷大理卿，兵部左、右侍郎，擢南京右都御史。御史沈汝梁者，巡視下江，用餽遺爲名，盡括所部贖鍰，自修劾奏之。帝方欲懲貪吏，乃命逮治汝梁，而召自修爲左都御史。

十五年大計京官，政府欲庇私人，去異己。吏部尚書楊巍承意指惟謹，自修患之，先期上奏，請勿以愛憎爲喜怒，排抑孤立之人。帝善其言，而政府不悅。有貪競者十餘輩，皆政府所厚，自修欲去之。給事中陳與郊自度不免，遂言憲臣將以一眚棄人，一舉空國。於是自修所欲斥者悉獲免。已而御史張鳴岡等拾遺，首工部尚書何起鳴。起鳴故以督工與中官張誠厚，而雅不善自修，遂訐自修挾讎主使。與郊及給事中吳之佳助之。御史高維崧、趙卿、張鳴岡、左之宜不平，劾起鳴飾非詭辨。帝先入張誠言，頗疑自修。得疏益不悅，曰：「朝廷每用一人，言官輒紛紛排擊。今起鳴去，爾等舉堪此任者。」維崧等具疏引罪，無他舉。帝怒，悉出之外。給事中張養蒙申救，亦奪俸。刑部主事王德新復疏爭，語侵嬖倖。帝下之詔獄，酷刑究主者。無所承，乃削其籍。自修不自安，亟引疾歸。

自修之進也，非執政意，故不爲所容。久之，起南京刑部尚書。復以工部尚書召。未上，卒。贈太子太保，謚肅敏。

德新，安福人，後起官至光祿丞。

溫純，字景文，三原人。嘉靖四十四年進士。由壽光知縣徵爲戶科給事中。隆慶三年，穆宗既禫除，猶不與大臣接。純請遵祖制延訪羣工，親決章奏，報聞。

屢遷兵科都給事中。倭陷廣東廣海衞，大殺掠而去。總兵劉燾以戰卻聞，純劾燾欺罔。時方召燾督京營，遂置不問。黔國公沐朝弼有罪，詔許其子襲爵。純言事未竟，不當遽襲。中官陳洪請封其父母，純執不可。言官李已、石星獲譴，疏救之。初，趙貞吉更營制，三營各統一大將。以恭順侯吳繼爵典五軍，而都督袁正、焦澤典神樞、神機。繼爵恥與同列，固辭。帝爲罷二人，盡易以勳臣。純請廣求將才，毋拘世爵，不納。已，復命文臣三人分督之，時號「六提督」。純以政令多門，極陳不便，遂復舊制。俺答請貢市，高拱定議許之。純以爲弛邊備，非中國利。出爲湖廣參政，引疾歸。

萬曆初，用薦起河南參議。十二年，以大理卿改兵部右侍郎兼右副都御史，巡撫浙江。

入爲戶部左侍郎，進右副都御史，督倉場。母憂去。起南京吏部尚書。召拜工部尚書。父老，乞養歸。終喪，召爲左都御史。

礦稅使四出，有司逮繫纍纍，純極論其害，請盡釋之，不報。已，諸閹益橫，所至剽奪，汙人婦女。四方無賴奸人蠭起言利：有請開雲南塞外寶井者；或又言海外呂宋國有機易山，素產金銀，歲可得金十萬銀三十萬；或言淮、揚饒鹽利，用其策，歲可得銀五十萬。帝並欣然納之，遠近駭震。純言：「緬人方伺隙，寶井一開，兵端必起。余元俊一鹽犯，數千贓不能輸，而欲得五十萬金，將安取之？機易山在海外，必無徧地金銀，任人往取；不過假借詔旨，闌出禁物與番人市易，利歸羣小，害貽國家。乞盡捕諸奸人，付臣等行法，而亟撤稅監之害民者。」亦不報。當是時，中外爭請罷礦稅，帝悉置不省。純等憂懼不知所出，乃倡諸大臣伏闕泣請。帝震怒，問誰倡者，對曰：「都御史臣純。」帝爲霽威，遣人慰諭曰：「疏且下。」乃退。已而卒不行。廣東李鳳、陝西梁永、雲南楊榮並以礦稅激民變，純又抗言：「稅使竊弄陛下威福以十計，參隨憑藉稅使聲勢以百計，地方奸民竄身爲參隨爪牙以萬計。宇內生靈困於水旱，困於採辦、營運、轉輸，旣嚻然喪其樂生之心，安能復勝此千萬虎狼耶！願卽日罷礦稅，逮鳳等置於理。」亦不報。

先是，御史顧龍楨巡按廣東，與布政使王泮語不合，起毆之，泮卽棄官去。純劾罷龍楨。御史于永清按陝西貪，懼純舉奏，倡同列救龍楨，顯與純異，以脅制純，又與都給事中姚文蔚比而傾純。純不勝憤，上疏盡發永清交搆狀，並及文蔚，語頗侵首輔沈一貫。一貫等疏辨。帝爲下永清、文蔚二疏，而純劾疏留不下。純益憤，三疏論之，因力丐罷，乃謫永清。純遂與一貫忤。給事中陳治則、鍾兆斗皆一貫私人，先後劾純。御史湯兆京不平，疏斥其妄。純求去，章二十上，杜門者九閱月。帝雅重純，諭留之。純不得已，強起視事。及妖書事起，力爲沈鯉、郭正域辨誣。楚宗人戕殺撫臣，純復言無反狀。一貫怨益深。

三十二年大計京朝官。純與吏部侍郎楊時喬主之，一貫所欲庇者兆斗及錢夢皐等皆在謫中。疏入，久之忽降旨切責，盡留被察科道官，而察疏仍不下。純求去益力。夢皐、兆斗既得留，則連章訐純楚事。言純曲庇叛人，且誣以納賄。廷臣大駭，爭劾夢皐等。夢皐等亦再疏劾純求勝。俱留中。已，南京給事中陳嘉訓等極論二人陰有所恃，朋比作奸，當亟斥之，而聽純歸，以全大臣之體。帝竟批夢皐等前疏，予純致仕，夢皐、兆斗亦罷歸。

純清白奉公。五主南北考察，澄汰悉當。肅百僚，振風紀，時稱名臣。卒，贈少保。天啓初，追謚恭毅。

趙世卿，字象賢，歷城人。隆慶五年進士。授南京兵部主事。

張居正當國，政尚嚴。州縣學取士不得過十五人；布按二司以下官，雖公事毋許乘驛馬；大辟之刑，歲有定額；徵賦以九分爲率，有司不及格者罰；又數重譴言事者。世卿奏匡時五要。請廣取士之額，寬驛傳之禁，省大辟，緩催科，而末極論言路當開，言：「近者臺諫習爲脂韋，以希世取寵。事關軍國，卷舌無聲。徒摭不急之務，姑塞言責。延及數年，居然高踞卿貳，誇耀士林矣。然此諸人豈盡臾訴無節，忍負陛下哉，亦有所懲而不敢耳。如往歲傅應禎、艾穆、沈思孝、鄒元標皆以建言遠竄，至今與戍卒伍。此中才之士，所以內自顧恤，寧自同於寒蟬也。宜特發德音，放還諸人，使天下曉然知聖天子無惡直言之意，則士皆慕義輸誠，效忠於陛下矣。」居正欲重罪之。吏部尚書王國光曰：「罪之適成其名，請爲公任怨。」遂出爲楚府右長史。明年京察，復坐以不謹，落職歸。

居正死，起戶部郎中，出爲陝西副使。累遷戶部右侍郎，督理倉場。世卿饒心計。凡所條奏，酌劑贏縮，軍國賴焉。戶部尚書陳蕖有疾，侍郎張養蒙避不署事，帝怒，並罷之，而進世卿爲尚書。

時礦稅使四出爲害，江西稅監潘相至擅捕繫宗室。曩時關稅所入歲四十餘萬，自爲稅使所奪，商賈不行，數年間減三之一，四方雜課亦如之。歲入益寡，國用不支，邊儲告匱，而內供日繁。歲增金花銀二十萬，宮帑日充羨。世卿請復金花銀百萬故額，罷續增數，不許。乞發內庫銀百萬及太僕馬價五十萬以濟邊儲，復忤旨切責。世卿又請亟潘相罪，且偕九卿數陳其害，皆不納。世卿復言脂膏已竭，閭井蕭然，喪亂可虞，揭竿非遠，不及今罷之，恐後將無及。帝亦不省。

三十二年，蘇、松稅監劉成以水災請暫停米稅。帝以歲額六萬，米稅居半，不當盡停，令以四萬爲額。世卿上言：「鄉者既免米稅，旋復再征，已失大信於天下。今成欲免稅額之半，而陛下不盡從，豈惻隱一念，貂璫尙存，而陛下反漠然不動心乎？」不報。

其夏，雷火燬祖陵明樓，妖蟲蝕樹，又大雨壞神道橋梁。帝下詔咨實政。世卿上疏曰：今日實政，孰有切於罷礦稅者。古明主不貴異物，今也聚悖入之財，斂蒼生之怨，節儉之謂何？是爲君德計，不可不罷者一。多取所以招尤，慢藏必將誨盜。鹿臺、鉅橋，足致倒戈之禍。是爲宗社計，不可不罷者二。古者國家無事則預桑土之謀，有事則議金湯之策。安有鑿四海之山，榷三家之市，操弓挾矢，戕及良民，燬室踰垣，禍延鷄犬，經十數年而不休者。是爲國體計，不可不罷者三。貂璫漁獵，翼虎怠休。毀掘冢墓則枯骨蒙殃，奸虐子女而良家飲恨。人與爲怨，讙譟屢聞，此而不已，後將何極。是爲民困計，不可不罷者四。國家財賦不在民則在官，今盡括入奸人之室。故督逋租而逋租絀，稽關稅而關稅虧，搜庫藏而庫藏絕，課鹽筴而鹽筴薄，徵贖鍰而贖鍰消。外府一空，司農若埽。是爲國課計，不可不罷者五。天子之令，信如四時。三載前嘗曰「朕心仁愛，自有停止之時」，今年復一年，更待何日。天子有戲言，王命委草莽。是爲詔令計，不可不罷者六。

陛下試思服食宮室，以至營造征討，上何事不取之民，民何事不供之上。嗟此赤子，曾無負於國，乃民方歡呼以供九重之欲，而陛下不少遂其欲。民方奔走以供九重之勞，而陛下不少慰其勞。民方竭蹷以赴九重之難，而陛下不少恤其難。返之於心，必有不自安者矣。陛下勿謂蠢蠢小民可駕馭自我，生殺自我，而不足介意也。民之心卽天之心，今天譴頻仍，雷火妖蟲，淫雨疊至，變不虛生，其應非遠。故今日欲回天意在恤民心，欲恤民心在罷礦稅，無煩再計而決者。

帝優答之而不行。

至三十四年三月始詔罷礦使，稅亦稍減。然遼東、雲南、四川稅使自若，吏民尤苦之。雲南遂變作，楊榮被戕。而西北水旱時時見告，世卿屢請減租發振，國用益不支。踰月復奏請捐內帑百萬佐軍用，不從。世卿遂連章求去，至十五上，竟不許。

先是，福王將婚，進部帑二十七萬，帝猶以爲少，數遣中使趣之。中使出誶語，且劾世卿抗命。世卿以爲辱國，疏聞於朝，帝置不問。至三十六年，七公主下嫁，宣索至數十萬。世卿引故事力爭，詔減三之一。世卿復言：「陛下大婚止七萬，長公主下嫁止十二萬，乞陛下再裁損，一倣長公主例。」帝不得已從之。福王新出府第，設崇文稅店，爭民利，世卿亦諫阻。

世卿素勵清操，當官盡職。帝雅重之。吏部缺尚書，嘗使兼署，推舉無所私。惟楚宗人與王相訐，世卿力言王非僞，與沈一貫議合。李廷機輔政，世卿力推之。廷臣遂疑世卿黨比。於是給事中杜士全、鄧雲霄、何士晉、胡忻，御史蘇爲霖、馬孟禎等先後劾之，世卿遂杜門乞去。章復十餘上，不報。三十八年秋，世卿乃拜疏出城候命。明年十月乘柴車徑去，廷臣以聞，帝亦不罪也。家居七年卒，贈太子少保。

李汝華，字茂夫，睢州人。萬曆八年進士。授兗州推官。徵授工科給事中，嘗劾戎政尚書鄭洛不職。及出閱甘肅邊務，洛方經略西事，主和戎。汝華疏洛畏敵貽患，且劾諸將吏侵軍資，復請盡墾甘肅閒田。還朝，歷吏科都給事中，多所糾擿。

尋遷太常少卿，擢右僉都御史巡撫南、贛。稅使四出，議括關津諸稅輸內府。汝華以稅本餉軍，力爭止之。既而詔四方稅務盡領於有司，以其半輸稅監，進內府，半輸戶部。獨江西潘相勒有司悉由己輸。汝華極論相違詔，帝竟如相議，且推行之四方。

汝華在贛十四年，威惠甚著，進秩兵部右侍郎，召拜戶部左侍郎。尚書趙世卿去位，遂掌部事。福王莊田四萬頃，詔旨屢趣，不能及額。汝華數偕廷臣執爭，僅減四之一。〔三〕及王既之國，詔許自遣使督租，所在驛騷。內使閻時詣汝州，杖二人死。汝華請遵祖制隸有司，盡撤還使者，不納。畿輔、山東大饑，因汝華言出倉米平糶，且發銀以振。汝華復奏行救荒數事，兩地賴之。先是，山東饑，蠲歲賦七十萬，是年盡蠲又百七十餘萬。汝華以邊餉不繼，請天下稅課未入內藏者，暫留一年補其缺，輔臣亦助爲言。疏三上，不報。已，進尙書。

四十六年，鄭繼之去，兼攝吏部事。畿輔、陝西大饑，汝華請振，皆不報。遼東兵事興，驟增餉三百萬。汝華累請發內帑不得，則借支南京部帑，括天下庫藏餘積，徵宿逋，裁工食，開事例。而遼東巡撫周永春請益兵加賦，汝華議：天下田賦，自貴州外，畝增銀三釐五毫，得餉二百萬。明年復議益兵增賦如前。又明年四月，兵部以募兵市馬，工部以制器，再議增賦。於是畝增二釐，爲銀百二十萬。先後三增賦，凡五百二十萬有奇，遂爲歲額。當是時，內帑山積，廷臣請發率不應。計臣無如何，遂爲一切苟且之計，苛斂百姓。而樞臣徵兵，乃遠及蠻方，致奢崇明、安邦彥相繼反，用師連年。又割四川、雲南、廣西、湖廣、廣東所加之賦以餉之，而遼餉仍不充，天下已不可支矣。

汝華練達勤敏，立朝無黨阿。官戶部久，於國計贏縮，邊儲虛實，與鹽漕屯牧諸大政，皆殫心裁劑。歲比不登，意常主寬恤，獨加賦之議不能力持，馴致萬方虛耗，內外交訌。天啓元年得疾乞休，加太子太保致仕。卒，謚恭敏。從子夢辰，自有傳。

贊曰：古稱文昌政本，七卿之任，蓋其重矣。萬士和諸人奉職勤慮，異夫依阿保位之流；劉應節、王遴、舒化、李世達尤其卓然者哉。李汝華司邦計，值兵興餉絀，請帑不應，乃不能以去就爭，而權宜取濟，遂與裒刻聚斂者同譏。時事至此，其可歎也夫！

校勘記

〔一〕廣東大埔民藍松山余大眷倡亂　余大眷，世宗實錄卷五三六嘉靖四十三年七月丙午條、國榷卷六四頁四〇〇三均作「余大春」。

〔二〕與香寮盜蘇阿普范繼祖連兵犯德化　德化，原作「德安」。世宗實錄卷五三六嘉靖四十三年七月丙午條作「德化」。按德化鄰永春，同屬泉州府，德安則遠在江西九江府，作「德化」是，據改。

〔三〕僅減四之一　按本書卷一二〇福王傳稱「所司皆力爭，常洵亦奏辭，得減半」，與此互異。

明史卷二百二十一

列傳第一百九

袁洪愈 子一鶚 譚希思 王廷瞻 郭應聘 吳文華 耿定向 弟定理 定力 王樵 子肯堂 魏時亮 陳瓚 郝杰 胡克儉 趙參魯 張孟男 衞承芳 李禎 丁賓

袁洪愈，字抑之，吳縣人。舉嘉靖二十五年鄉試第一。明年成進士，授中書舍人。擢禮科給事中。劾檢討梁紹儒阿附權要，文選郎中白璧招權鬻官，尚書萬鏜、侍郎葛守禮不檢下。詔切責鏜、守禮，下璧詔獄，斥紹儒於外。紹儒，大學士嚴嵩私人也。已，陳邊務數事，詔俱從之。嵩屬吏部尚書吳鵬，出爲福建僉事。歷河南參議、山東提學副使、湖廣參政，所在以淸節著。嵩敗，召爲南京太僕少卿，就遷太常。隆慶五年以疾歸。

萬曆中，起故官。遷南京工部右侍郎，進右都御史，掌南院事，就改禮部尚書。南京御史譚希思疏論中官、外戚，且請循舊制，內閣設絲綸簿，宮門置鐵牌。詔下南京都察院勘訊，將坐以誣罔。洪愈已改官，代者未至，乃具言希思所陳，載王可大國憲家猷、薛應旂憲章錄二書。帝以所據非頒行制書，謫希思雜職。洪愈尋上疏請禁干謁，又極諫屯田廢壞之害，乞令商人中鹽，免內地飛輓。皆議行。

萬曆十五年就改吏部。其冬引年乞休。帝重其清德，加太子少保致仕。洪愈通籍四十餘年，所居不增一椽，出入徒步。卒，年七十四。巡撫周孔教捐金葬之。贈太子太保，謚安節。

子一鶚，以廕，官治中。饘粥不繼以死。

希思，茶陵人。歷右副都御史，巡撫四川。

王廷瞻，字稚表，黃岡人。父濟，參政。廷瞻舉嘉靖三十八年進士，授淮安推官。入爲御史，督畿輔屯政。穆宗在裕邸，欲易莊田，廷瞻不可。隆慶元年，所部久雨。請自三宮以下及裕府莊田改入乾清宮者，悉蠲其租。詔減十之五。已，言勳戚莊田太濫，請於初給時裁量田數，限其世次，爵絕歸官。制可。高拱再輔政，廷瞻常論拱，遂引疾歸。

神宗立，起故官。歷太僕卿。萬曆五年以右僉都御史巡撫四川。番屢犯松潘。廷瞻令副使楊一桂、總兵官劉顯剿之，殲其魁，羣蠻納款。風村、白草諸番，久居二十八砦，率男婦八千餘人來降。復命總兵顯討建昌、傀厦、洗馬、姑宰、鐵口諸叛番，皆獻首惡出降。增俸一級，進右副都御史，撫南、贛。

入爲南京大理卿。歷兩京戶部左、右侍郎，以右都御史出督漕運兼巡撫鳳陽諸府。寶應汜光湖堤蓄水濟運，平江伯陳瑄所築也。下流無所洩，決爲八淺，匯成巨潭，諸鹽場皆沒。淮流復奔入，勢益洶湧。前巡撫李世達等議開越河避其險，廷瞻承之。鑿渠千七百七十六丈，爲石閘三，減水閘二，石堤三千三十六丈，子堤五千三百九十丈，費公帑二十餘萬，八月竣事。詔旨褒嘉，賜河名弘濟。進廷瞻戶部尚書，巡撫如故。尋改南京刑部尚書。未上，乞歸。久之卒。贈太子少保。兄廷陳，見文苑傳。

郭應聘，字君賓，莆田人。嘉靖二十九年進士。授戶部主事。歷郎中，出爲南寧知府。遷威茂兵備副使，〔一〕轉廣東參政。從提督吳桂芳平李亞元，〔二〕別擊賊首張韶南、黃仕良等。遷廣西按察使，歷左、右布政使。隆慶四年大破古田賊，斬獲七千有奇。已，從巡撫殷正茂平古田，再進秩。

正茂遷總督，遂擢應聘右副都御史代之。府江瑤反。府江，上起陽朔，下達昭平，亙三百餘里。諸瑤夾江居，怙險剽劫。成化、正德間，都御史韓雍、陳金討平之，至是攻圍荔浦、永安，劫知州楊惟執、指揮胡翰。〔三〕事聞，大學士張居正奏假便宜，寓書應聘曰：「炎荒瘴癘區，役數萬衆，不宜淹留，速破其巢，則餘賊破膽。」應聘集土、漢兵六萬，令總兵官李錫進討。未行，而懷遠瑤亦殺知縣馬希武反。應聘與正茂議先征府江，三閱月悉定，乃檄錫討懷遠。天大雨雪，無功而還。

懷遠，古牂牁，地界湖、貴靖、黎諸州，環郭皆瑤，編氓處其外。嘉靖中征之不克，知縣寄居府城，遥示羈縻而已。古田既復，瑤懾兵威願服屬，希武始入其地。議築城，董作過峻，瑤遂亂，希武見殺。及是，師出無功，應聘益調諸路兵，鎮撫白杲、黃土、大梅、青淇侗、僮，以孤賊勢，而錫與諸將連破賊，斬其魁，懷遠乃下。事皆具錫傳。初議行師，錫以陽朔金寶嶺賊近，欲先滅之。應聘曰：「君第往，吾自有處。」錫行數日，應聘與按察使吳一介出不意襲殺其魁。比懷遠克復，陽朔亦定，乃分遣諸將門崇文、楊照、亦孔昭等討洛容、上油、邊山。五叛瑤悉平。神宗大悅，進兵部右侍郎兼右副都御史，巡撫如故。

萬曆二年召爲戶部右侍郎，尋以憂歸。八年起改兵部，兼右僉都御史，仍撫廣西。時十寨初下，應聘與總督劉堯誨奏設三鎭隸賓州，以土巡檢守之，而統於思恩參將，十寨遂安。進右都御史兼兵部右侍郎，總督兩廣軍務。前總督多受將吏金，應聘悉謝絕。踰年，召掌南京都察院，以吳文華代。頃之，就拜兵部尙書，參贊機務。久之，引疾歸。

應聘在廣西，奏復陳獻章、王守仁祠。劉臺謫戍潯州，爲傲居供廩餼，歿復賻斂歸其喪，像祀之。官南京，與海瑞敦儉素，士大夫不敢侈汰。歸七月卒。贈太子少保，謚襄靖。

吳文華，字子彬，連江人。父世澤，府江兵備副使，有威名。文華舉嘉靖三十五年進士，授南京兵部主事。歷四川右參政，與平土官鳳繼祖。四遷河南左布政使。萬曆三年以右副都御史巡撫廣西。討平南鄉、陸平、周塘、板寨猺及昭平黎福莊父子。偕總督淩雲翼征河池、咘咳、北三猺。三猺未爲逆，雲翼喜事，殺戮甚慘，得廕襲，文華亦受賞。遷戶部右侍郎，請終養歸。起兵部右侍郎兼右僉都御史，仍撫廣西。遷總督兩廣軍務，巡撫廣東。進右都御史。會巡撫吳善、總兵呼良朋討平嚴秀珠。岑𡾰賊李珍、江月照拒命久，文華購擒月照，平珍。尋入爲南京工部尙書，就改兵部。引疾去。仍起南京工部，力辭，虛位三年以待。卒，年七十八。贈太子少保，謚襄惠。

耿定向，字在倫，黃安人。嘉靖三十五年進士。除行人，擢御史。嚴嵩父子竊政，吏部尚書吳鵬附之。定向疏鵬六罪，因言鵬壻學士董份總裁會試，私鵬子紹，宜併斥。嵩爲營護，事竟寢。出按甘肅，舉劾無所私。去任，行笥一肩，有以石經餽者，留境上而去。還督南京學政。

隆慶初，擢大理右寺丞。高拱執政，定向嘗譏其褊淺無大臣度，拱嗛之。及拱掌吏部，以考察謫定向橫州判官。拱罷，量移衡州推官。

萬曆中，累官右副都御史。吏部侍郎陸光祖爲御史周之翰所劾，〔四〕光祖已留，定向復頌光祖賢，詆之翰。給事中李以謙言定向擠言官，定向求去，帝不問。歷刑部左、右侍郎，擢南京右都御史。御史王藩臣劾應天巡撫周繼，疏發踰月不以白定向。定向怒，守故事力爭，自劾求罷，且詆藩臣論劾失當。因言故江西巡撫陳有年、四川巡撫徐元泰皆賢，爲御史方萬山、王麟趾劾罷，今宜召用，而量罰藩臣。藩臣坐停俸二月。於是給事中許弘綱、觀政進士薛敷教、南京御史黃仁榮及麟趾連章劾定向。麟趾言：「南臺去京師遠，章疏先傳，人得爲計。如御史孫鳴治論魏國公徐邦瑞，陳揚善論主事劉以煥，皆因奏辭豫聞，一則賁緣倖免，一則掲撫被誣。故邇來投揭有遲浹月者，事理宜然，非自藩臣始。」語並侵大學士許國、左都御史吳時來、副都御史詹仰庇。執政方惡言者，勒敷教還籍省過，麟趾、仁榮亦停俸。時已除定向戶部尚書督倉場，定向因力辭求退。章屢上，乃許。卒，年七十三。贈太子少保，謚恭簡。

定向初立朝有時望。後歷徐階、張居正、申時行、王錫爵四輔，皆能無齟齬。至居正奪情，寓書友人譽爲伊尹而貶言者，時議訾之。其學本王守仁。嘗招晉江李贄于黃安，後漸惡之，贄亦屢短定向。士大夫好禪者往往從贄遊。贄小有才，機辨，定向不能勝也。贄爲姚安知府，一旦自去其髮，冠服坐堂皇，上官勒令解任。居黃安，日引士人講學，雜以婦女，專崇釋氏，卑侮孔、孟。後北遊通州，爲給事中張問達所劾，逮死獄中。

定向弟定理、定力。定理終諸生。與定向俱講學，專主禪機。定力，隆慶中進士，除工部主事。萬曆中，累官右僉都御史，督操江，疏陳礦使之患。再遷南京兵部右侍郎。卒，贈尚書。

王樵，字明遠，金壇人。父臬。兵部主事。諫武宗南巡，被杖。終山東副使。樵舉嘉靖二十六年進士，授行人。歷刑部員外郎。著讀律私箋，甚精核。胡宗憲計降汪直，欲赦直以示信。樵言此叛民與他納降異，直遂誅。遷山東僉事，移疾歸。

萬曆初，張居正柄國，雅知樵，起補浙江僉事，擢尙寶卿。劉臺劾居正，居正乞歸。諸曹奏留之，樵獨請全諫臣以安大臣，略言：「自古明主欲開言路，言不當，猶優容之；大臣欲廣上德，人攻己，猶薦拔之。如宋文彥博于唐介是也。今居正留而臺得罪，無乃非仁宗待唐介意乎。」居正大恚，出爲南京鴻臚卿。旋因星變自陳，罷之。

家居十餘年，起南京太僕少卿，時年七十餘矣。歲中再遷大理卿，尋拜南京刑部右侍郎。誠意伯劉世延主使殺人，樵當世延革任。尋就擢右都御史。給事中盧大中劾其衰老，帝令致仕。

樵恬澹誠愨，溫然長者。邃經學，易、書、春秋，皆有纂述。卒，贈太子少保，謚恭簡。

子肯堂，字宇泰。舉萬曆十七年進士，選庶吉士，授檢討。倭寇朝鮮，疏陳十議，願假御史銜練兵海上。疏留中，因引疾歸。京察，降調。家居久之，吏部侍郎楊時喬薦補南京行人司副。終福建參政。肯堂好讀書，尤精於醫。所著證治準繩該博精粹，世競傳之。

魏時亮，字工甫，南昌人。嘉靖三十八年進士。授中書舍人，擢兵科給事中。隆慶元年正月七日，有詔免朝，越三日復傳免。時亮以新政不宜遽怠，上疏切諫。尋以左給事中，副檢討許國使朝鮮。故事，王北面聽詔，使者西面。時亮爭之，乃南面宣詔。還，進戶科給事中，因列上遼東事宜。已，請慎起居，罷游宴，日御便殿省章奏，召大臣裁決。報聞。興都莊地八千三百頃，中官奪民田，復增八百頃，立三十六莊。帝從撫按奏，屬有司徵租，還兼併者於民。中官張堯爲請，又許之。時亮極諫，不納。

帝臨朝，拱默未嘗發一言。及石州陷，有請帝詰問大臣者。越二日，講罷，帝果問石州破狀。中官王本輒從旁詬諸臣欺蔽。帝慍，目懾之，本猶刺刺語。帝不悅而罷。時亮劾本無人臣禮，大不敬，且數其不法數事。疏雖不行，士論壯之。十月初，詔停日講。時亮率同列言天未沍寒，不宜遽輟。俄請以薛瑄、陳獻章、王守仁從祀文廟，章下所司。又言方春東作，宜敕有司釋輕繫，停訟獄，詔可。

明年六月言：「今天下大患三：藩祿不給也，邊餉不支也，公私交困也。宗藩有一時之計，有百世之計。亟立宗學，敎之禮讓，祿萬石者歲捐五之一，二千石者十之一，千石者二十之一，以贍貧宗，立爲定制。此一時計也。各宗聚居一城，貧日益甚，宜令就近散處，給閑田使耕以代祿；奸生之孽，重行黜削。此百世計也。邊餉莫要於屯鹽，近遣大臣龐尚鵬、鄒應龍、淩儒經理，事權雖重，顧往河東者兼理四川，往江北者兼理山東、河南，往江南者兼理浙、湖、雲、貴，重內地而輕塞下，非初旨也。且一人領數道，曠遠難周。請在內地者專責巡撫，令尚鵬等三人分任塞下屯事，久任責成，有功待以不次，則利與而邊儲自裕。今天下府庫殫虛，百姓困瘁，而建議者欲罄天下庫藏輸內府，以濟旦夕之用，脫州郡有變，何以待之？夫守令以養民爲職，要在勸農桑、淸徭賦、重鄉約、嚴保甲，而簿書獄訟，催科巧拙不與焉。」疏上，多議行。

其冬復疏言：「天下可憂在民窮，能爲民紓憂者，知府而已。宜愼重其選，治行卓越，卽擢京卿若巡撫，則人自激勸。督學者，天下名敎所繫，當擇學行兼懋者，毋限以時。敎行望峻，則召爲祭酒或入翰林，以示風勵。」下部議，卒不行。

三年擢太僕少卿。初，徐階、高拱相搆，時亮與朝臣攻去拱。已而拱復入，考察言官，排異己者；時亮及陳瓚、張檟已擢京卿，皆被斥。時亮坐不謹，落職。

萬曆十二年用丘橓、余懋學等薦，起南京大理丞。累遷右副都御史，攝京營戎政，陳安攘要務十四事。尋請以水利、義倉、生養、賦役、淸獄、弭盜、善俗七條課守令，歲終報部院及科，計吏時以修廢定殿最。又請皇長子出閣講學。歷刑部左、右侍郎，拜南京刑部尚書。

踰年卒官。

時亮初好交遊，負意氣。嘗劾罷左都御史張永明，爲時論所非。時亮亦悔之。中遭挫抑，潛心性理之學。天啓中，謚莊靖。

陳瓚，字廷祼，常熟人。嘉靖三十五年進士。授江西永豐知縣。治最，擢刑科給事中。劾罷嚴嵩黨祭酒王才、諭德唐汝楫。遷左給事中。劾文選郎南軒，請錄建言廢斥者。帝震怒，杖六十除名。隆慶元年起官吏科，請卹楊最、楊爵、羅洪先、楊繼盛，而誅奸黨之殺沈鍊者。帝可之，楊順、路楷皆逮治。其冬擢太常少卿。高拱惡瓚爲徐階所引，瓚已移疾歸，竟坐浮躁謫洛川丞，不赴。萬曆中，累官刑部左侍郎。初，瓚爲拱所惡被斥，及張居正柄政亦惡之，不召。居正死，始以薦起會稽縣丞。其後官侍郎。稽勳郎顧憲成疏論時弊謫官，瓚責大學士王錫爵曰：「憲成疏最公，何以得譴？」錫爵曰：「彼執書生之言，徇道旁之口，安知吾輩苦心。」瓚曰：「恐書生之言當信，道旁之口當察，憲成苦心亦不可不知也。」錫爵默然。瓚前後忤執政如此。卒官，贈右都御史，謚莊靖。槙見鄒應龍傳。

郝杰，字彥輔，蔚州人。父銘，御史。杰舉嘉靖三十五年進士，授行人，擢御史。隆慶元年巡撫畿輔。冬，寇大入永平，疏請蠲被掠地徭賦，且言：「比年罰行於文臣而弛於武弁，及於主帥而略於偏裨，請飭法以振國威。」俱報可。已，劾薊督劉燾、巡撫耿隨卿觀望，寇退則斷死者報首功，又奪遼東將士棒槌厓戰績，並論副使沈應乾，遊擊李信、周冕罪。帝爲黜應乾，下信、冕獄，敕燾、隨卿還籍聽勘。詔遣中官李祐督蘇、杭織造，工部執奏，不從。杰言：「登極詔書罷織造甫一年，敕使復遣，非畫一之政。且內臣專恣，有司剝下奉之，損聖德非小。」帝終不聽。駕幸南海子，命京營諸軍盡從。徐階、楊博等諫，不聽，杰復爭之，卒不從。刑部侍郎洪朝選以拾遺罷，上疏自辨，杰等劾其違制，遂削職。以嘗論高拱非宰輔器，爲所嫉。及拱再召，杰遂請急去。拱罷，起故官。旋以私議張居正逐拱非是，出爲陝西副使。再遷山東左布政使。被劾，降遼東苑馬寺卿兼海道兵備，加山東按察使。

十七年擢右僉都御史，巡撫遼東。以督諸將擊敵，錄一子官。時李成梁爲總兵官，威望甚著，然上功不無抵欺。寇入塞，或斂兵避，旣退，始尾襲老弱，或乘虛擣零部，誘殺附塞者充首功，習以爲常。督撫諸臣庇之，杰獨不與比。十九年春，成梁用參將郭夢徵策，使副將李寧襲板升於鎭夷堡，獲老弱二百八十餘級。師旋，爲別部所遮，寧先走，將士數千人失亡大半，成梁飾功邀敘。杰具奏草，直言其故，要總督蹇達共奏。達匿其草，自爲奏論功。

巡按御史胡克儉馳疏劾寧，詞連成梁，亦詆杰。兵部置寧罪不議。克儉大憤，盡發成梁、達隱蔽狀。先是，十八年冬，海州被掠十三日，副將孫守廉不戰，成梁亦弗救。克儉既劾守廉，申時行、許國庇之，止令聽勘。克儉乃言：「臣初劾守廉，時行以書沮臣；及劾寧，又與國諭臣寬其罪。徇私背公，將壞邊事。」並歷詆一鶚、達及兵科給事中張應登朋奸欺罔，達置杰會稟功罪疏不奏，遂追數成梁前數年冒功狀。帝謂成梁前功皆由巡按勘報，克儉懸度妄議。卒置成梁等不問，而心以杰爲不欺。

旋就進右副都御史。日本陷朝鮮，達遣裨將祖承訓以三千人往，皆沒。事聞，杰亦被劾，帝特免之。朝鮮王避難將入遼，杰請擇境外善地處之，且周給其從官、衞士，報可。尋遷兵部右侍郎，總督薊、遼、保定軍務。召理戎政，進右都御史。日本封貢議起，杰曰：「平秀吉罪不勝誅，顧加以爵命，荒外聞之，謂中朝無人。」議不合，徙南京戶部尚書。移疾歸。起南京工部尚書。就改兵部，參贊機務。卒官。贈太子少保。

胡克儉，字共之，光山人。萬曆十四年進士。由庶吉士改御史，巡按山東。遼東其所轄也，奏禁買功、竊級諸弊。既劾成梁，爲要人所忌。會克儉劾左都御史李世達曲庇罪囚，至詆爲賊，執政遂言克儉妄排執法大臣，不可居言路，謫蘄水丞。上官以事遣歸，里居三十年。光宗立，起光祿少卿。天啓中，歷刑部右侍郎。五年冬，逆黨李恒茂論其衰朽，落職歸。崇禎初，復官。卒，贈尚書。克儉本姓扶，冒胡姓，久之始復故。

趙參魯，字宗傳，鄞人。隆慶五年進士。選庶吉士，改戶科給事中。萬曆二年，慈聖太后立廟涿州，祀碧霞元君。部科臣執奏，不從。參魯斥其不經，且言：「南北被寇，流害生民，興役濬河，鬻及妻子。陛下發帑治橋建廟，已五萬有奇。苟移振貧民，植福當更大。」亦不聽。南京中官張進醉辱給事中王頤，給事中鄭岳、楊節交章論，未報，參魯復上言：「進乃守備中官申信黨，不併治信無以厭人心。」時信方結馮保，朝議遂奪岳等俸，謫參魯高安典史。遷饒州推官，擢福建提學僉事，請急歸。遭喪，服除，仍督學福建。歷南京太常卿。

十七年以右副都御史巡撫福建。申嚴海禁，戮姦商通倭者。遷大理卿。召爲刑部左侍郎，改兵部，旋改吏部。日本封貢議起，參魯持不可。總督顧養謙不懌，爭於朝，且言參魯熟倭情，宜任。章下廷臣，參魯復持前說；因著東封三議，辨利害甚悉。其後封事卒不成。

拜南京刑部尚書。誠意伯劉世延妄指星象，欲起兵勤王，被劾下吏，參魯當以死。南京工部主事趙學仕以侵牟爲侍郞周思敬所劾，擬戍。學仕移罪家僮，法司予輕比。御史朱吾弼復劾之，並及參魯，言學仕乃大學士志皐族父，〔五〕故參魯庇之。參魯乞休。吏部尙書孫丕揚等言參魯履行素高，不當聽其去，詔留之。累加太子太保。致仕，卒，謚端簡。

張孟男，字元嗣，中牟人。嘉靖四十四年進士。授廣平推官。稍遷漢中同知。入爲順天治中，累進尙寶丞。高拱以內閣兼吏部，其妻，孟男姑也，自公事外無私語。拱憾之，四歲不遷。及拱被逐，親知皆引匿，孟男獨留拱邸爲治裝送之郊。張居正用事，擢孟男太僕少卿。孟男復不附，失居正意，不調。久之，居正敗，始累遷南京工部右侍郞。尋召入，以本官掌通政司事。

萬曆十七年，帝不視朝者八月，孟男疏諫，且言：「嶺南人訟故都御史李材功，蔡人訟故令曹世卿枉，章並留中，其人繫兵馬司，橐饘不繼，莫必其生，虧損聖德。」帝心動，乃間一御門。其冬改戶部，進左侍郞。尋拜南京工部尙書，就改戶部。時留都儲峙耗竭，孟男受事，粟僅支二年，不再歲遂有七年之蓄。水衡修倉，發公羨二千金助之。或謂奈何耘人田。孟男曰：「公家事，乃畫區畔耶？」南京御史陳所聞劾孟男貪鄙，吏部尙書孫鑨言孟男忠誠謹恪，臺臣所論，事由郎官，帝乃留之。孟男求去，不允。再疏請，乃聽歸。久之，召拜故官。

三十年春，有詔罷礦稅。已，弗果行。孟男率同列諫，不報。加太子少保。五上章乞歸，不許。時礦稅患日劇，孟男草遺疏數千言，極陳其害，言：「臣備員地官，所征天下租稅，皆鬻男市女、朘骨割肉之餘也。臣以催科爲職，臣得其職，而民病矣。聚財以病民，虐民以搖國，有臣如此，安所用之。臣不勝哀鳴，爲陛下杞人憂耳。」屬其子上之，明日遂卒。南京尚書趙參魯等奏其清忠，贈太子太保。

衞承芳，字君大，達州人。隆慶二年進士。萬曆中，累官溫州知府。公廉善撫字。進浙江副使，謝病歸。薦起山東參政，歷南京鴻臚卿。吏部推太常少卿朱敬循爲右通政，以承芳貳之。敬循，大學士賡子也。賡言：「承芳臣同年進士，恬澹之操，世罕能及，臣子不當先。」帝許焉。尋遷南京光祿卿，擢右副都御史巡撫江西。嚴絕餽遺，屬吏爭自飭。入爲南京兵部右侍郎，就拜戶部尚書。福王乞蘆洲，自江都抵太平南北千餘里，自遣內官徵課。承芳抗疏爭，卒不從。萬曆間，南京戶部尚書有清名者，前有張孟男，後則稱承芳。尋就改吏部。卒官。贈太子太保，謚清敏。

李禎，字維卿，安化人。隆慶五年進士。除高平知縣，徵授御史。萬曆初，傅應禎以直言下詔獄，禎與同官喬巖、給事中徐貞明擁入護視之，坐謫長蘆鹽運司知事。遷歸德推官、禮部主事，三遷順天府丞。十八年，洮、河有警，極言貢市非策，因歷詆邊吏四失。帝以納款二十年，不當咎始事，遂寢其議。以右僉都御史巡撫湖廣，言：「知縣梁道凝循吏，反注下考，宜懲挾私者以勵其餘。薦舉屬吏不應專及高秩，下僚如趙蛟、楊果者，亦當顯旌之。」蛟、果，萬曆初以吏員超擢者也。詔皆報可。召爲左僉都御史，再遷戶部右侍郎。趙用賢以絕婚事被訐，戶部郎中鄭材復詆之。禎駁材疏，語侵其父洛。材憤，疏詆禎，禎遂乞休，不允。御史宋興祖請改材他部避禎，全大臣體，乃出材南京。禎尋調兵部，進左侍郎。

二十四年，日本封貢事僨，首輔趙志皐、尚書石星俱被劾。廷臣議戰守，章悉下兵部。禎等言：「今所議惟戰守封三事。封則李宗城雖徵，楊方亨尚在。若遽議罷，無論中國數百人淪於異域，而我兵食未集，勢難遠征。宜令方亨靜俟關白來迎則封，不迎則止。我以戰守爲實務，而相機應之。且朝鮮素守禮，王師所屯，宜嚴禁擾掠。」得旨如議。而疏內言志皐、星當去。詔詰禎，止令議戰守事，何擅及大臣去留，姑勿問。志皐自是不悅禎。明年，晁得罪，命禎攝部事。禎以平壤、王京、釜山皆朝鮮要地，請修建大城，與屯開鎮，且列上戰守十五策，俱允行。後又數上方略。

四川被寇。禎言：「川、陝接界，而松潘向無寇患者，以諸番爲屏蔽也。自俺答西牧，隴右騷然。其後隴右備嚴，寇不得逞，而禍乃移之川矣。今諸番強半折入於西部。臣閱地圖，從北界迤西間道達蜀地，多不隔三舍。幸層巖疊嶂，屹然天險，如鎮虜堡爲漳臘門戶，虹橋關爲松城咽喉。關堡之外，或嶺或崖，皆可據守。守阿玉嶺，則不能越咂際而窺堡。守黃勝場，則不敢踰塞墩而寇關。他如橫山、寡石崖尤爲要害，皆當亟議防禦，令撫鎮臣計畫以聞。」報可。

禎質直方剛，署事規畫頗當。有欲卽用爲尚書者，志皐以故憾，陰沮之。而張位、沈一貫雅與經略邢玠、經理楊鎬通，亦不便禎所爲；言禎非將材，惟蕭大亨堪任。帝不聽。其後玠、鎬益無功，志皐等又請罷禎，御史況上進劾禎庸鄙。帝皆不聽。甘肅缺巡撫，禎以劉敏寬名上。給事楊應文言敏寬方坐事勘，不當推舉。帝以詰禎，禎言：「前奉詔敏寬須巡撫缺用，臣故舉之。」帝怒禎不引罪，調之南京。後考察，南京言官拾遺及禎，遂命致仕。

久之，起南京刑部尚書。踰年復引疾，不俟報徑歸，帝怒。大學士葉向高言：「禎實病，不可深責。十餘年來，大臣乞休得請者，百無一二。李廷機、趙世卿皆羈留數載，疏至百餘上。今尚書孫丕揚、李化龍又以考察軍政疏不下，相率求去。若復踵禎轍，實傷國體。諸臣求去，約有數端。疾病當去，被言當去，不得其職當去。宜曲體其情，可留留之，不可留則聽之。」帝竟奪禎職閒住。未幾卒。

丁賓，字禮原，嘉善人。隆慶五年進士。授句容知縣。徵授御史。大學士張居正，賓座主也，誣劉臺以贓，屬賓往遼東按之。賓力辭，忤居正意去官。

萬曆十九年用薦起故官，復以憂去。起南京大理丞。累遷南京右僉都御史兼督操江。江防多懈，賓率將校乘一舟往來周視，增守兵戍要害，部內宴然。南衞世職率赴京師請襲，留滯不得官，賓請就南勘襲。妖民劉天緒左道事覺，兵部尚書孫鑛欲窮治之，詔下法司訊鞫。賓兼攝刑部大理事，力平反，論七人死，餘皆獲釋。召拜工部左侍郎，尋擢南京工部尚書。自上元至丹陽道路，盡易以石，行旅頌之。數引年乞罷，光宗立始予致仕。

賓官南都三十年，每遇旱潦，輒請振貸，時出家財佐之。初以御史家居。及丁憂歸，連三年大饑，咸捐資以振。至天啓五年，復捐粟三千石振貧民，以貲三千金代下戶之不能輸賦者。撫按錄上其先後事，時已加太子少保，詔進太子太保，旌其門。以年高，三被存問。

崇禎六年卒，年九十一。謚清憲。

贊曰：南京卿長，體貌尊而官守無責，故爲養望之地，資地深而譽聞重者處焉。或强直無所附麗，不爲執政所喜，則以此遠之。袁洪愈諸人類以清强居優閒之地，不竟其用，亦以自全。于時冒進之徒，可以風矣。

校勘記

〔一〕遷威茂兵備副使　威茂，原作「威遠」。明史稿傳一〇二郭應聘傳作「威茂」。按本書卷七三職官志整飭兵備道有「威茂道」，無「威遠道」。據改。

〔二〕從提督吳桂芳平李亞元　提督，原作「總督」。明史稿傳一〇二郭應聘傳作「提督」。據本書卷七三職官志，正德、嘉靖、隆慶間，兩廣「總督」已改稱「提督」，萬曆三年才又復稱「總督」。又按卷二二三吳桂芳傳稱「部議罷總督，改桂芳兵部右侍郎兼右僉都御史提督兩廣軍務兼理巡撫」。作「提督」是，據改。又，李亞元，原作「李元亞」。明史稿傳一〇二郭應聘傳作「李亞元」。按本書卷二二三吳桂芳傳、世宗實錄卷五六一嘉靖四十五年八月甲申條都作「李亞元」，據改。

〔三〕劫知州楊惟執指揮胡翰　胡翰，原作「胡潮」，據本書卷三一七平樂傳，明史稿傳一〇二郭應聘傳、傳一九一平樂傳改。

〔四〕吏部侍郎陸光祖爲御史周之翰所劾　周之翰，原作「趙之翰」，據本書卷二二四、明史稿傳一〇三陸光祖傳及神宗實錄卷一五五萬曆十二年十一月甲申條改。

〔五〕言學仕乃大學士志皋族父　本書卷二四二朱吾弼傳作「大學士趙志皋弟學仕」。

明史卷二百二十二

列傳第一百十

譚綸 徐甫宰 王化 李佑　王崇古 子謙 孫之楨 之采 李棠

方逢時　吳兌 孫孟明 孟明子邦輔　鄭洛　張學顏

張佳胤　殷正茂 李遷　淩雲翼

譚綸，字子理，宜黃人。嘉靖二十三年進士。除南京禮部主事。歷職方郎中，遷台州知府。

綸沉毅知兵。時東南倭患已四年，朝議練鄉兵禦賊。參將戚繼光請期三年而後用之。綸亦練千人。立束伍法，自裨將以下節節相制。分數既明，進止齊一，未久卽成精銳。倭犯柵浦，綸自將擊之，三戰三捷。倭復由松門、澶湖掠旁六縣，進圍台州，不克而去。轉寇仙居、臨海，綸擒斬殆盡。進海道副使，益募浙東良家子敎之，而繼光練兵已及期，綸因收之以爲用，客兵罷不復調。倭自象山突台州，綸連破之馬崗、何家礦，又與繼光共破之葛埠、南灣。加右參政，會憂去。

以尚書楊博薦起，復將浙兵，討饒平賊林朝曦。朝曦者，大盜張璉餘黨也。璉既滅，朝曦據巢不下，出攻程鄉。知縣徐甫宰嚴兵待，而遣主簿梁維棟入賊中，諭散其黨。朝曦窮，棄巢走，綸及廣東兵追擒之。尋改官福建，乞終制去。繼光數破賊，浙東略定。倭轉入福建。自福寧至漳、泉，千里盡賊窟，繼光漸擊定之。師甫旋，其衆復犯邵武，陷興化。

四十二年春再起綸。道擢右僉都御史，巡撫福建。倭屯崎頭城，都指揮歐陽深搏戰中伏死，倭遂據平海衛，陷政和、壽寧，各扼海道爲歸計。綸環柵斷路，賊不得去，移營渚林。繼光至，綸自將中軍，總兵官劉顯、俞大猷將左、右軍。令繼光以中軍薄賊壘，左右軍繼之，大破賊，復一府二縣。詔加右副都御史。綸以延、建、汀、邵間殘破甚，請緩征蠲賦。又考舊制，建水砦五，扼海口，薦繼光爲總兵官以鎮守之。倭復圍仙遊，綸、繼光大破賊城下。已而繼光破賊王倉坪、蔡丕嶺，餘賊走，廣東境內悉定。綸上疏請復行服，世宗許之。

四十四年冬，起故官，巡撫陝西。未上而大足民作亂，陷七城。詔改綸四川，至已破滅。雲南叛酋鳳繼祖遁入會理，綸會師討平之。進兵部右侍郎兼右僉都御史，總督兩廣軍務兼巡撫廣西。招降岑岡賊江月照等。

綸練兵事，朝廷倚以辦賊，遇警輒調，居官無淹歲。迨南寇略平，而邊患方未已。隆慶元年，給事中吳時來請召綸、繼光練兵。詔徵綸還部，進左侍郎兼右僉都御史，總督薊、遼、保定軍務。綸上疏曰：

薊、昌卒不滿十萬，而老弱居半，分屬諸將，散二千里間。敵聚攻，我分守，衆寡彊弱不侔，故言者亟請練兵。然四難不去，兵終不可練。

夫敵之長技在騎，非召募三萬人勤習車戰不足以制敵。計三萬人月餉，歲五十四萬，此一難也。燕、趙之士銳氣盡於防邊，非募吳、越習戰卒萬二千人雜教之，事必無成。臣與繼光召之可立至，議者以爲不可。信任之不專，此二難也。軍事尚嚴，而燕、趙士素驕，驟見軍法必大震駭。且去京師近，流言易生，徒令忠智之士掣肘廢功，更釀他患，此三難也。我兵素未當敵，戰而勝之，彼不心服。能再破，乃終身創，而忌嫉易生；欲再舉，禍已先至。此四難也。

以今之計，請調薊鎭、眞定、大名、井陘及督撫標兵三萬，分爲三營，令總兵參遊分將之，而授繼光以總理練兵之職。春秋兩防，三營兵各移近邊。至則遏之邊外，入則決死邊內。二者不效，臣無所逃罪。又練兵非旦夕可期，今秋防已近，請速調浙兵三千，以濟緩急。三年後，邊軍旣練遣還。

詔悉如所請，仍令綸、繼光議分立三營事宜。綸因言：「薊鎮練兵踰十年，然竟不效者，任之未專，而行之未實也。今宜責臣綸、繼光，令得專斷，勿使巡按、巡關御史參與其間。」自兵事起，邊臣牽制議論，不能有爲，故綸疏言之。而巡撫劉應節果異議，巡按御史劉翾、巡關御史孫代又劾綸自專。穆宗用張居正言，悉以兵事委綸，而諭應節等無撓。

綸相度邊隘衝緩，道里遠近，分薊鎮爲十二路，路置一小將，總立三營：東駐建昌備燕河以東，中駐三屯備馬蘭、松、太，西駐石匣備曹牆、古石。諸將以時訓練，互爲犄角，節制詳明。是歲秋，薊、昌無警。異時調陝西、河間、正定兵防秋，至是悉罷。綸初至按行塞上，謂將佐曰：「秣馬厲兵，角勝負呼吸者，宜於南；堅壁清野，坐制侵軼者，宜於北。」遂與繼光圖上方略，築敵臺三千，起居庸至山海，控守要害。綸召入爲右都御史兼兵部左侍郎，協理戎政。會臺工成，益募浙兵九千餘守之。邊備大飭，敵不敢入犯。以功進兵部尚書兼右都御史，協理如故。其冬，予告歸。

神宗卽位，起兵部尚書。萬曆初，加太子少保。給事中雒遵劾綸不稱職。綸三疏乞罷，優詔留之。五年卒官。贈太子太保，諡襄敏。

綸終始兵事垂三十年，積首功二萬一千五百。嘗戰酣，刃血漬腕，累沃乃脫。與繼光共事齊名，稱「譚、戚」。

徐甫宰，字允平，浙江山陰人。嘉靖中舉順天鄉試，除武平知縣。武平當閩、粤交，多盜，甫宰築城立堡者三。上官以程鄉盜藪，調之往。既平朝曦，超擢潮州兵備僉事，添注剿寇，任一子千戶。已而程鄉賊溫鑑、梁輝等合上杭賊窺江西。平遠知縣王化遮擊之檀嶺，賊敗奔瑞金，副使李佑三戰皆捷。賊由間道歸程鄉，甫宰討擒之，餘黨悉平。賚銀幣。已，補潮州分巡僉事兼理兵備事。東莞水兵徐永太等亂，停俸討賊。甫宰已疾亟，乞歸。未幾卒。

王化，字汝贊，廣西馬平人。父尚學，職方郎中。化登鄉薦。嘉靖四十年新置平遠縣，授化知縣。以擊賊檀嶺，有知兵名。田坑賊梁國相既降復叛，約三圖賊葛鼎棨等分寇江西、福建。化寄妻子會昌，而身率鄉兵往擊。賊連敗，乃縱反間會昌，言化已歿，化妻計氏慟哭自刎。化怒，追賊益急，獲國相於石子嶺。遷潮州府同知，仍署縣事。計被旌，官爲立祠。化舉卓異，超擢廣東副使。南贛巡撫吴百朋以貪黷劾之，削籍。巡按御史趙淳薦其知兵，乃命以僉事飭惠、潮兵備。久之，考察罷。

李佑，字吉甫，貴州清平衛人。嘉靖二十六年進士。歷官江西副使，邀賊瑞金有功。尋敗廣東賊吴志高、江西下歷賊賴清規等，皆賚銀幣。進江西右參政。偕總兵官俞大猷，大破劇賊李亞元。擢僉都御史，巡撫廣東。屢敗海寇林道乾、山寇張韶南等。隆慶中，被劾罷歸。

王崇古，字學甫，蒲州人。嘉靖二十年進士。除刑部主事。由郎中歷知安慶、汝寧二府。遷常鎮兵備副使，擊倭夏港，追殲之靖江。從巡撫曹邦輔戰滸墅。已，偕俞大猷追倭出海。累進陝西按察使，河南右布政使。

四十三年改右僉都御史，巡撫寧夏。崇古喜譚兵，具知諸邊阨塞，身歷行陣，修戰守，納降附，數出兵搗巢。寇屢殘他鎮，寧夏獨完。隆慶初，加右副都御史。

吉囊子吉能據河套爲西陲諸部長，別部賓兔駐牧大、小松山，南擾河、湟番族，環四鎮皆寇。總督陳其學無威略，總兵官郭江、黃演等皆敗死，陝西巡撫戴才亦坐免。其冬，進崇古兵部右侍郎兼右僉都御史，總督陝西、延、寧、甘肅軍務。崇古奏給四鎮旗牌，撫臣得用軍法督戰，又指畫地圖，分授諸大將趙岢、雷龍等。數有功。着力兔行牧河東，龍潛出興武襲破其營，斬獲多，加崇古右都御史。吉能犯邊，爲防秋兵所遏，移營白城子。龍等出花馬池、長城關與戰，大敗之。崇古在陝七年，先後獲首功甚多。

自河套以東宣府、大同邊外，吉囊弟俺答、昆都力駐牧地也。又東薊、昌以北，吉囊、俺答主土蠻居之，皆強盛。俺答又納叛人趙全等，據古豐州地，招亡命數萬，屋居佃作，號曰板升。全等尊俺答爲帝，爲治城郭宮殿；亦自治第，制度如王者，署其門曰開化府。又日夜教俺答爲兵。東入薊、昌，西掠忻、代，遊騎薄平陽、靈石，至潞安以北。起嘉靖辛丑，擾邊者三十年，邊臣坐失事得罪者甚衆，患視陝西四鎮尤劇。朝廷募獲全者官都指揮使，賞千金，卒不能得。邊將士率賄寇求和，或反爲用；諸陷寇自拔歸者，輒殺之以冒功賞；敵情不可得，而軍中動靜敵輒知。四年正月詔崇古總督宣、大、山西軍務。崇古禁邊卒闌出，而縱其素通寇者深入爲間。又檄勞番、漢陷寇軍民，率衆降及自拔者，悉存撫之。歸者接踵。西番、瓦剌、黃毛諸種一歲中降者踰二千人。

其冬，把漢那吉來降。把漢那吉者，俺答第三子鐵背台吉子也。幼失父，育於俺答妻一克哈屯。長娶大成比妓不相得。把漢自聘我兒都司女，〔一〕號三娘子，卽俺答外孫女也。俺答見其美，奪之。把漢恚，又聞崇古方納降，是年十月率妻子十餘人來歸。巡撫方逢時以告。崇古念因此制俺答，則趙全等可除也，留之大同，慰藉甚至。偕逢時疏聞於朝曰：「俺答橫行塞外幾五十年，威制諸部，侵擾邊圉。今神厭凶德，骨肉離叛，千里來降，宜給宅舍，授官職，豐餼廩服用，以悅其心，嚴禁出入，以虞其詐。若俺答臨邊索取，則因與爲市，責令縛送板升諸逆，還被掠人口，然後以禮遣歸，策之上也。若遂桀驁稱兵，不可理諭，則明示欲殺，以撓其志。彼望生還，必懼我制其死命。志奪氣沮，不敢大逞，然後徐行吾計，策之中也。若遂棄而不求，則當厚加資養，結以恩信。其部衆繼降者，處之塞下，卽令把漢統領，略如漢置屬國居烏桓之制。他日俺答死，子辛愛必有其衆。因加把漢名號，令收集餘衆，自爲一部。辛愛必忿爭。彼兩族相持，則兩利俱存，若互相讐殺，則按兵稱助。彼無暇侵陵，我遂得休息，又一策也。若循舊例安置海濱，使俺答日南望，侵擾不已；又或給配諸將，使之隨營立功，彼素驕貴不受驅策，駕馭苟乖，必滋怨望，頓生颺去之心，終貽反噬之禍，均爲無策。」

奏至，朝議紛然。御史饒仁侃、武尙賢、葉夢熊皆言敵情叵測。夢熊至引宋受郭藥師、張瑴事爲喩。兵部尙書郭乾不能決，大學士高拱、張居正力主崇古議。詔授把漢指揮使，賜緋衣一襲，而黜夢熊於外，以息異議。

俺答方掠西番，聞變急歸，調辛愛兵分道入犯，索把漢甚急。辛愛佯發兵，陰擇便利，以故俺答不得志。一克哈屯思其孫，朝夕哭，俺答患之。巡撫逢時遣百戶鮑崇德入其營，俺答盛氣待之曰：「自吾用兵，而鎭將多死。」崇德曰：「鎭將孰與而孫？今朝廷待而孫甚厚，稱兵是速其死也。」俺答疑把漢已死，及聞言，心動，使使詗之。崇古令把漢緋袍金帶見使者，俺答喜過望，崇德因說之曰：「趙全等旦至，把漢夕返。」俺答大喜，屏人語曰：「我不爲亂，亂由全等。今吾孫降漢，是天遣之合也。天子幸封我爲王，永長北方，諸部孰敢爲患。卽不幸死，我孫當襲封，彼受朝廷厚恩，豈敢負耶？」遂遣使與崇德俱來，又爲辛愛求官，并請互市。崇古以聞，帝悉報可。俺答遂縛全等十餘人以獻，崇古亦遣使送把漢歸。帝以叛人既得，祭告郊廟，磔全等於市。加崇古太子少保、兵部尚書，總督如故。

把漢既歸，俺答與其妻撫之泣。遣使報謝，誓不犯大同。崇古令要土蠻、昆都力、吉能等皆入貢，俺答報如約，惟土蠻不至。崇古念土蠻勢孤，薊、昌可無患，命將士勿燒荒搗巢，議通貢市，休息邊民。朝議復譁。尚書郭乾謂馬市先帝明禁，不宜許。給事中章端甫請敕崇古無邀近功，忽遠慮。

崇古上疏曰：「先帝既誅仇鸞，制復言開市者斬，邊臣何敢故違禁旨，自陷重辟。但敵勢既異昔強，我兵亦非昔怯，不當援以爲例。夫先帝禁開馬市，未禁北敵之納款。今敵求貢市，不過如遼東、開原、廣寧之規，商人自以有無貿易，非請復開馬市也。俺答父子兄弟橫行四五十年，震驚宸嚴，流毒畿輔，莫收遏劉功者，〔三〕緣議論太多，文網牽制，使邊臣無所措手足耳。昨秋，俺答東行，京師戒嚴，至倡運甎聚灰塞門乘城之計。今納款求貢，又必責以久要，欲保百年無事，否則治首事之罪。豈惟臣等不能逆料，他時雖俺答亦恐能保其身，不能制諸部於身後也。夫拒敵甚易，執先帝禁旨，一言可決。但敵既不得請，懷憤而去，縱以把漢之故，不擾宣、大，而土蠻三衛歲窺薊、遼，吉能、賓兔侵擾西鄙，息警無時，財力殫絀，雖智者無以善其後矣。昔也先以剋減馬價而稱兵，忠順王以元裔而封哈密，小王子由大同二年三貢，此皆前代封貢故事。夫揆之時勢，既當俯從，考之典故，非今創始。堂堂天朝，容荒服之來王，昭聖圖之廣大，以示東西諸部，傳天下萬世，諸臣何疑憚而不爲耶？」因條封貢八事以上。

詔下廷議。定國公徐文璧、侍郎張四維以下二十二人以爲可許，英國公張溶、尙書張守直以下十七人以爲不可許。尙書朱衡等五人言封貢便、互市不便，獨僉都御史李棠極言當許狀。郭乾悉上衆議。會帝御經筵，閣臣面請外示羈縻，內修守備。乃詔封俺答順義王，名所居城曰歸化；昆都力、辛愛等皆授官；封把漢昭勇將軍，指揮使如故。俺答率諸部受詔甚恭，使使貢馬，執趙全餘黨以獻。帝嘉其誠，賜金幣。又雜采崇古及廷臣議，賜王印，給食用，加撫賞，惟貢使不聽入京。

河套吉能亦如約請命。以事在陝西，下總督王之誥議。之誥欲令吉能一二年不犯，方許封貢。崇古復上疏曰：「俺答、吉能親爲叔姪，首尾相應。今收其叔而縱其姪，錮其首而舒其臂，俺答必呼吉能之衆就市河東宣、大；商販不能給，而吉能糾俺答擾陝西，四鎭之憂方大矣。」帝然其言，亦授吉能都督同知。崇古乃廣召商販，聽令貿易。布帛、菽粟、皮革遠自江、淮、湖廣輻輳塞下，因收其稅以充犒賞。其大小部長則官給金繒，歲市馬各有數。崇古仍歲詣弘賜堡宣諭威德。諸部羅拜，無敢譁者。自是邊境休息。東起延、永，西抵嘉峪七鎮，數千里軍民樂業，不用兵革，歲省費什七。〔三〕詔進太子太保。

萬曆初，召理戎政。給事中劉鉉劾崇古行賄營遷，詔責鉉妄言。已，加少保，遷刑部尚書，改兵部。初，俺答諸部嘗越甘肅掠西番。既通款，其從孫切盡台吉連歲盜番，不得志，求俺答西援。崇古每作書止之，俺答亦報書謝。是年，俺答請與三鎮通事約誓，欲西迎佛。崇古上言：「西行非俺答意，且以迎佛爲名不可沮，宜飭邊鎮嚴守備，而陰泄其謀於番族以示恩。」於是鉉及同官彭應時、南京御史陳堂交章論崇古弛防徇敵。崇古疏辯乞休。帝優詔報之，令勿以人言介意。給事中尹瑾、御史高維崧再劾之，崇古力請致仕，帝乃允歸。

俺答既死，辛愛、撦力克相繼襲封。十五年詔以崇古竭忠首事，三封告成，廕一子世錦衣千戶，有司以禮存問。又二年卒。贈太保，謚襄毅。

崇古身歷七鎮，勳著邊陲。封貢之初，廷議紛呶，有爲危言撼帝者。閣臣力持之，乃得成功。順義歸款二十年，崇古乃歿。總督梅友松撫馭失宜，西邊始擾，而禍已紓於嘉靖時，宣、大則歸款迄明季不變。

子謙，萬曆五年進士。官工部主事，榷稅杭州。羅木營兵變，脅執巡撫吳善言。謙馳諭之乃解。終太僕少卿。孫之楨，以廕累官太子太保、左都督，掌錦衣衛事凡十有七年；之采，萬曆二十六年進士，官兵部右侍郎，陝西三邊總督。

李棠，長沙人。由吏部郎中累遷右副都御史，巡撫南、贛。督僉事諸察討平韶州山賊。終南京吏部右侍郎。仕宦三十年，以介潔稱。天啓初，追謚恭懿。

方逢時，字行之，嘉魚人。嘉靖二十年進士。授宜興知縣，再徙寧津、曲周。擢戶部主事，歷工部郎中，遷寧國知府。廣東、江西盜起，詔於興寧、程鄉、安遠、武平間築伸威鎮，擢逢時廣東兵備副使，與參將俞大猷鎮之。已而程鄉賊平，移巡惠州。

隆慶初，改宣府口北道，加右參政。旋擢右僉都御史，巡撫遼東。四年正月移大同。俺答犯威遠堡，別部千餘騎攻靖鹵，伏兵却之。其冬，俺答孫把漢那吉來降，逢時告總督王崇古曰：「機不可失也。」遣中軍康綸率騎五百往受之。與崇古定計，挾把漢以索叛人趙全等。遣百戶鮑崇德出雲石堡語俺答部下五奴柱曰：「欲還把漢則速納款，若以兵來，是趣之死矣。」五奴柱白俺答，邀入營，說以執趙全易把漢。俺答心動，遣火力赤致書逢時。而全方從臾用兵，俺答又惑之，令其子辛愛將二萬騎入弘賜堡，兄子永邵卜趨威遠堡，自率衆犯平虜城。逢時曰：「此必趙全謀也。」全嘗投書逢時，言悔禍思漢，欲復歸中國。逢時以示俺答，俺答大驚，有執全意。及戰，又不利，乃引退。辛愛猶未知，奄至大同。逢時使人持把漢箭示之曰：「吾已與而父約，以報汝。」辛愛執箭泣曰：「此吾弟鐵背台吉故物也，我來求把漢，把漢既授官，又有成約，當更計之。」乃遣部下啞都善入見。逢時曉以大義，犒而遣之。辛愛喜，因使求幣，逢時笑曰：「台吉，豪傑也，若納款，方重加爵賞，何愛此區區，損盛名。」辛愛大慙，復遣啞都善來謝曰：「邊人不知書，蒙太師教，幸甚。」俺答使者至故將田世威所，世威亦讓之曰：「爾來求和，兵何爲者？」使者還報俺答，召辛愛還。辛愛東行，宣府總兵官趙岢遏之，復由大同北去。於是巡按御史姚繼可劾逢時輒通寇使，屏人語，導之東行，嫁禍隣鎭。大學士高拱曰：「撫臣臨機設策，何可洩也。但當觀後效，不宜先事輒易。」帝然之。俺答乃遣使定約，夜召全等計事，卽帳中縛之送大同。逢時受之，崇古亦送把漢歸。逢時以功進兵部右侍郎兼右僉都御史。甫拜命，以憂歸。後崇古入理京營，神宗問誰可代者，大學士張居正以逢時對。

萬曆初，起故官，總督宣、大、山西軍務。始逢時與崇古共決大計，而貢市之議崇古獨成之。逢時復代崇古，乃申明約信。兩人首尾共濟，邊境遂安。

逢時分巡口北，時親行塞外，自龍門盤道墩以東至靖湖堡山梁一百餘里，形勢聯絡，歎曰：「此山天險。若修鑿，北可達獨石，南可援南山，誠陵京一藩籬也。」及赴陽和，道居庸，出關見邊務修舉，欲幷遂前計。上疏曰：「獨石在宣府北，三面隣敵，勢極孤懸。懷、永與陵寢止限一山，所係尤重。其地本相屬，而經行之路尚在塞外，以故聲援不便。若設盤道之險，舍迂就徑，自龍門黑峪以達寧遠，經行三十里，南山、獨石皆可朝發夕至，不惟拓地百里，亦可漸資屯牧，於戰守皆利。」遂與巡撫吳兌經營修築，設兵戍守。累進兵部尚書兼右副都御史，總督如故，加太子少保。

五年召理戎政。時議者爭言貢市利害。逢時臨赴闕上疏曰：

陛下特恩起臣草土中代崇古任，賴陛下神武，八年以來，九邊生齒日繁，守備日固，田野日闢，商賈日通，邊民始知有生之樂。北部輸誠效貢，莫敢渝約，歲時請求，隨宜與之，得一菓餅，輒稽首歡笑。有掠人要賞，如打喇明安兔者，告俺答罰治，卽俛首聽命。而異議者或曰「敵使充斥爲害」，或曰「日益費耗，彼欲終不可足」，或曰「與寇益狎，隱憂叵測」。此言心則忠矣，事機或未覩也。

夫使者之入，多者八九人，少者二三人，朝至夕去，守貢之使，賞至卽歸，何有充斥。財貨之費，有市本，有撫賞，計三鎭歲費二十七萬，較之鄉時戶部客餉七十餘萬，太僕馬價十數萬，十纔二三耳。而民間耕穫之入，市賈之利不與焉。所省甚多，何有耗費。乃若所憂則有之，然非隱也。方庚午以前，三軍暴骨，萬姓流離，城郭丘墟，芻糧耗竭，邊臣首領不保，朝廷爲旰食。七八年來，幸無此事矣。若使臣等處置乖方，各小費而虧大信，使一旦肆行侵掠，則前日之憂立見，何隱之有哉？

其所不可知者，俺答老矣，誠恐數年之後，此人既死，諸部無所統一，其中狡黠互相爭搆，假托異辭，遂行侵擾。此則時變之或然，而不可預料者。在我處之，亦惟罷貢絕市，閉關固壘以待。仍禁邊將毋得輕舉，使曲常在彼，而直常在我。因機處置，顧後人方略何如耳。夫封疆之事，無定形亦無定機，惟朝廷任用得人，處置適宜，何必拘拘焉貢市非而戰守是哉？

臣又聞之，禦戎無上策；征戰禍也，和親辱也，賂遺恥也。今曰貢，則非和親矣；曰市，則非賂遺矣；既貢且市，則無征戰矣。臣幸藉威靈，制伏强梗，得免斧鉞之誅。今受命還朝，不復與閫外之事，誠恐議者謂貢市非計，輒有敷陳，國是搖惑。內則邊臣畏縮，外則部落攜貳，事機乖迕，後悔無及。臣雖得去，而犬馬之心實有不能一日忘者，謹列上五事。

至京，復奏上款貢圖。

尋代崇古爲尚書，署吏部事，加太子太保。以平兩廣功，進少保。累疏致仕歸，御書「盡忠」字賜之。二十四年卒。

逢時才略明練。處置邊事，皆協機宜。其功名與崇古相亞，稱「方、王」云。

吳兌，字君澤，紹興山陰人。嘉靖三十八年進士。授兵部主事。隆慶三年由郎中遷湖廣參議。調河南，遷薊州兵備副使。五年秋，擢右僉都御史，巡撫宣府。兌舉鄉試出高拱門。拱之初罷相也，兌獨送至潞河。及拱再起兼吏部，遂超擢之。釋褐十三年得節鉞，前此未有也。

時俺答初封貢，而昆都力、辛愛陰持兩端，助其主土蠻爲患。兌有智計，操縱馴伏之。嘗偵俺答離營獵，從五騎直趨其營。守者愕，控弦。從騎呵之曰：「太師來犒軍耳。」皆拜跪迎導，且獻酪。兌遍閱廬帳，抵暮還。市者或潛盜所鬻馬，兌使人梏擊之，曰：「後復盜，即閉關停市。」諸部追所奪馬，幷執其人以謝。辛愛復擾邊，俺答曰：「宣、大，我市場也。」戒勿動。然辛愛猶桀驁，俺答常以己馬代入貢。既得賞賜，抵地不肯受，又遣兵掠車夷。車夷者，不知其所出，自嘉靖中徙至，與史夷雜居，皆宣鎭保塞屬也。辛愛掠之，以其長革固去，其二比妓來駐龍門教場。兌以史、車啓齒，車被掠，史益孤，奏築堡居之。使使詰責辛愛，令還革固而勒其比妓遠邊。辛愛誘比妓五蘭且沁、威兀愼，歲盜葛峪堡器甲、牛羊。兌皆付三娘子罰治。三娘子有盛寵於俺答，辛愛嫉妬，數詛詈之。三娘子入貢，宿兌軍中，愬其事。兌贈以八寶冠、百鳳雲衣、紅骨朶雲裙，三娘子以此爲兌盡力。辛愛、撦力克相繼襲王，皆妻三娘子，三娘子主貢市者三世。昆都力嘗求封王，會病死。其子青把都擁兵至塞，多所要挾。兌諭以禍福，而耀武震之。青把都懼，貢如初。其女東桂嫁朶顏都督長昂，嘗隨父入貢，訴其貧。兌諭其昆弟，每一馬分一繒畀之。後東桂報土蠻別騎掠三岔河東，兌得爲備，有功。

萬曆二年春，推款貢功，加兌右副都御史。貢市畢，加兵部右侍郎兼右僉都御史。五年夏，代方逢時總督宣、大、山西軍務。俺答西掠瓦剌，聲言迎佛，寄帑於兌，留旗箭爲信。尙書王崇古奏上方略，使兌諭俺答繞賀蘭山後行，勿道甘肅；又陰洩其謀於瓦剌。俺答兵遂挫，留青海未歸。而青把都復附土蠻，其部下時入寇。大學士張居正令兌趣俺答東還約束之，青把都亦罰治其下，款貢乃益堅。七年秋，以左侍郎召還部，尋加右都御史，仍佐部事。

九年夏，復以本官總督薊、遼、保定軍務兼巡撫順天。泰寧速把亥與青把都交通，陰入市宣府，而歲犯遼東以要款。朝廷拒不許，兌修義州城備之。明年春，速把亥來寇，總兵官李成梁擊斬之。其弟炒花、姪老撒卜兒悉遁去。詔進兌兵部尙書仍兼右都御史。尋進太子少保，召拜兵部尙書。御史魏允貞劾兌歷附高拱、張居正，且饋馮保金千兩，封識具存。給事王繼光亦言兒受將吏饋遺，御史林休徵助之攻。帝乃允兒去，後數年卒。

孫孟明，襲錦衣千戶，佐許顯純理北司刑。天啓初，讞中書汪文言，頗爲之左右。顯純怒，誣孟明藏匿亡命。下本司拷訊，削籍歸。崇禎初，起故官，累遷都督同知，掌衞事。孟明居官貪，以附東林頗得時譽。

子邦輔襲職，亦理北司刑。崇禎末，給事中姜埰、行人司副熊開元以言事同日繫詔獄，帝欲置之死，邦輔故緩其獄。帝怒稍解，令嚴訊主使者。邦輔乃略訊卽具獄上，詔予杖百，二人由是獲免。

鄭洛，字禹秀，安肅人。嘉靖三十五年進士。除登州推官，徵授御史。劾罷嚴嵩黨鄢懋卿、萬宷、萬虞龍。出爲四川參議，遷山西參政。佐總督王崇古款俺答有功。

萬曆二年由浙江左布政使改右僉都御史，巡撫山西。移大同，加右副都御史，入爲兵部右侍郎。七年以左侍郎總督宣、大、山西軍務。昆都力子滿五大令銀定入犯，洛奏停貢市，遣使責俺答罰贖駝馬牛羊，乃復許款。三娘子佐俺答主貢市，諸部皆受其約束。及辛愛襲封，年老且病，欲妻三娘子。三娘子不從，率衆西走，辛愛自追之，貢市久不至。洛計三娘子別屬，則辛愛雖王無益，乃使人語之曰：「夫人能歸王，不失恩寵，否則塞上一婦人耳。」三娘子聽命。辛愛更名乞慶哈，貢市惟謹。洛以功加兵部尚書兼右副都御史。

十四年，乞慶哈死，子撦力克當襲。三娘子以年長，自練兵萬人，築城別居。洛恐貢市無主，復諭撦力克曰：「夫人三世歸順，汝能與之匹，則王，不然封別有屬也。」撦力克盡逐諸妾，復妻三娘子。遂以明年嗣封，并奏封三娘子忠順夫人。洛乃上疏請定市馬數，宣府不得踰三萬，大同萬四千，山西六千，而申飭將吏嚴備，以防盜竊，且無輕遏其部落馳獵者。帝嘉納之。御史許守恩劾洛。乞歸，不允。自太子少保累加至太子太保，召爲戎政尚書。

十八年，洮河用兵，詔兼右都御史，經略陝西、延、寧、甘肅及宣、大、山西邊務。松套賓兔等屢越甘肅侵擾河、湟諸番。及俺答迎佛，又建寺於青海，奏賜名仰華，留永邵卜別部把爾戶及丙兔、火落赤守之，俱牧海上。他部往來者，率取道甘肅，甘肅鎮臣以通款弗禁也。丙兔死，其子眞相進據莽剌川，火落赤據捏工川，益併吞番族。河套都督卜失兔亦遣使邀撦力克，撦力克遺洛書，以赴仰華爲名。洛使從塞外行，又諭忠順夫人曰：「彼中撫賞不能多，且王家在東，恐有內顧憂也。」撦力克遂行。未至，把爾戶部卒闌入西寧。副總兵李奎方醉，單騎馳之。卒持鞚自白，爲奎所斫，遂大譟，射奎死。火落赤、眞相進圍舊洮州，副總兵李聯芳敗歿。入臨洮、河州、渭源，總兵官劉承嗣失利，遊擊李芳等皆死。當是時，撦力克已至仰華，火落赤、眞相益挾爲重，關中大震，惟把爾戶不助逆。

事聞，詔洛經略七鎭，以僉事萬世德、兵部員外郎梁雲龍隨軍贊畫，而停撦力克貢市。俄罷總督梅友松，命洛兼領其事。洛以洮河之禍，由縱敵入青海，乃馳至甘肅，令曰：「北部自青海歸巢者，聽假道；自巢入青海者，卽勒兵拒之。」未幾，卜失兎至水泉，欲趨青海。總兵官張臣與相持月餘，洛設伏掩擊之，卜失兎僅以身免。莊禿賴後至，聞之亦退去。

明年，洛與雲龍入西寧，控扼青海。撦力克聞之，西徙二百里，還洮河所掠人口，與忠順夫人輸罪請歸。火落赤、眞相亦夜去，兩川餘黨留莽剌南山。洛慮諸部約結，先遣使趣撦力克北歸，別遣雲龍、世德收番族以弱其勢，而具以狀奏聞。言：「自順義南牧，借途收番，子女牛羊皆有之，生死唯所制。洮河之役，遂爲嚮導，番戎之勢不分，則心腹之患無已。臣鼓舞勞來，招回諸番八萬餘人，皆陛下威德所致。」且具陳收番有六利。是時，撦力克觀望不卽歸，洛與相羈縻，先遣總兵官尤繼先擊走莽剌餘寇。督撫魏學曾、葉夢熊等請決戰，夢熊又騰書都下，洛疏持不可。夢熊乃調苗兵三千爲選鋒，詆洛爲秦檜、賈似道。會撦力克北歸謝罪，乞復貢市，洛乃進兵青海，走火落赤、眞相，焚仰華，置戍西寧、歸德而還。

尙書石星以宣、大事急，請速召洛究款戰之計。洛旣至，與總督蕭大亨、巡撫王世揚、邢玠等上疏曰：「撦力克諉罪火落赤、眞相，桀驁之狀已斂。且其部落數千里，部長十餘輩。在巢保疆者，宜鎭則青把都兄弟未嘗東窺薊、遼，而兀愼、擺腰五路之在新平，馴服猶故。在西行牧者，不他失未嘗窺莽、捏，而大成比妓則又歸巢獨先。今以一人之罪，概絕諸部，消往日之恩，開將來之隙，臣未見其可。今史二外叛，屢犯邊疆，若令順義王縛獻以著信，然後酌議市賞，在我固未爲失策也。」議遂定。尋加少保，仍召理戎政。順義王果縛史二來獻，復款如故。

初，閱邊給事中張棟言，洮河之衄，殞將喪師，洛爲其所輕，故東西移帳自便。太僕寺丞徐琰復詆洛，乞處分以除悞國之罪。棟再疏劾洛欺罔，給事中章尙學亦請令洛回宣、大。至是撦力克歸，棟又言：「火、眞亂首，順義亂階，洛宜除兇雪恥，乃虛詞誘敵，而重利媚之。今火、眞依海爲窟，出沒如故，洛輒侈然敍文武勞。乞敕所司，毋徇洛請。」洛乃謝病歸。尙書星言洛無重利啗敵事，且有威望，不宜久棄。逾三年，官軍與番人夾擊把爾戶於西寧，大破之。星復奏洛收番之功，再詔起用。當時以洛有物議，卒不推也。卒，贈太保，謚襄敏。

張學顏，字子愚，肥鄉人。生九月失母，事繼母以孝聞。親喪廬墓，有白雀來巢。登嘉靖三十二年進士，由曲沃知縣入爲工科給事中。遷山西參議，以總督江東劾去官。事白，遷永平兵備副使，再調薊州。

俺答封順義王，察罕土門汗語其下曰：「俺答，奴也，而封王，吾顧弗如。」挾三衛窺遼欲以求王。而海、建諸部日强，皆建國稱汗。大將王治道、郎得功戰死，遼人大恐。隆慶五年二月，遼撫李秋免，大學士高拱欲用學顏，或疑之。拱曰：「張生卓犖倜儻，人未之識也，置諸盤錯，利器當見。」侍郎魏學曾後至，拱迎問曰：「遼撫誰可者？」學曾思良久，曰：「張學顏可。」拱喜曰：「得之矣。」遂以其名上，進右僉都御史，巡撫遼東。

遼鎭邊長二千餘里，城砦一百二十所，三面隣敵。官軍七萬二千，月給米一石，折銀二錢五分，馬則冬春給料，月折銀一錢八分，卽歲稔不足支數日。自嘉靖戊午大饑，士馬逃故者三之二。前撫王之誥、魏學曾相繼綏輯，未復全盛之半。繼以荒旱，餓莩枕籍。學顏首請振恤，實軍伍，招流移，治甲仗，市戰馬，信賞罰。黜懦將數人，創平陽堡以通兩河，移遊擊於正安堡以衞鎭城，戰守具悉就經畫。大將李成梁敢力戰深入，而學顏則以收保爲完策，敵至無所亡失，敵退備如初，公私力完，漸復其舊。十一月與成梁破土蠻卓山，進右副都御史。明年春，土蠻謀入寇，聞有備而止。

奸民闌出海上，踞三十六島。閱視侍郎汪道昆議緝捕，學顏謂緝捕非便。命李成梁按兵海上，示將加誅，別遣使招諭，許免差役。未半載，招還四千四百餘口，積患以消。秋，建州都督王杲以索降人不得，入掠撫順，守將賈汝翼詰責之。杲益憾，約諸部爲寇，副總兵趙完責汝翼啓釁。學顏奏曰：「汝翼却杲饋遺，懲其違抗，實伸國威，苟緣此罷斥，是進退邊將皆敵主之矣。臣謂宜諭王杲送還俘掠，否則調兵勦殺，毋事姑息以蓄禍。」趙完懼，餽金貂，學顏發之。詔逮完，而宣諭王杲如學顏策。諸部聞大兵且出，悉竄匿山谷。杲懼，十二月約海西王台送俘獲就款，學顏因而撫之。

遼陽鎮東二百餘里舊有孤山堡，巡按御史張鐸增置險山五堡，然與遼鎮聲援不接。都御史王之誥奏設險山參將，轄六堡一十二城，分守靉陽。又以其地不毛，欲移置寬佃，以時絀不果。萬曆初，李成梁議移孤山堡於張其哈佃，移險山五堡於寬佃、長佃、雙墩、長領散等。皆據膏腴，扼要害。而邊人苦遠役，出怨言。工甫興，王杲復犯邊，殺遊擊裴承祖。巡按御史亟請罷役，學顏不可，曰：「如此則示弱也。」即日巡塞上，撫定王兀堂諸部，聽於所在貿易。卒築寬佃，斥地二百餘里。於是撫順以北，清河以南，皆遵約束。明年冬，發兵誅王杲，大破之，追奔至紅力寨。張居正第學顏功在總督楊兆上，加兵部侍郎。

五年夏，土蠻大集諸部犯錦州，要求封王。學顏奏曰：「敵方憑陵，而與之通，是畏之也。制和者在彼，其和必不可久。且無功與有功同封，犯順與效順同賞，既取輕諸部，亦見笑俺答。臣等謹以正言却之。」會大雨，敵亦引退。其冬，召爲戎政侍郎，加右都御史。未受代，而土蠻約泰寧速把亥分犯遼、瀋、開原。明年正月破敵劈山，殺其長阿丑台等五人，學顏遂還部。踰年，拜戶部尚書。

時張居正當國，以學顏精心計，深倚任之。學顏撰會計錄以勾稽出納。又奏列清丈條例，釐兩京、山東、陝西勳戚莊田，清溢額、脫漏、詭借諸弊。又通行天下，得官民屯牧湖陂八十餘萬頃。民困賠累者，以其賦抵之。自正、嘉虛耗之後，至萬曆十年間，最稱富庶，學顏有力焉。然是時宮闈用度汰侈，多所徵索。學顏隨事納諫，得停發太倉銀十萬兩，減雲南黃金課一千兩，餘多弗能執爭。而金花銀歲增二十萬兩，遂爲定額。人亦以是少之。

十一年四月改兵部尚書，時方興內操，選內豎二千人雜廝養訓練，發太僕寺馬三千給之。學顏執不與馬，又請停內操，皆不聽。其年秋，車駕自山陵還，學顏上疏曰：「皇上恭奉聖母，扶輦前驅，拜祀陵園，考卜壽域，六軍將士十餘萬，部伍齊肅。惟內操隨駕軍士，進止自恣。前至涼水河，喧爭無紀律，奔逸衝突，上動天顏。今車駕已還，猶未解散。謹稽舊制，營軍隨駕郊祀，始受甲於內庫，事畢卽還。宮中惟長隨內侍許佩弓矢。又律：不係宿衞軍士，持寸刃入宮殿門者，絞；入皇城門者，戍邊衞。祖宗防微弭亂之意甚深且遠。今皇城內被甲乘馬持鋒刃，科道不得糾巡，臣部不得檢閱。又招集廝養僕隸，出入禁苑，萬一驟起邪心，朋謀倡亂，譁於內則外臣不敢入，譁於夜則外兵不及知，譁於都城白晝則曰天子親兵也，驅之不肯散，捕之莫敢攖。正德中，西城練兵之事，良可鑒也。」疏上，宦豎皆切齒，爲蜚語中傷。神宗察知之，詰責主使者。學顏得免，然亦不能用也。

考滿，加太子少保。雲南岳鳳、罕虔平，進太子太保。時張居正旣歿，朝論大異。初，御史劉臺以劾居正得罪，學顏復論其贓私。御史馮景隆論李成梁飾功，學顏亟稱成梁十大捷非妄，景隆坐貶斥。學顏故爲居正所厚，與李成梁共事久，物論皆以學顏黨於居正、成梁。御史孫繼先、曾乾亨，給事中黃道瞻交章論學顏。學顏疏辯求去，又請留道瞻，不聽。明年，順天府通判周弘禴又論學顏交通太監張鯨，神宗皆黜之於外。學顏八疏乞休，許致仕去。二十六年卒於家。贈少保。

張佳胤，字肖甫，銅梁人。嘉靖二十九年進士。知滑縣。劇盜高章者，詐爲緹騎，直入官署，劫佳胤索帑金。佳胤色不變，僞書券貸金，悉署游徼名，召入立擒賊，由此知名。擢戶部主事，改職方，遷禮部郎中。以風霾考察，謫陳州同知。歷遷按察使。

隆慶五年冬，擢右僉都御史，巡撫應天十府。安慶兵變，坐勘獄辭不合，調南京鴻臚卿，就遷光祿。進右副都御史，巡撫保定，道聞喪歸。

萬曆七年起故官，巡撫陝西。未上，改宣府。時青把都已服，其弟滿五大猶桀驁，所部八賴掠塞外史、車二部，總兵官麻錦擒之。佳胤命錦縛八賴將斬，而身馳赦之，八賴叩頭誓不敢犯邊。後與總督鄭洛計服滿五大。入爲兵部右侍郎。

十年春，浙江巡撫吳善言奉詔減月餉。東、西二營兵馬文英、劉廷用等搆黨大譟，縛毆善言。張居正以佳胤才，令兼右僉都御史代善言。甫入境，而杭民以行保甲故，亦亂。佳胤問告者曰：「亂兵與亂民合乎？」曰：「未也。」佳胤喜曰：「速驅之，尚可離而二也。」既至，民剽益甚。佳胤從數卒佯問民所苦，下令除之。衆益張，夜掠巨室，火光燭天。佳胤召游擊徐景星諭二營兵，令討亂民自贖。擒百五十人，斬其三之一。乃佯召文英、廷用，予冠帶。而密屬景星捕七人，并文英、廷用斬之。二亂悉定。帝優詔褒美。尋以左侍郎還部，錄功，加右都御史。

未幾，拜戎政尚書，尋兼右副都御史，總督薊、遼、保定軍務。以李成梁擊斬逞加努功，加太子少保。成梁破土蠻瀋陽，復進太子太保。召還理部事。敍勞，予一品誥。御史許守恩劾佳胤營獲本兵，御史徐元復劾之，遂三疏謝病歸。越二年卒。贈少保。天啓初，謚襄憲。

殷正茂，字養實，歙人。嘉靖二十六年進士。由行人選兵科給事中。劾罷南京刑部侍郎沈應龍。歷廣西、雲南、湖廣兵備副使，遷江西按察使。

隆慶初，古田僮韋銀豹、黃朝猛反。銀豹父朝威自弘治中敗官兵於三厄，殺副總兵馬俊、參議馬鉉，正德中嘗陷洛容。嘉靖時，銀豹及朝猛劫殺參政黎民衷，〔四〕提督侍郎吳桂芳遣典史廖元招降之。遷元主簿以守，而銀豹數反覆。隆慶三年冬，廷議大征。擢正茂右僉都御史巡撫廣西。正茂與提督李遷調土、漢兵十四萬，令總兵俞大猷將之。先奪牛河、三厄險，諸軍連克東山鳳凰寨，蹙之潮水。廖元誘僮人斬朝猛，銀豹窮，令其黨陰斬貌類己者以獻。捷聞，進兵部右侍郎，巡撫如故。改古田爲永寧州，設副使參將鎮守。未幾，僉事金柱捕得銀豹，正茂因自劾。詔磔銀豹京師，置正茂不問。

尋代遷提督兩廣軍務。當是時，羣盜惠州藍一清、賴元爵，潮州林道乾、林鳳、諸良寶，瓊州李茂，處處屯結。廣中日告警，倭又數爲害。正茂議守巡官畫地分守，而徙瀕海謫戍之民於雲南、川、湖，絕倭嚮導。乃令總兵官張元勳、參政江一麟等先後殺倭千餘，以次盡平諸盜。廣西巡撫郭應聘亦奏平懷遠、洛容瑤，語詳元勳及李錫傳。正茂以功累加兵部尚書兼右副都御史。倭復陷銅鼓、雙魚，元勳大破之儒峒；犯電白，正茂剿殺千餘人。嶺表略定。

萬曆三年召爲南京戶部尚書，以淩雲翼代。明年改北部。疏請節用，又諫止採買珠寶。而張居正以正茂所餽鵝罽轉奉慈寧太后爲坐褥。李幼孜與爭寵，嗾言官詹沂等劾之。遂屢引疾。六年致仕歸。久之，起南京刑部尚書。居正卒之明年，御史張應詔言，正茂以金盤二，植珊瑚其中，高三尺許，賂居正，復取金珠、翡翠、象牙餽馮保及居正家人游七。正茂疏辨，請告，許之。二十年卒。

正茂在廣時，任法嚴，道將以下奉行惟謹。然性貪，歲受屬吏金萬計。初征古田，大學士高拱曰：「吾捐百萬金予正茂，縱乾沒者半，然事可立辦。」時以拱爲善用人。

李遷，字子安，新建人。嘉靖二十年進士。隆慶四年官南京兵部右侍郎，以左侍郎總督兩廣。給事中光懋言兩廣向設提督，事權畫一，今兩巡撫相牽掣，不便。乃改遷提督兼巡撫廣東，而特命正茂爲廣西巡撫。後遂爲定制。以平銀豹功加右都御史。尋討惠、潮山寇，俘斬千二百餘級。召爲刑部尚書。引疾歸，卒。謚恭介。遷出入中外三十年，不妄取一錢，年近七十，母終，廬墓。

凌雲翼，字洋山，太倉州人。嘉靖二十六年進士。授南京工部主事。隆慶中，累官右僉都御史，撫治鄖陽。疏論衞所兵消耗之弊，凡六事，多議行。

萬曆元年進右副都御史，巡撫江西。三遷兵部左侍郎兼右僉都御史，提督兩廣軍務，代殷正茂。時寇盜略盡，惟林鳳遁去。鳳初屯錢澳求撫，正茂不許，遂自彭湖奔東番魍港，爲福建總兵官胡守仁所敗。是年冬，犯柘林、靖海、碣石，已，復犯福建。守仁追擊至淡水洋，沉其舟二十。賊失利，復入潮州。參政金淛諭降其黨馬志善、李成等，鳳夜遁。明年秋，把總王望高以呂宋番兵討平之。

尋進征羅旁。羅旁在德慶州上下江界、東西兩山間，延袤七百里。成化中，韓雍經略西山頗安輯，惟東山瑤阻深箐剽掠，有司歲發卒戍守。正茂方建議大征，會遷去。雲翼乃大集兵，令兩廣總兵張元勳、李錫將之。四閱月，克巢五百六十，俘斬、招降四萬二千八百餘人。岑溪六十三山、七山、那留、連城諸處隣境瑤、僮皆懼。賊首潘積善求撫，雲翼奏設官戍之。論功，加右都御史兼兵部侍郎，賜飛魚服。乃改瀧水縣爲羅定州，設監司、參將。積患頓息。六年夏，與巡撫吳文華討平河池、咘咳、北三諸瑤，又捕斬廣東大廟諸山賊。嶺表悉定。

召爲南京工部尚書，就改兵部，以兵部尚書兼右副都御史總督漕運，巡撫淮、揚。河臣潘季馴召入，遂兼督河道。加太子少保。召爲戎政尚書，以病歸。家居驕縱，給事、御史連章劾之。詔奪官，後卒。

雲翼有幹濟才。羅旁之役，繼正茂成功。然喜事好殺戮，爲當時所譏。

贊曰：譚綸、王崇古諸人，受任巖疆，練達兵備，可與余子俊、秦紘先後比跡。考其時，蓋張居正當國，究心於軍謀邊瑣。書疏往復，洞矚機要，委任責成，使得展布，是以各盡其材，事克有濟。觀於此，而居正之功不可泯也。

校勘記

〔一〕長娶大成比妓不相得把漢自聘我兒都司女　大成比妓、我兒都司，本書卷三二七韃靼傳作「大成比吉」和「襖兒都司」。

〔二〕莫收遏劉功者　明經世文編卷三一七頁三三六〇王崇古確議封貢事宜疏作「未收遏虜之功者」。

〔三〕歲省費什七　明史稿傳一〇〇王崇古傳作「歲省費什三」。

〔四〕劫殺參政黎民衷　黎民衷，或作「黎民表」，見本書卷二一一校勘記〔三〕。

明史卷二百二十三

列傳第一百十一

盛應期 朱衡 翁大立 潘志伊 潘季馴 萬恭 吳桂芳 傅希摯 王宗沐 子士崧 士琦 士昌 從子士性 劉東星 胡瓚 徐貞明 伍袁萃

盛應期，字思徵，吳江人。弘治六年進士。授都水主事，出轄濟寧諸牐。太監李廣家人市私鹽至濟，畏應期，投鹽水中去。會南京進貢內官誣應期阻薦新船，廣從中搆逮應期及主事范璋下詔獄。璋筦衞河，亦忤中貴者也。獄具，謫雲南驛丞。稍遷祿豐知縣。正德初，歷雲南僉事。武定知府鳳應死，其妻攝府事，子朝鳴爲寇。應期單車入其境，母子惶怖，歸所侵。策鳳氏終亂，奏降其秩，設官制之。寢不行，後卒叛。與御史張璞、副使晁必登抑鎮守太監梁裕。裕劾三人，俱逮下詔獄，璞竟拷死。會乾清宮災，應期得復職。四遷至陝西右布政使。擢右副都御史巡撫四川。討平天全六番招討使高文林。會泉江爕蠻普法惡作亂，富順奸民謝文禮、文義附之。法惡死，指揮何卿等先後討誅文禮、文義。應期賚銀幣，以憂歸。

嘉靖二年起故官，巡撫江西。宸濠亂後，瘡痍未復，奏免雜調緡錢數十萬，請留轉輸南京米四十七萬、銀二十萬，以食饑民。又令諸府積穀備荒至百餘萬。尋進兵部右侍郎，總督兩廣軍務。將行，籍上積穀數。帝以陳洪謨代，而獎賚應期。後洪謨積益多，亦被賚。應期至廣，偕撫寧侯朱麒督參將李璋等，討平思恩土目劉召，復賚銀幣。朝議大征岑猛。應期條上方略七事，言廣兵疲弱不可用，麒等恚。會御史許中劾應期暴虐，麒等因相與爲流言。御史鄭洛書復劾應期賄結權貴。應期已遷工部侍郎，引疾歸。

六年，黃河水溢入漕渠，沛北廟道口淤數十里，糧艘爲阻，侍郎章拯不能治。尙書胡世寧、詹事霍韜、僉事江良材請於昭陽湖東別開漕渠，爲經久計。議未定，以御史吳仲言召拯還，即家拜應期右都御史以往。應期乃議於昭陽湖東，北進江家口，南出留城口，開濬百四十餘里，較疏舊河力省而利永；夫六萬五千，銀二十萬兩，剋期六月。工未成，會旱災修省，言者多謂開河非計，帝遽令罷役。應期請展一月竟其功，不聽。初，應期請令郎中柯維熊分濬支河，維熊力贊新河之議，至是亦言不便。應期上章自理。帝怒，詔與維熊俱奪職。世寧言：「新河之議倡自臣。應期剋期六月，今四月，功已八九。緣程工促急，怨讟煩興。維熊反覆變詐，傾大臣，誤國事。自古國家債大事，必責首議，臣請與同罷。」帝不許。後更赦，復官致仕，卒。應期罷後三十年，朱衡循新河遺跡成之，運道蒙利焉。

朱衡，字士南，萬安人。嘉靖十一年進士。歷知尤溪、婺源，有治聲。遷刑部主事，歷郎中。出爲福建提學副使，累官山東布政使。三十九年進右副都御史巡撫其地。奏言：「比遼左告饑，暫弛登、萊商禁，轉粟濟之。猾商遂竊載他貨，往來販易，並開青州以西路。海島亡命，陰相構結，禁之便。」從之。召爲工部右侍郎。

四十四年進南京刑部尚書。其秋，河決沛縣飛雲橋，東注昭陽湖，運道淤塞百餘里。改衡工部尚書兼右副都御史，總理河漕。衡馳至決口，舊渠已成陸。而故都御史盛應期所開新河，自南陽以南東至夏村，又東南至留城，故址尚在。其地高，河決至昭陽湖止，不能復東，可以通運，乃定議開新河，築堤呂孟湖以防潰決。河道都御史潘季馴以爲濬舊渠便，議與衡不合。衡持益堅，引鮎魚、薛沙諸水入新渠，築馬家橋堤以遏飛雲橋決口，身自督工。劾罷曹濮副使柴淶，重繩吏卒不用命者，浮議遂起。明年，給事中鄭欽劾衡虐民倖功，詔遣給事中何起鳴往勘，工垂竣矣。及秋，河決馬家橋，議者紛然謂功不可成。起鳴初主衡議，亦變其說，與給事中王元春、御史黃襄交章請罷衡。〔一〕會新河已成，乃止。河長一百九十四里。漕艘由境山入，通行至南陽。未幾，季馴以憂去，詔衡兼理其事。

隆慶元年加太子少保。山水驟溢，決新河，壞漕艘數百。給事中吳時來言：「新河受東、兗以南費、嶧、鄒、滕之水。以一堤捍羣流，豈能不潰。宜分之以殺其勢。」衡乃開支河四，洩其水入赤山湖。明年秋，召還部。又明年，衡上疏曰：「先臣宋禮濬治舊渠，測量水平，計濟寧平地與徐州境山巔相準，北高南下，懸流三十丈。故魯橋閘以南稍啓立涸，舟行半月始達。東、兗之民增閘挑淺，苦力役者百六十年。屬者改鑿新渠，遠避黃流，舍卑就高，地形平衍，諸閘不煩起閉，舟行日可百餘里，夫役漫無事事。近河道都御史翁大立奏請裁革，宜可聽。」於是汰閘官五，夫役六千餘，以其僦直爲修渠費。

四年秋，河決睢寧，起季馴總理。明年冬，閱視河道給事中雒遵劾罷季馴，言廷臣可使，無出衡右者。六年正月詔兼左副都御史，經理河道。穆宗崩，大學士高拱以山陵工請召衡。會邳州工亦竣，衡遂還朝。

衡先後在部，禁止工作，裁抑浮費，所節省甚衆。穆宗時，內府監局加徵工料，濫用不訾，衡隨時執奏。未幾，詔南京織造太監李佑趨辦袍緞千八百餘匹，衡因言宦孫枝、姚繼可、嚴用和、駱問禮先後諫，再疏請，從之。帝切責太監崔敏，傳令南京加造緞十餘萬匹，衡議停新造，但責歲額，得減新造三之二。命造鰲山燈，計費三萬餘兩，又命建光泰殿、瑞祥閣於長信門，衡皆奏止之。及神宗即位，首命停織造，而內臣不即奉詔，且請增織染所顏料。衡奏爭，皆得請。皇太后傳諭發帑金修涿州碧霞元君廟。衡復爭，報聞。

衡性强直，遇事不撓，不爲張居正所喜。萬曆二年，給事中林景暘劾衡剛愎。衡再疏乞休。詔加太子太保，馳驛歸。其年夏，大雨壞昭陵祾恩殿，追論督工罪，奪宮保。卒年七十三。子維京，自有傳。

翁大立，餘姚人。嘉靖十七年進士。累官山東左布政使。三十八年以右副都御史巡撫應天、蘇州諸府。蘇州以倭警募壯士，後兵罷無所歸，羣聚剽奪。大立得其主名，捕甚急。惡少懼，夜劫縣衞獄，縱囚自隨，攻都御史行署，大立率妻子遁。知府王道行督兵力拒之，乃斬葑門，奔入太湖爲盜。命大立戴罪捕賊，尋被劾罷。久之，起故官，巡撫山東。遭喪不赴。

隆慶二年命督河道。朱衡既開新河，漕渠便利。大立因頌新河之利有五，而請濬回回墓以達鴻溝，引昭陽之水沿鴻溝出留城，以漑湖下腴田千頃。未幾，又請鑿邵家嶺，令水由地浜溝出境山，入漕河。帝皆從之。

三年七月，河大決沛縣，漕艘阻不進。帝從大立請，大行振貸。大立又請漕艘後至者貯粟徐州倉，平價出糶。詔許以三萬石賚民。大立以下民昏墊、閭閻愁困狀，帝莫能周知，乃繪圖十二以獻。且言：「時事可憂，更不止此。東南財賦區，而江海泛溢，粒米不登，京儲可慮一也。邊關千里，悉遭洪水，墩堡傾頹，何恃以守，可慮二也。畿輔、山東、河南，霪雨既久，城郭不完，寇盜無備，可慮三也。江海間颶風鼓浪，舟艦戰卒，悉入波流，海防可慮四也。淮、浙鹽場鹹泥盡沒，竈戶流移，商賈不至，國課可慮五也。望陛下以五患十二圖付公卿博議，速求拯濟之策。」帝留圖備覽，下其奏於所司。

當是時，黃河既決，淮水復漲。自清河縣至通濟閘抵淮安城西淤三十餘里，決方、信二壩出海，〔三〕平地水深丈餘，寶應湖堤往往崩壞。山東沂、莒、郯城水溢，從沂河、直河出邳州，人民多溺死。大立奔走經營，至四年六月，鴻溝、境山諸工，及淮流疏濬，次第告成。帝喜，錫賚有差。時大立已陞工部右侍郎，旋改兵部爲左。會代者陳大賓未至，而山東沙、薛、汶、泗諸水驟漲，決仲家淺諸處，黃河又暴至，茶城復淤。已而淮自泰山廟至七里溝亦淤十餘里。其明年遂爲給事中宋良佐劾罷。

萬曆二年起南京刑部右侍郎，就改吏部。明年入爲刑部右侍郎，再遷南京兵部尚書。六年致仕歸。

先是，隆慶末，有錦衣指揮周世臣者，外戚慶雲侯裔也。家貧無妻，獨與婢荷花兒居。盜入其室，殺世臣去。把總張國維入捕盜，惟荷花兒及僕王奎在，遂謂二人姦弒其主。獄成，刑部郎中潘志伊疑之，久不決。及大立以侍郎署部事，憒荷花兒弒主，趣志伊速決。志伊終疑之，乃委郎中王三錫、徐一忠同讞。竟無所平反，置極刑。踰數年，獲眞盜。都人競稱荷花兒冤，流聞禁中。帝大怒，欲重譴大立等。會給事中周良寅、蕭彥復劾之，乃追奪大立職，調一忠、三錫於外。志伊時已知九江府，亦謫知陳州。

志伊，吳江人。進士，終廣西右參政。歷官有聲。

潘季馴，字時良，烏程人。嘉靖二十九年進士。授九江推官。擢御史，巡按廣東。行均平里甲法，廣人大便。臨代去，疏請飭後至者守其法，帝從之。進大理丞。四十四年由左少卿進右僉都御史，總理河道。與朱衡共開新河，加右副都御史。尋以憂去。隆慶四年，河決邳州、睢寧。起故官，再理河道，塞決口。明年，工竣，坐驅運船入新溜漂沒多，爲勘河給事中雒遵劾罷。

萬曆四年夏，再起官，巡撫江西。明年冬，召爲刑部右侍郎。是時，河決崔鎭，黄水北流，清河口淤澱，全淮南徙，高堰湖堤大壞，淮、揚、高郵、寶應間皆爲巨浸。大學士張居正深以爲憂。河漕尚書吳桂芳議復老黄河故道，而總河都御史傅希摯欲塞決口，束水歸漕，兩人議不合。會桂芳卒，六年夏，命季馴以右都御史兼工部左侍郎代之。季馴以故道久湮，雖濬復，其深廣必不能如今河，議築崔鎭以塞決口，築遙堤以防潰決。又：「淮淸河濁，淮弱河强，河水一斗，沙居其六，伏秋則居其八，非極湍急，必至停滯。當藉淮之淸以刷河之濁，築高堰束淮入淸口，以敵河之强，使二水並流，則海口自濬。即桂芳所開草灣亦可不復修治。」遂條上六事，詔如議。

明年冬，兩河工成。又明年春，加太子太保，進工部尚書兼左副都御史。季馴初至河上，歷虞城、夏邑、商丘，相度地勢。舊黄河上流，自新集經趙家圈、蕭縣，出徐州小浮橋，極深廣。自嘉靖中北徙，河身旣淺，遷徙不常，曹、單、豐、沛常苦昏墊。上疏請復故河。給事中王道成以方築崔鎭高堰，役難並舉。河南撫按亦陳三難，乃止。遷南京兵部尚書。十一年正月召改刑部。

季馴之再起也，以張居正援。居正歿，家屬盡幽繫，子敬修自縊死。季馴言：「居正母逾八旬，旦暮莫必其命，乞降特恩宥釋。」又以治居正獄太急，宣言居正家屬斃獄者已數十人。先是，御史李植、江東之輩與大臣申時行、楊巍相訐。季馴力右時行、巍，痛詆言者，言者交怒。植遂劾季馴黨庇居正，落職爲民。

十三年，御史李棟上疏訟曰：「隆慶間，河決崔鎭，爲運道梗。數年以來，民居旣奠，河水安流，咸曰：『此潘尙書功也。』昔先臣宋禮治會通河，至於今是賴，陛下允督臣萬恭之請，予之諡廕。今季馴功不在禮下，乃當身存之日，使與編戶齒，寧不隳諸臣任事之心，失朝廷報功之典哉。」御史董子行亦言季馴罪輕責重。詔俱奪其俸。其後論薦者不已。

十六年，給事中梅國樓復薦，遂起季馴右都御史，總督河道。自吳桂芳後，河漕皆總理，至是復設專官。明年，黃水暴漲，衝入夏鎭，壞田廬，居民多溺死。季馴復築塞之。十九年冬，加太子太保、工部尙書兼右都御史。

季馴凡四奉治河命，前後二十七年，習知地形險易。增築設防，置官建閘，下及木石椿埽，綜理纖悉，積勞成病。三疏乞休，不允。二十年，泗州大水，城中水三尺，患及祖陵。議者或欲開傅寧湖至六合入江，或欲濬周家橋入高、寶諸湖，或欲開壽州瓦埠河以分淮水上流，或欲弛張福堤以洩淮口。季馴謂祖陵王氣不宜輕洩，而巡撫周寀、陳于陛，巡按高舉謂周家橋在祖陵後百里，可疏濬，議不合。都給事中楊其休請允季馴去。歸三年卒，年七十五。

萬恭，字肅卿，南昌人。嘉靖二十三年進士。授南京文選主事，歷考功郎中。壽王喪過南京，中貴欲令朝王妃，恭厲聲曰：「禮不朝后，況妃乎！」遂止。就遷光祿少卿，入改大理。

四十二年，寇逼通州，帝方急兵事。以兵部右侍郎蔡汝楠、協理戎政侍郎喻時不勝任，調之南京，欲代以鄭曉、楊順、葛縉，手詔問徐階。階以曉文士，順、縉匪人，請命吏部推擇。帝乃諭尚書嚴訥越格求之，遂以湖廣參政李燧代時，而命恭代汝楠。恭列上選兵、議將、練兵車、火器諸事，皆報可。明年，燧罷，衆將推恭，恭引疾。及用趙炳然，恭起視事。於是給事中胡應嘉劾恭奸欺。恭奏辯，部議調恭。詔勿問。恭不自安，力請劇邊自效。乃命兼僉都御史，巡撫山西。甫至，寇犯龍鬚墩，恭伏兵擊却之。未幾，寇五萬騎至朔州川，恭與戰老高墓。列車爲陣，發火器，寇少却。忽風起，火反焚車，寇復大至。諸將殊死戰，寇乃去。事聞，賚銀幣。巡撫故無旗牌，恭請得之。濱河州縣患套寇東掠，歲鑿冰以防，恭爲築牆四十里。教人以耕及用水車法，民大利之。浹歲，以內艱歸。

隆慶初，給事中岑用賓等拾遺及恭。吏部尚書楊博議，仍用之邊方。暨服闋，恭遂不出。六年春，給事中劉伯燮薦恭異才。會河決邳州，運道大阻，已遣尙書朱衡經理，復命恭以故官總理河道。恭與衡築長堤，北自磨臍溝迄邳州直河，南自離林迄宿遷小河口，各延三百七十里。費帑金三萬，六十日而成。高、寶諸河，夏秋汎濫，歲議增堤，而水益漲。恭緣堤建平水閘二十餘，以時洩蓄，專令濬湖，不復增堤，河遂無患。

恭强毅敏達，一時稱才臣。治水三年，言者劾其不職，竟罷歸。家居垂二十年卒。孫燝自有傳。

吳桂芳，字子實，新建人。嘉靖二十三年進士。授刑部主事。有崔鑑者，年十三，忿父妾凌母，手刃之。桂芳爲著論擬赦。尙書聞淵曰：「此董仲舒春秋斷獄，柳子厚復讎議也。」鑑遂得宥。

及淵入吏部，欲任以言職。會聞繼母病，遽請歸，留之不可。起補禮部，歷遷揚州知府。禦倭有功，遷俸一級。又建議增築外城。揚有二城，自桂芳始。歷浙江左布政使，進右僉都御史，巡撫福建。父喪歸。起故官，撫治鄖陽。尋進右副都御史總理河道，未任。兩廣總督張臬以非軍旅才被劾罷，部議罷總督，改桂芳兵部右侍郎兼右僉都御史，提督兩廣軍務兼理巡撫。

兩廣羣盜河源李亞元、程鄉葉丹樓連歲爲患，潮州舊倭屯據鄒塘。桂芳先討倭。以降賊伍端爲前驅，官軍繼進，一日夜克三巢，焚斬四百餘人。帝深嘉之，令與南贛提督吳百朋乘勝滅賊。而新倭寇福建者爲戚繼光所敗，流入境。桂芳、百朋會調土、漢兵，乘其初至急擊之。倭懼，悉奔甲子崎沙，奪漁舟入海。暴風起，皆覆溺死。脫者還海豐，副總兵湯克寬擒斬殆盡。因建議海道副使轄東莞以西至瓊州，領番夷市舶，更設海防僉事，巡東莞以東至惠潮，專禦倭寇。又進討亞元、丹樓，平之。

降賊王西橋、〔三〕吳平已撫復叛。西橋掠東莞，敗都指揮劉世恩兵，執肇慶同知郭文通以求撫。桂芳擒斬之，進討平。平初據南澳，爲戚繼光、俞大猷所敗，奔饒平鳳凰山，掠民舟出海，自陽江奔安南。桂芳檄安南萬寧宣撫司進剿，遣克寬以舟師會之，夾擊平萬橋山下。乘風縱火，平軍死無算，擒斬三百九十餘人。參將傅應嘉言平已擒，後復云溺死。福建巡撫汪道昆奏聞，桂芳不肯，曰：「風火交熾時，何以知其必死也。」平黨林道乾復窺南澳，時議設參將戍守。桂芳言：「澳中地險而腴。元時嘗設兵戍守，戍兵卽據以叛，此禦盜生盜也，不如戍柘林便。」從之。召爲南京兵部右侍郎，尋改北部。隆慶初，轉左，以疾乞歸。言官數論薦。

萬曆三年冬，卽家起故官，總督漕運兼巡撫鳳陽。明年春，桂芳以淮、揚洪潦奔流，惟雲梯關一徑入海，致海湧橫沙，河流汎溢，而興、鹽、高、寶諸州縣所在受災，請益開草灣及老黃河故道以廣入海之路，修築高郵東西二堤以蓄湖水。皆下所司議行。未幾，草灣河工告成。是年秋，河決曹縣、徐州、桃源，給事中劉鉉疏議漕河，語侵桂芳。桂芳疏辯曰：「草灣之開，以高、寶水患衝齧，疏以拯之，非能使上游亦不復漲也。今山陽以南諸州縣，水落佈種，斗米四分，則臣斯舉亦旣得策矣。若徐、邳以上，非臣所屬，臣何與焉。」因請罷。御史邵陛言：「諸臣以河漲歸咎草灣，阻任事氣，乞策勵桂芳，益底厥績，而詰責河臣傅希摯曠職。」從之。

其明年，希摯議塞崔鎭決口，束水歸漕，而桂芳欲衝刷成河以爲老黃河入海之道。廷議以二人意見不合，改希摯撫陝西，以李世達代。未幾，又改世達他任，命桂芳兼理河漕。六年正月詔進工部尙書兼右副都御史，居職如故。未踰月，卒。尋以高郵湖堤成，贈太子少保。

傅希摯，衡水人。累官右僉都御史，巡撫山東。隆慶末，戶部以餉乏議裁山東、河南民兵，希摯爭之而止。改總理河道。以茶城淤塞，開梁山以下寧洋山，出右洪口。萬曆五年進右副都御史，巡撫陝西。已遷戶部右侍郎，坐隴右礦賊未靖，論罷。起總督漕運，歷南京戶、兵二部尚書。召理戎政，以老被劾。加太子少保致仕。

王宗沐，字新甫，臨海人。嘉靖二十三年進士。授刑部主事。與同官李攀龍、王世貞輩，以詩文相友善。宗沐尤習吏治。歷江西提學副使。修白鹿洞書院，引諸生講習其中。三年三遷山西右布政使。所部歲祲，宗沐因入覲上疏曰：「山西列郡俱荒，太原尤甚。三年於茲，百餘里不聞雞聲。父子夫婦互易一飽，命曰『人市』。宗祿八十五萬，累歲缺支，饑疫死者幾二百人。夫山西，京師右掖。自故關出眞定，自忻、代出紫荊，皆不過三日。宣、大之糧雖派各郡，而運本色者皆在太原。饑民一聚，蹂踐劫奪，歲供宣、大兩鎮六十七萬餉，誰爲之辦。此可深念者一也。四方奏水旱者以十分上，部議常裁而爲三，所免不過存留者而已。今山西所謂存留者，二鎮三關之輸也。存留乃反急於起運，是山西終不蒙分毫之寬。此可深念者二也。開疆萬山之中，巖阻巉絕，太原民不得至澤、潞，安望就食他所。獨眞定米稍可通。然背負車運，率二斗而致一斗，甫至壽陽，則價已三倍矣。是可深念者三也。饑民相聚爲盜，招之不可，勢必撲殺。小則支庫金，大則請內帑。與其發帑以賞殺盜之人，孰若發帑使不爲盜。此可深念者四也。近丘富往來誘惑，邊民妄傳募人耕田不取租稅。愚民何知，急不暇擇，長邊八百餘里，誰要之者。彼誘而衆，我逃而虛。此可深念者五也。」因請緩征逋賦，留河東新增鹽課以給宗祿。尋改廣西左布政使，再補山東。

隆慶五年，給事中李貴和請開膠萊河。宗沐以其功難成，不足濟運，遺書中朝止之。拜右副都御史，總督漕運兼巡撫鳳陽，極陳運軍之苦，請亟優恤。又以河決無常，運道終梗，欲復海運，上疏曰：「自會通河開濬以來，海運不講已久。臣近官山東，嘗條斯議。巡撫都御史梁夢龍毅然試之，底績無壅，而慮者輒苦風波。夫東南之海，天下衆水之委也，茫渺無山，趨避靡所，近南水暖，蛟龍窟宅。故元人海運多驚，以其起自太倉、嘉定而北也。若自淮安而東，引登、萊以泊天津，是謂北海，中多島嶼，可以避風。又其地高而多石，蛟龍有往來而無窟宅。故登州有海市，〔四〕以石氣與水氣相搏，映石而成，石氣能達於水面，以石去水近故也。北海之淺，是其明驗。可以佐運河之窮，計無便於此者。」因條上便宜七事。明年三月遂運米十二萬石自淮入海，五月抵天津。敍功，與夢龍俱進秩，賜金幣。而南京給事中張焕言：「比聞八舟漂沒，失米三千二百石。宗沐預計有此，私令人糴補。夫米可補，人命可補乎？宗沐掩飾視聽，非大臣誼。」宗沐疏辨求勘。詔行前議，習海道以備緩急。未幾，海運至卽墨，颶風大作，覆七舟。都給事中賈三近、御史鮑希顏及山東巡撫傅希摯俱言不便，遂寢。時萬曆元年也。

宗沐以徐、邳俗獷悍，多姦猾，濱海鹽徒出沒，六安、霍山礦賊竊發，奏設守將。又召豪俠巨室三百餘人充義勇，責令捕盜，後多以功給冠帶。遷南京刑部右侍郎，召改工部。尋進刑部左侍郎，奉敕閱視宣、大、山西諸鎮邊務。母喪歸。九年，以京察拾遺罷，不敍。居家十餘年卒。贈刑部尚書。天啓初，追謚襄裕。

子士崧、士琦、士昌，從子士性，皆進士。士崧官刑部主事。士琦歷重慶知府。播州宣慰使楊應龍叛，承總督邢玠檄至松坎撫定之。遂進兵備副使，治其地。尋以山東參政監軍朝鮮有功，超擢河南右布政使。坐應龍復叛，降湖廣右參政。歷山東右布政使，佐余宗濬封順義王，進秩賜金。擢右副都御史巡撫大同，被劾擬調。未幾卒。

士昌由龍谿知縣擢兵科給事中。寇犯固原、甘肅，方議諸將罪，而延綏兩以捷聞。兵部請告廟宣捷，士昌奏止之。改禮科。礦稅興，疏言：「近日御題黃纛，遍布關津；聖旨朱牌，委褻蔀屋。遂使三家之村，雞犬悉盡；五都之市，絲粟皆空。且稅以店名，無異北齊之市肆；官從內遣，何啻西苑之斜封。」不報。二十九年，帝將册立東宮，而故緩其期。士昌偕同官楊天民極諫，謫貴州鎮遠典史。屢遷大理右丞署事，與張問達共定張差獄。旋進右少卿，擢右僉都御史，巡撫福建。歸卒。

士性，字恒叔，由確山知縣徵授禮科給事中。首陳天下大計，言朝廷要務二，曰親章奏，節財用；官司要務三，曰有司文網，督學科條，王官考覈；兵戎要務四，曰中州武備，晉地要害，北寇機宜，遼左戰功。疏凡數千言，深切時弊，多議行。詔製鰲山燈。未幾，慈寧宮火，士性請停前詔，帝納之。楊巍議黜丁此呂，士性劾巍阿輔臣申時行，時行納巍邪媚，皆失大臣誼。寢不行。時行，士性座主也。久之，疏言：「朝廷用人，不宜專取容身緘默，緩急不足恃者。請召還沈思孝、吳中行、艾穆、鄒元標、黃道瞻、蔡時鼎、聞道立、顧憲成、孫如法、姜應麟、馬應圖、王德新、盧洪春、彭遵古、諸壽賢、顧允成等。」忤旨，不報。遷吏科給事中，出爲四川參議，歷太僕少卿。河南缺巡撫，廷推首王國，士性次之。帝特用士性。士性疏辭，言資望不及國。帝疑其矯，且謂國實使之，遂出國於外，調士性南京。久之，就遷鴻臚卿，卒。

劉東星，字子明，沁水人。隆慶二年進士。改庶吉士，授兵科給事中。大學士高拱攝吏部，以非時考察，謫蒲城縣丞。徙盧氏知縣，累遷湖廣左布政使。

萬曆二十年擢右僉都御史，巡撫保定。時朝鮮以倭難告。王師調集，悉會天津，而天津、靜海、滄州、河間皆被災。東星請漕米十萬石平糶，民乃濟。召爲左副都御史。進吏部右侍郎，以父老請侍養歸，瀕行而父卒。

二十六年，河決單之黃堌，運道堙阻，起工部左侍郎兼右僉都御史，總理河漕。初，尚書潘季馴議開黃河上流，循商、虞而下，歷丁家道口出徐州小浮橋，卽元賈魯所浚故道也，朝廷以費鉅未果。東星卽其地開濬。起曲里舖至三仙臺，抵小浮橋。又濬漕渠自徐、邳至宿。計五閱月工竣，費僅十萬。詔嘉其績，進工部尚書兼右副都御史。

明年渠邵伯、界首二湖。又明年奉開泇河。泇界滕、嶧間，南通淮、海，引漕甚便。前總督翁大立首議開濬，後尚書朱衡、都御史傅希摯復言之。朝廷數遣官行視，迄無成畫。河臣舒應龍嘗鑿韓莊，工亦中輟。東星力任其役。初議費百二十萬，及工起費止七萬，而渠已成十之三。會有疾，求去。屢旨慰留。卒官。後李化龍循其遺跡，與李三才共成之，漕永便焉。

東星性儉約。歷官三十年，敝衣蔬食如一日。天啓初，謚莊靖。

胡瓚，字伯玉，桐城人。萬曆二十三年進士。授都水主事。分司南旺司兼督泉閘，駐濟寧。泗水所注，瓚修金口壩遏之。造舟汶上，爲橋於寧陽，民不病涉。河決黃堌，瓚憂之。會劉東星來總河漕，瓚與往復論難。謂黃堌不杜，勢且易黃而漕；漕南北七百里，以涓涓之泉，安能運萬千有奇之艘，使及期飛渡。贊東星濬賈魯河故道，益治汶、泗間泉數百。尋源竟委，著泉河史上之。瓚治泉，一夫濬一泉，各有分地，省其勤惰而賞罰之。冬則養其餘力，不征於官。以疏濬運道有功，增秩一等。二十七年督修琉璃河橋。三年橋成，省費七萬有奇。累官江西左參政。予告歸，久之卒。

徐貞明，字孺東，貴溪人。父九思，見循吏傳。貞明舉隆慶五年進士。知浙江山陰縣，敏而有惠。萬曆三年徵爲工科給事中。會御史傅應禎獲罪，貞明入獄調護，坐貶太平府知事。十三年累遷尚寶司丞。

初，貞明爲給事中，上水利、軍班二議，謂：

神京雄據上游，兵食宜取之畿甸，今皆仰給東南。豈西北古稱富强地，不足以實廩而練卒乎。夫賦稅所出，括民脂膏，而軍船夫役之費，常以數石致一石，東南之力竭矣。又河流多變，運道多梗，竊有隱憂。聞陝西、河南故渠廢堰，在在有之；山東諸泉，引之率可成田；而畿輔諸郡，或支河所經，或澗泉自出，皆足以資灌溉。北人未習水利，惟苦水害，不知水害未除，正由水利未興也。蓋水聚之則爲害，散之則爲利。今順天、眞定、河間諸郡，桑麻之區，半爲沮洳，由上流十五河之水惟泄於猫兒一灣，欲其不汎濫而壅塞，勢不能也。今誠於上流疏渠濬溝，引之灌田，以殺水勢，下流多開支河，以泄橫流，其淀之最下者，留以瀦水，稍高者，皆如南人築圩之制，則水利興，水患亦除矣。

至於永平、灤州抵滄州、慶雲，地皆萑葦，土實膏腴。元虞集欲於京東濱海地築塘捍水以成稻田。若倣集意，招徠南人，俾之耕藝，北起遼海，南濱青齊，皆良田也。宜特簡憲臣，假以事權，毋阻浮議，需以歲月，不取近功。或撫窮民而給其牛種，或任富室而緩其征科，或選擇健卒分建屯營，或招徠南人許其占籍。俟有成績，次及河南、山東、陝西。庶東南轉漕可減，西北儲蓄常充，國計永無絀矣。

其議軍班則言：

東南民素柔脆，莫任遠戍。今數千里勾軍，離其骨肉。而軍壯出於戶丁，幫解出於里甲，每軍不下百金。而軍非土著，志不久安，輒賂衞官求歸。衞官利其賂，且可以冒餉也，因而縱之。是困東南之民，而實無補於軍政也。宜倣匠班例，軍戶應出軍者，歲徵其錢，而召募土著以足之便。事皆下所司。兵部尚書譚綸言勾軍之制不可廢。工部尚書郭朝賓則以水田勞民，請俟異日。事遂寢。

及貞明被謫，至潞河，終以前議可行，乃著潞水客談以畢其說。其略曰：

西北之地旱則赤地千里，潦則洪流萬頃，惟雨暘時若，庶樂歲無饑，此可常恃哉？惟水利興而後旱潦有備，利一。中人治生必有常稔之田，以國家之全盛獨待哺於東南，豈計之得哉？水利興則餘糧棲畝皆倉庾之積，利二。東南轉輸其費數倍。若西北有一石之入，則東南省數石之輸，久則蠲租之詔可下，東南民力庶幾稍甦，利三。西北無溝洫，故河水橫流，而民居多沒。修復水田則可分河流，殺水患，利四。西北地平曠，寇騎得以長驅。若溝洫盡舉，則田野皆金湯，利五。游民輕去鄉土，易於爲亂。水利興則業農者依田里，而游民有所歸，利六。招南人以耕西北之田，則民均而田亦均，利七。東南多漏役之民，西北罹重徭之苦，以南賦繁而役減，北賦省而徭重也。使田墾而民聚，則賦增而北徭可減，利八。沿邊諸鎭有積貯，轉輸不煩，利九。天下浮戶依富家爲佃客者何限，募之爲農而簡之爲兵，屯政無不舉矣，利十。塞上之卒，土著者少。屯政舉則兵自足，可以省遠募之費，甦班戍之勞，停攝勾之苦，利十一。宗祿浩繁，勢將難繼。今自中尉以下量祿之田，使自食其土，爲長子孫計，則宗祿可減，利十二。修復水利，則倣古井田，可限民名田。而自昔養民之政漸可舉行，利十三。民與地均，可倣古比閭族黨之制，而敎化漸興，風俗自美，利十四也。

譚綸見而美之曰：「我歷塞上久，知其必可行也。」已而順天巡撫張國彥、副使顧養謙行之薊州、永平、豐潤、玉田，皆有效。及是貞明還朝，御史蘇瓚、徐待力言其說可行，而給事中王敬民又特疏論薦，帝乃進貞明少卿，賜之敕，令往會撫按諸臣勘議。

時瓚方奉命巡關，復獻議曰：「治水與墾田相濟，未有水不治而田可墾者。畿輔爲患之水莫如盧溝、滹沱二河。盧溝發源於桑乾，滹沱發源於泰戲，源遠流長。又合深、易、濡、泡、沙、滋諸水，散入各淀，而泉渠溪港悉注其中。以故高橋、白洋諸淀，大者廣圍一二百里，小亦四五十里。每當夏秋淫潦，膏腴變爲潟鹵，菽麥化爲萑葦，甚可惜也。今治水之策有三：濬河以決水之壅，疏渠以殺淀之勢，撤曲防以均民之利而已。」帝並下貞明。

貞明乃躬歷京東州縣，相原隰，度土宜，周覽水泉分合，條列事宜以上。戶部尚書畢鏘等力贊之，因採貞明疏，議爲六事：請郡縣有司以墾田勤惰爲殿最，聽貞明舉劾；地宜稻者以漸勸率，宜黍宜粟者如故，不遽責其成；召募南人，給衣食農具，俾以一教十；能墾田百畝以上，卽爲世業，子弟得寄籍入學，其卓有明效者，倣古孝弟力田科，量授鄉遂都鄙之長；墾荒無力者，貸以穀，秋成還官，旱潦則免；郡縣民壯，役止三月，使疏河芟草，而墾田則募專工。帝悉從之。其年九月遂命貞明兼監察御史領墾田使，有司撓者劾治。

貞明先詣永平，募南人爲倡。至明年二月，已墾至三萬九千餘畝。又遍歷諸河，窮源竟委，將大行疏濬。而奄人、勳戚之占閑田爲業者，恐水田興而己失其利也，爭言不便，爲蜚語聞於帝。帝惑之。三月，閣臣申時行等以風霾陳時政，力言其利。帝意終不釋。御史王之棟，畿輔人也，遂言水田必不可行，且陳開滹沱不便者十二。帝乃召見時行等，諭令停役。時行等請罷開河，專事墾田。已，工部議之棟疏，亦如閣臣言。帝卒罷之，而欲追罪建議者，用閣臣言而止。貞明乃還故官。尋乞假歸。十八年卒。

貞明識敏才練，慨然有經世志。京東水田實百世利，事初興而卽爲浮議所撓，論者惜之。初議時，吳人伍袁萃謂貞明曰：「民可使由，不可使知。君所言，得無太盡耶？」貞明問故。袁萃曰：「北人懼東南漕儲派於西北，煩言必起矣。」貞明默然。已而之棟竟劾奏如袁萃言。

袁萃，字聖起，吳縣人。舉萬曆五年會試。又三年釋褐，授貴溪知縣。擢兵部主事，進員外郎，署職方事。李成梁子如楨求爲錦衣大帥，袁萃力爭，寢之。出爲浙江提學僉事。巡撫牒數十人寄學，立却還之。歷廣東海北道副使。中官李敬轄珠池，其參隨擅殺人，袁萃捕論如法。請告歸。所撰林居漫錄、彈園雜志多貶斥當世公卿大夫，而於李三才、于玉立尤甚云。

贊曰：事功之難立也，始則羣疑朋興，繼而忌口交鑠，此勞臣任事者所爲腐心也。盛應期諸人治漕營田，所規畫爲軍國久遠大計，其奏效或在數十年後。而當其時浮議滋起，或以輟役，或以罷官，久之乃食其利，而思其功。故曰「可與樂成，難與慮始」，信夫。

校勘記

〔一〕與給事中王元春御史黃襄交章請罷衡　黃襄，原作「王襄」，據明史稿傳一〇一朱衡傳改。世宗實錄卷五六二嘉靖四十五年九月庚戌條作「黃衮」，「衮」當是「襄」之誤。

〔二〕決方信二壩出海　本書卷八五河渠志作「決禮、信二壩出海」。

〔三〕降賊王西橋　王西橋，本書卷二一二愈大猷傳作「王世橋」。

〔四〕故登州有海市　登州，原作「登舟」，據明史稿傳一〇一王宗沐傳、明經世文編卷三四三頁三六八二王宗沐乞廣餉道以備不虞疏改。

明史卷二百二十四

列傳第一百十二

嚴清 宋纁 陸光祖 孫鑨子如法 陳有年 孫丕揚

蔡國珍 楊時喬

嚴清，字公直，雲南後衞人。嘉靖二十三年進士。除富順知縣。公廉恤民，治聲大起。憂歸，補邯鄲。入爲工部主事，歷郎中。董作京師外城，修九陵，吏無所侵牟，工成加俸。連丁內外艱。服除，補兵部，擢保定知府。故事，歲籍民充京師庫役，清罷之。振荒弭盜，人以比前守吳嶽。歷遷易州副使，陝西參政，四川按察使、右布政使。並以清望，薦章十餘上。

隆慶二年以右僉都御史巡撫貴州。未上，改四川。清久宦川中，僚吏憚其風采，相率厲名行，少墨敗者。郡縣卒歲團操成都，清罷之。番人入貢，裁爲定額。痛絕强宗悍吏，毀者亦衆。陝西賊流入境，巡按御史王廷瞻劾清縱寇。大學士趙貞吉言：「賊起鄖、陝，貽害川徼，即有罪，當罪守土臣，不宜專責巡撫。臣蜀人，深知清約己愛人，省事任怨。今蜀地歲荒民流，方倚清如父母，奈何棄之。任事臣欲爲國家利小民，必得罪豪右。論者不察，動以深文求之。頃海瑞既去，若清復罷，是任事之臣皆不免彈擊，惟全軀保位爲得計矣。」疏奏，不允，命解官聽調。清遂不出。

萬曆二年起撫山西。未赴，改貴州。歷兩京大理卿，三遷刑部尚書。張居正當國，尚書不附麗者獨清。居正既卒，籍馮保家，得廷臣餽遺籍，獨無清名，神宗深重焉。會吏部尚書梁夢龍罷，即以清代。日討故實，辨官材，自丞佐下皆親署，無一倖進者。中外師其廉儉，書問幾絕。甫半歲，得疾歸。帝數問閣臣：「嚴尚書病愈否？」十五年，兵部缺尚書。用楊博故事，特詔起補。遣使趣行，而清疾益甚，不能赴。又三年卒。贈太子太保，謚恭肅。

清初拜尚書，不能具服色，束素犀帶以朝。或嘲之曰：「公釋褐時，七品玳瑁帶猶在耶？」清笑而已。

宋纁，字伯敬，商丘人。嘉靖三十八年進士。授永平推官。擢御史，出視西關，按應天諸府。隆慶改元，再按山西。俺答陷石州，將士捕七十七人，當斬。纁訊得其誣，釋者殆半。靜樂民李良雨化爲女，纁言此陽衰陰盛之象，宜進君子退小人，以挽氣運。帝嘉納之。擢順天府丞，尋以右僉都御史巡撫保定諸府。核缺伍，汰冗兵，罷諸道援兵防禦，省餉無算。

萬曆初，與張居正不合，引疾歸。居正卒，廷臣交薦，以故官撫保定。獲鹿諸縣饑，先振後以聞。帝以近畿宜俟命，令災重及地遠者便宜振貸，餘俱奏聞。尋遷南京戶部右侍郎。召還部，進左，改督倉場。請減額解贖銀，民壯弓兵諸役已裁者，勿徵民間工食。十四年遷戶部尚書。民壯工食已減半，復有請盡蠲者，纁因幷曆日諸費奏裁之。有司徵賦懼缺額，鞭撻取盈，纁請有司考成，視災傷爲上下。山西連歲荒，賴社倉獲濟，纁請推行天下，以紙贖爲糴本，不足則勸富人，或令民輸粟給冠帶。又言：「邊儲大計，最重屯田、鹽筴。近諸邊年例銀增至三百六十一萬，視弘治初八倍，宜修屯政，商人墾荒中鹽。」帝皆稱善。聖節賞賚，詔取部帑銀二十萬兩，纁執奏，不從。潞王將之國，復取銀三十萬兩市珠寶，纁亦力爭，乃減三之一。故事，金花銀歲進百萬兩，帝卽位之六年，增二十萬，遂以爲常。纁三請停加額，終不許。

纁爲戶部五年，値四方多災。爲酌盈虛，籌緩急，奏報無需時，上下賴之。而都御史吳時來以吏部尚書楊巍年老求去，忌纁名出己上，兩疏劾，纁因杜門乞休，帝不許。及巍去，卒以纁代之。巍在部，不能止吏奸，且遇事輒請命政府。纁絕請寄，獎廉抑貪，罪黜吏百餘人，於執政一無所關白。會文選員外郎缺官，纁擬起鄒元標。奏不下，再疏趣之。大學士申時行遂擬旨切責，斥元標南京。頃之，以序班盛名昭註官有誤，時行劾奏之。序班劉文潤遷詹事府錄事，時行又劾文潤由輸粟進，不當任清秩。時殿閣中書無不以貲進者，時行獨爭一錄事。纁知其意，五疏乞休。福建僉事李琯言：「時行庇巡撫秦燿，而纁議罷之。仇主事高桂，而纁議用之。以故假小事齮齕，使不得安其位。」帝不納琯言，亦不允纁請。無何，纁卒官。詔贈太子太保，謚莊敬。

纁凝重有識，議事不苟。石星代為戶部，嘗語纁曰：「某郡有奇羨，可濟國需。」纁曰：「朝廷錢穀，寧蓄久不用，勿使搜括無餘。主上知物力充羨，則侈心生矣。」星憮然。有郎言漕糧宜改折。纁曰：「太倉之儲，寧紅腐不可匱絀，一旦不繼，何所措手？」中外陳奏，帝多不省，或直言指斥，輒曰「此沽名耳」，不罪。于慎行稱帝寬大，纁愀然曰：「言官極論得失，要使人主動心；縱罪及言官，上意猶有所儆省。概置勿問，則如痿痹不可療矣。」後果如其言。

陸光祖，字與繩，平湖人。祖淞，父杲，皆進士。淞，光祿卿。杲，刑部主事。光祖年十七，與父同舉於鄉。尋登嘉靖二十六年進士，除濬縣知縣。兵部尚書趙錦檄畿輔民築塞垣，光祖言不便。錦怒，劾之。光祖言於巡撫，請輸雇值，民乃安。郡王奪民產，光祖裁以法。

遷南京禮部主事，請急歸。補祠祭主事，歷儀制郎中。嚴訥爲尚書，雅重光祖，議無不行。及訥改吏部，調光祖驗封郎中，改考功。王崇古、張瀚、方逢時、王一鶚挂物議，力雪之。既而改文選，益務汲引人才，登進耆碩幾盡。又破格擢廉能吏王化、江東、邵元善、張澤、李珙、郭文通、蔡琮、陳永、謝侃。或由鄉舉貢士，或起自書吏。由是下僚競勸，訥亦推心任之，故光祖得行其志。左侍郎朱衡銜光祖，有後言，御史孫丕揚遂以專擅劾光祖。時已遷太常少卿，坐落職閒住。

大學士高拱掌吏部，謀傾徐階。階賓客皆避匿，光祖獨爲排解。及拱罷，楊博代爲吏部，義之，特起南京太僕少卿。未上，擢本寺卿。又就進大理卿。半道丁父艱。萬曆五年起故官。張居正以奪情杖言者，光祖遺書規之。及王用汲劾居正，居正將中以危禍，光祖時入爲大理卿，力解得免。居正與光祖同年相善，欲援爲助，光祖無詭隨。及遷工部右侍郎，以議漕糧改折忤居正，御史張一鯤論之，光祖遽引歸。

十一年冬，薦起南京兵部右侍郎。甫旬日，召爲吏部。悉引居正所擯老成人，布九列。

李植、江東之力求居正罪，光祖言居正輔翼功不可泯，與言路左。植輩以丁此呂故攻尙書楊巍，光祖右巍詆言者。言者遂羣攻光祖，乃由左侍郎出爲南京工部尙書。御史周之翰劾光祖附宗人炳得淸華，帝不問。御史楊有仁遂劾光祖受賕請屬，巍力保持之，事得寢，光祖竟引疾去。

十五年起南京刑部尙書，就改吏部。率同官劾東廠太監張鯨，且乞宥李沂。已，言國本未定，由鯨搆謀，請除之以安宗社。及帝召還鯨，復率同官極諫。入爲刑部尙書。帝嘗書其名御屏。吏部尙書宋纁卒，遂用光祖代，而以趙錦代光祖。御史王之棟言二人不當用。帝怒，貶之棟雜職。時部權爲內閣所奪，纁力矯之，遂遭挫，光祖不爲懾。嘗以事與大學士申時行迕。時行不悅，光祖卒無所徇。時行謝政，特旨用趙志皐、張位，時行所密薦也。光祖言，輔臣當廷推，不當內降。帝命不爲後例。

二十年大計外吏，給事中李春開、王遵訓、何偉、丁應泰，御史劉汝康皆先爲外吏，有物議，悉論黜之。又舉許孚遠、顧憲成等二十二人，時論翕然稱焉。頃之，以推用饒伸、萬國欽忤旨，文選郎王敎以下盡逐。光祖謂事由己，引罪乞休，爲郎官祈宥，不許。及會推閣臣，廷臣循故事，首光祖名。詔報曰：「卿前請廷推，推固宜首卿。」光祖知不能容，日懷去志。無何，以王時槐、蔡悉、王樵、沈節甫老成魁艾，特推薦之，給事中喬胤遂劾光祖及文選郎鄒觀光。光祖遂力求去，許馳驛。在籍五年卒。贈太子太保，謚莊簡。

光祖清强有識，練達朝章。每議大政，一言輒定。初官禮部，將擢尙寶少卿，力讓時槐。丕揚刻罷光祖，後再居吏部，推轂之甚力。趙用賢、沈思孝以論此呂事與光祖左，後亦數推輓之。御史蔡時鼎、陳登雲嘗劾光祖，光祖引登雲爲知己。時鼎視鹺兩淮，以建言罷，商人訐於南刑部，光祖時爲尙書，雪其誣，罪妄訴者。人服其量。

孫鑨，字文中。父陞，字志高，都御史燧季子也。嘉靖十四年進士及第。授編修，累官禮部侍郎。嚴嵩枋國，陞其門生也，獨無所附麗。會南京禮部尙書缺，衆不欲行，陞獨請往。卒，贈太子少保，謚文恪。陞嘗念父死宸濠之難，終身不書寧字，亦不爲人作壽文。居官不言人過，時稱篤行君子。四子，鑨、鋌、錝、鑛。鋌，南京禮部右侍郎。錝，太僕卿。鑛自有傳。

鑨舉嘉靖三十五年進士，授武庫主事。歷武選郎中，尙書楊博深器之。世宗齋居二十年，諫者輒獲罪。鑨請朝羣臣，且力詆近倖方士，引趙高、林靈素爲喩。中貴匿不以聞，鑨遂引疾歸。

隆慶元年起南京文選郎中。萬曆初，累遷光祿卿。引疾歸。里居十年，坐臥一小樓，賓客罕見其面。起故官，進大理卿。都御史吳時來議律例，多紕盭，鑨力爭之。帝悉從駁議。歷南京吏部尚書，尋改兵部，參贊機務。命甫下，會陸光祖去。廷推代者再，乃召爲吏部尚書。

吏部自宋纁及光祖爲政，權始歸部。至鑨，守益堅。故事，冢宰與閣臣遇不避道，後率引避。光祖爭之，乃復故。然陰戒騶人異道行，至鑨益徑直。張位等不能平，因欲奪其權。建議大僚缺，九卿各舉一人，類奏以聽上裁，用杜專擅。鑨言：「廷推，大臣得共衡可否，此『爵人於朝，與衆共之』之義，類奏啓倖途，非制。」給事中史孟麟亦言之。詔卒如位議。自是吏部權又漸散之九卿矣。

二十一年大計京朝官，力杜請謁。文選員外郎呂胤昌，鑨甥也，首斥之。考功郎中趙南星亦自斥其姻。一時公論所不予者貶黜殆盡，大學士趙志皋弟預焉。由是執政皆不悅。王錫爵方以首輔還朝，欲有所庇。比至而察疏已上，庇者在黜中，亦不能無憾。會言官以拾遺論劾稽勳員外郎虞淳熙、職方郎中楊于廷、主事袁黃。鑨議謫黃，留淳熙、于廷。詔黃方贊畫軍務，亦留之。給事中劉道隆遂言淳熙、于廷不當議留，乃下嚴旨責部臣專權結黨。鑨言：「淳熙，臣鄉人，安貧好學。于廷力任西事，尚書石星極言其才。今寧夏方平，臣不敢以功爲罪。且既名議覆，不嫌異同。若知其無罪，以諫官一言而去之，自欺欺君，臣誼不忍爲也。」帝以鑨不引罪，奪其俸，貶南星三官，淳熙等俱勒罷。

鑨遂乞休，且白南星無罪。左都御史李世達以己同掌察，而南星獨被譴，亦爲南星、淳熙等訟。帝皆不聽。於是僉都御史王汝訓，右通政魏允貞，大理少卿曾乾亨，郎中于孔兼，員外郎陳泰來，主事顧允成、張納陛、〔一〕賈巖，助教薛敷教交章訟南星冤，而泰來詞尤切。其略曰：

臣嘗四更京察。其在丁丑，張居正以奪情故，用御史朱璉謀，借星變計吏，箝制衆口。署部事方逢時、考功郎中劉世亨依違其間。如蔡文範、習孔教輩並掛察籍，不爲衆所服。辛巳，居正威福已成，王國光唯諾惟謹，考功郎中孫惟清與吏科秦燿謀盡錮建言諸臣吳中行等。今輔臣趙志皋、張位，撫臣趙世卿亦掛名南北京察，公論冤之。丁亥，御史王國力折給事中楊廷相、同官馬允登之邪議。而尚書楊巍素性模棱，考功郎徐一檟立調停之畫。涇、渭失辯，亦爲時議所譏。獨今春之役，旁咨博採，覈實稱情，邪諂盡屏，貪墨必汰，乃至鑨割渭陽之情，南星忍秦、晉之好，公正無踰此者。元輔錫爵兼程赴召，人或疑其欲干計典。今其親故皆不能庇，欲甘心南星久矣。故道隆章上，而專權結黨之旨旋下。

夫以吏部議留一二庶僚爲結黨，則兩都大僚被拾遺者二十有二人，而閣臣議留者六，詹事劉虞夔以錫爵門生而留，獨可謂之非黨耶？且部權歸閣，自高拱兼攝以來，已非一日。尚書自張瀚、嚴清而外，選郎自孫鑛、陳有年而外，莫不奔走承命。其流及於楊巍，至劉希孟、謝廷寀而掃地盡矣。尚書宋纁稍欲振之，卒爲故輔申時行齮齕以死。尚書陸光祖、文選郎王教、考功郎鄒觀光矢志澄清，輔臣王家屏虛懷以聽，銓敍漸清。乃時行身雖還里，機伏垣牆，授意內璫張誠、田義及言路私人，教、觀光遂不久斥逐。今祖其故智，借拾遺以激聖怒，是內璫與閣臣表裏，箝勒部臣，而陛下未之察也。疏入，帝怒，謫孔兼、泰來等。世達又抗疏論救，帝怒，盡斥南星、淳熙、于廷、黃爲民。

鑨乃上疏言：「吏部雖以用人爲職，然進退去留，必待上旨。是權固有在，非臣部得專也。今以留二庶僚爲專權，則無往非專矣。以留二司屬爲結黨，則無往非黨矣。如避專權結黨之嫌，畏縮選愞，使銓職之輕自臣始，臣之大罪也。臣任使不效，徒潔身而去，俾專權結黨之說終不明於當時，後來者且以臣爲戒，又大罪也。」固請賜骸骨，仍不允。鑨遂杜門稱疾。疏累上，帝猶溫旨慰留，賜羊豕、酒醬、米物，且敕侍郎蔡國珍暫署選事，以需鑨起。鑨堅臥三月，疏至十上，乃許乘傳歸。居三年卒。贈太子太保，謚清簡。

鑨嘗曰：「大臣不合，惟當引去。否則有職業在，謹自守足矣。」其志節如此。

子如法，官刑部主事。以諫阻鄭貴妃進封，貶潮陽典史。久之，移疾歸。廷臣累薦，悉報寢。卒，贈光祿少卿。

陳有年，字登之，餘姚人。父克宅，字卽卿，正德九年進士。嘉靖中官御史。哭爭「大禮」，有大僚欲去，克宅扼其項曰：「奈何先去爲人望？」其人愧而止。俄繫獄廷杖。獲釋。先後按貴州、河南，多所彈劾。吏部尙書廖紀婣爲所劾罷，惡之，出爲松潘副使。累遷右副都御史，巡撫貴州。都勻苗王阿向作亂，據凱口囤。克宅與總兵官楊仁攻斬阿向。論功，進秩。旋移撫蘇、松。既行，而阿向黨復叛，坐罷官候勘。巡撫汪珊討平賊，推功克宅。克宅已卒，乃賜卹典。

有年舉嘉靖四十一年進士，授刑部主事。改吏部，歷驗封郎中。萬曆元年，成國公朱希忠卒，其弟錦衣都督希孝賄中官馮保援張懋例乞贈王，大學士張居正主之。有年持不可，草奏言：「令典：功臣歿，公贈王，侯贈公，子孫襲者，生死止本爵。懋贈王，廷議不可，卽希忠父輔亦言之。後竟贈，非制。且希忠無勛伐，豈當濫寵。」左侍郎劉光濟署部事，受指居正爲删易其稾。有年力爭，竟以原奏上。居正不懌，有年即日謝病去。

十二年起稽勳郎中，歷考功、文選，謝絕請寄。除目下，中外皆服。遷太常少卿，以右僉都御史巡撫江西。尙方所需陶器，多奇巧難成，後有詔許量減，既而如故。有年引詔旨請，不從。內閣申時行等固爭，乃免十之三。南畿、浙江大祲，詔禁隣境閉糴，商舟皆集江西，徽人尤衆。而江西亦歲儉，羣乞有年禁遏。有年疏陳濟急六事，中請稍弛前禁，令江西民得自救。南京御史方萬山劾有年違詔。帝怒，奪職歸。薦起督操江，累遷吏部右侍郎。改兵部，又改吏部。尙書孫鑨、左侍郎羅萬化皆鄉里，有年力引避，朝議不許。

尋由左侍郎擢南京右都御史。二十一年與吏部尙書溫純共典京察，所黜咸當。未幾遂代純位。其秋，鑨謝事，召拜吏部尙書。止宿公署中，見賓則於待漏所。引用僚屬，極一時選。

明年，王錫爵將謝政，廷推閣臣，詔無拘資品。有年適在告，侍郎趙參魯、盛訥，文選郎顧憲成往咨之，列故大學士王家屏、故禮部尙書沈鯉、故吏部尙書孫鑨、禮部尙書沈一貫、左都御史孫丕揚、吏部侍郎鄧以讚、少詹事馮琦七人名上。蓋鑨、丕揚非翰林爲不拘資，琦四品爲不拘品也。家屛以爭國本去位，帝意雅不欲用。又推及吏部尙書、左都御史非故事，嚴旨責讓。謂：「不拘資品乃昔年陸光祖自爲內閣地。今推鑨、丕揚，顯屬徇私。前吏部嘗兩推閣臣，可具錄姓名以上。」於是備列沈鯉、李世達、羅萬化、陳于陛、趙用賢、朱賡、于愼行、石星、曾同亨、鄧以讚等。而世達故左都御史也，帝復不悅。謂：「詔旨不許推都御史，何復及世達。家屏舊輔臣，不當擅議起用。」乃命于陛、一貫入閣，而謫憲成及員外郎黃縉、王同休，主事章嘉禎、黃中色爲雜職。錫爵首疏救，有年及參魯等疏繼之，帝並不納。趙志皋、張位亦佯爲言。而二人者故不由廷推，因謂：「輔臣當出特簡，廷推由陸光祖交通言路爲之，不可爲法。」帝喜。降旨再譙責，遂免縉等貶謫，但停俸一年。給事中盧明諏疏救憲成。帝怒，貶明諏秩，斥憲成爲民。

有年抗疏言：「閣臣廷推，其來舊矣。曩楊巍秉銓，臣署文選，廷推閣臣六人，今元輔錫爵卽是年所推也。臣邑前有兩閣臣，弘治時謝遷，嘉靖時呂本，並由廷推，官止四品，而耿裕、聞淵則以吏部尚書居首。是廷推與推及吏部，皆非自今創也。至不拘資品，自出聖諭，臣敢不仰承。」因固乞骸骨。帝得疏，以其詞直，溫旨慰答。有年自是累疏稱疾乞罷。帝猶慰留，賚食物、羊酒。有年請益力。最後，以身雖退，遺賢不可不錄，力請帝起廢。帝報聞。有年遂杜門不出。數月中，疏十四上。乃予告，乘傳歸。歸裝，書一篋，衣一笥而已。二十六年正月卒，年六十有八。四月詔起南京右都御史，而有年已前卒。贈太子太保，諡恭介。

故事，吏部尚書未有以他官起者。屠㴶掌都察院，楊博、嚴淸掌兵部，皆用原銜領之。

南京兵部尚書楊成起掌南院，亦領以故銜。有年以右都御史起，蓋帝欲用之，而政府陰抑之也。

有年風節高天下。兩世膴仕，無宅居其妻孥，至以油幙障漏。其歸自江西，故廬火，乃僦一樓居妻孥，而身棲僧舍。其刻苦如此。

孫丕揚，字叔孝，富平人。嘉靖三十五年進士。授行人。擢御史。歷按畿輔、淮、揚，矯然有風裁。隆慶中，擢大理丞。以嘗劾高拱，拱門生給事中程文誣劾丕揚，落職候勘。拱罷，事白，起故官。

萬曆元年擢右僉都御史，巡撫保定諸府。以嚴爲治，屬吏皆惴惴。按行關隘，增置敵樓三百餘所，築邊牆萬餘丈。錄功，進右副都御史。中官馮保家在畿內，張居正屬爲建坊，丕揚拒不應。知二人必怒，五年春引疾歸。

其冬大計京官，言路希居正指劾之。詔起官時，調南京用。御史按陝西者，知保等憾不已，密諷西安知府羅織其贓。知府遣吏報御史，吏爲虎噬。及再報，則居正已死，事乃解。起應天府尹。召拜大理卿，進戶部右侍郎。

十五年，河北大饑。丕揚鄉邑及隣縣蒲城、同官至採石爲食。丕揚傷之，進石數升於帝，因言：「今海內困加派，其窮非止啖石之民也。宜寬賦節用，罷額外徵派及諸不急務，損上益下，以培蒼生大命。」帝感其言，頗有所減罷。

尋由左侍郞擢南京右都御史，以病歸。召拜刑部尙書。丕揚以獄多滯囚，由公移牽制。議刑部、大理各置籍，凡獄上刑部，次日卽詳讞大理，大理審允，次日卽還刑部，自是囚無淹繫。尋奏：「五歲方恤刑，恐冤獄無所訴。請敕天下撫按，方春時和，令監司按行州縣，大錄繫囚，按察使則錄會城囚。死罪矜疑及流徒以下可原者，撫按以達於朝，期毋過夏月。輕者立遣，重者仍聽部裁，歲以爲常。」帝報從之。已，條上省刑省罰各三十二事。帝稱善，優詔褒納。自是刑獄大減。有內豎殺人，逃匿禁中。丕揚奏捕，卒論戍。改左都御史。陳臺規三事，請專掌印、重巡方、久巡城，著爲令。已，又言：「閭閻民瘼非郡邑莫濟，郡邑吏治非撫按監司莫淸。撫按監司風化，非部院莫飭。請立約束頒天下，獎廉抑貪，共勵官箴。」帝咸優詔報許。

二十二年拜吏部尙書。丕揚挺勁不撓，百僚無敢以私干者，獨患中貴請謁。乃創爲掣籤法，大選急選，悉聽其人自掣，請寄無所容。一時選人盛稱無私，然銓政自是一大變矣。

二十三年大計外吏。九江知府沈鐵嘗爲衡州同知，發巡撫秦燿罪，江西提學僉事馬猶龍嘗爲刑部主事，定御史祝大舟贓賄，遂爲庇者所惡。考功郎蔣時馨黜之，丕揚不能察。及時馨爲趙文炳所劾，丕揚力與辨雪。謂釁由丁此呂，此呂坐逮。丕揚又力詆沈思孝，於是思孝及員外郎岳元聲連章訐丕揚。〔三〕丕揚請去甚力。其冬，帝以軍政故，貶兩京言官三十餘人。〔三〕丕揚猶在告，偕九卿力諫，弗納。已而帝惡大學士陳于陛論救，謫諸言官邊方。丕揚等復抗疏諫，帝益怒，盡除其名。

初，帝雖以夙望用丕揚，然不甚委信。有所推舉，率用其次。數請起廢，輒報罷。丕揚以志不行，已懷去志，及是杜門踰半歲。疏十三上，多不報。至四月，溫諭勉留，乃復起視事。主事趙學仕者，大學士志皐族弟也，坐事議調，文選郎唐伯元輒注饒州通判。俄學仕復以前事被訐，給事中劉道亨因劾吏部附勢，語侵丕揚。博士周獻臣有所陳論，亦頗侵之。丕揚疑道亨受同官周孔敎指，獻臣又孔敎宗人，益疑之，復三疏乞休。最後貽書大學士張位，懇其擬旨允放。位如其言。丕揚聞，則大恚，謂位逐己，上疏詆位及道亨、孔敎、獻臣、思孝甚力。帝得疏，不直丕揚。位亦疏辯求退，帝復詔慰留，而位同官陳于陛、沈一貫亦爲位解。丕揚再被責讓，許馳傳去。

久之，起南京吏部尚書，辭不就。及吏部尚書李戴免，帝難其代，以侍郎楊時喬攝之。時喬數請簡用尙書。帝終念丕揚廉直，三十六年九月召起故官。屢辭，不允。明年四月始入都，年七十有八矣。三十八年大計外吏，黜陟咸當。又奏舉廉吏布政使汪可受、王佐、張偲等二十餘人，詔不次擢用。

先是，南北言官羣擊李三才、王元翰，連及里居顧憲成，謂之東林黨。而祭酒湯賓尹諭德顧天埈各收召朋徒，干預時政，謂之宣黨、崑黨；以賓尹宣城人，天埈崑山人也。御史徐兆魁、喬應甲、劉國縉、鄭繼芳、劉光復、房壯麗，給事中王紹徽、朱一桂、姚宗文、徐紹吉、周永春輩，則力排東林，與賓尹、天埈聲勢相倚，大臣多畏避之。至是，繼芳巡按浙江，有僞爲其書抵紹徽、國縉者，中云「欲去福清，先去富平；欲去富平，先去耀州兄弟」。又言「秦脈斬斷，吾輩可以得志」。福清謂葉向高，耀州謂王國、王圖，富平卽丕揚也。國時巡撫保定，圖以吏部侍郎掌翰林院，與丕揚皆秦人，故曰「秦脈」。蓋小人設爲挑激語，以害繼芳輩，而其書乃達之丕揚所。丕揚不爲意，會御史金明時居官不職，慮京察見斥，先上疏力攻圖幷詆御史史記事、徐縉芳，謂爲圖心腹。及圖、縉芳疏辯，明時再劾之，因及繼芳僞書事。國縉疑書出縉芳及李邦華、李炳恭、徐良彥、周起元手，因目爲「五鬼」；五人皆選授御史候命未下者也。當是時，諸人日事攻擊，議論紛呶，帝一無所問，則益植黨求勝，朝端閧然。

及明年三月大計京官。丕揚與侍郎蕭雲舉、副都御史許弘綱領其事，考功郎中王宗賢、吏科都給事中曹于汴、河南道御史湯兆京、協理御史喬允升佐之。故御史康丕揚、徐大化，故給事中鍾兆斗、陳治則、宋一韓、姚文蔚，主事鄭振先、張嘉言及賓尹、天埈、國縉咸被察，又以年例出紹徽、應甲於外。羣情翕服，而諸不得志者深銜之。當計典之初舉也，兆京謂明時將出疏要挾，以激丕揚。丕揚果怒，先期止明時過部考察，特疏劾之。旨下議罪，而明時辨疏復犯御諱。帝怒，褫其職。其黨大譁。謂明時未嘗要挾兆京，祇以劾圖一疏實之，爲圖報復。於是刑部主事秦聚奎力攻丕揚，爲賓尹、大化、國縉、紹徽、應甲、嘉言辨。時部院察疏猶未下，丕揚奏趣之，因發聚奎前知績溪、吳江時貪虐狀。帝方向丕揚，亦褫聚奎職。由是黨人益憤，謂丕揚果以僞書故斥紹徽、國縉，且二人與應甲嘗攻三才、元翰，故代爲修隙，議論洶洶。弘綱聞而畏之。累請發察疏，亦若以丕揚爲過當者。黨人藉其言，益思撼丕揚。禮部主事丁元薦甫入朝，慮察疏終寢，抗章責弘綱，因盡發崑、宣黨搆謀狀。於是一桂、繼芳、永春、兆魁、宗文爭擊元薦，爲明時等訟冤。賴向高調獲，至五月察疏乃下。給事中彭惟成、南京給事中高節，御史王萬祚、曾成易猶攻訐不已。丕揚以人言紛至，亦屢疏求去，優詔勉留。先是，楊時喬掌察，斥科道錢夢皐等十人，特旨留任。至是丕揚亦奏黜之，羣情益快。

丕揚以白首趨朝，非薦賢無以報國。先後推轂林居耆碩，若沈鯉、呂坤、郭正域、丘度、蔡悉、顧憲成、趙南星、鄒元標、馮從吾、于玉立、高攀龍、劉元珍、龐時雍、姜士昌、范涞、歐陽東鳳輩。帝雅意不用舊人，悉寢不報。丕揚又請起故御史錢一本等十三人，故給事中鍾羽正等十五人，亦報罷。丕揚齒雖邁，帝重其老成淸德，眷遇益隆。而丕揚乞去不已，疏復二十餘上。既不得請，則於明年二月拜疏徑歸。向高聞之，急言於上。詔令乘傳，且敕所司存問。既而丕揚疏謝，因陳時政四事，帝復優詔報之。家居二年卒，年八十三。贈太保。天啓初，追謚恭介。

蔡國珍，字汝聘，奉新人。嘉靖三十五年進士。鄉人嚴嵩當國，欲羅致門下。國珍不應，乞就南，爲刑部主事。盜七十餘人久繫，讞得其情，減釋過半。就改吏部，進郎中。出爲福建提學副使，以侍養歸。遭母喪。服除，遂不出。家居垂二十年。

張居正既卒，朝議大起廢籍。萬曆十一年仍以故官涖福建。遷湖廣右參政，分守辰沅。洞蠻亂，將吏議剿，國珍檄諭之，遂定。歷浙江左布政使，以右僉都御史提督操江。召爲左副都御史，歷吏部左、右侍郎，與尙書孫鑨、陳有年綜核銓政。擢南京吏部尙書。

二十四年閏八月，孫丕揚去國，帝久不除代。部事盡弛，其年十二月竟廢大選。閣臣及言官數爲言，明年二月始命國珍爲吏部尙書。三殿災，率諸臣請修省。旋有詔起廢。國珍列三等，人品正大、心術光明者，文選郎王敎等二十四人，才有足錄、過無可棄者，給事中喬允等三十三人，因人詿誤、釁非己作者，給事中耿隨龍等三十六人，並請錄用。竟報寢。明年三月倡廷臣詣文華門請舉皇長子册立、冠婚，〔四〕言必得請方退。帝遣中官諭曰：「此大典，稍需時耳，何相挾若是。」乃頓首出。給事中戴士衡劾文選郎白所知贓私，國珍爲辨，且求罷。帝不聽，除所知名。御史況上進因論國珍八罪。帝察其誣，不問。國珍遂稱疾，累疏乞休。先是，丕揚坐忤張位去官，位欲援同己者爲助，以國珍鄉人，汲引甚力。及秉銓，一守成憲，不爲位用。位惡之，國珍乃懷去志。至是，帝忽怒吏部，貶黜諸郎二十二人。國珍求去益力，許乘傳歸。

初，楊巍爲吏部，與內閣相比，得居位八年。自宋纁、陸光祖力與閣抗，權雖歸部，身不見容，故自纁至國珍卒未浹歲去，惟丕揚閱二年。時咸議閣臣忮，而惜纁等用未竟也。國珍素以學行稱，風力不及孫鑨、陳有年，而淸操似之，均爲時望所屬。家居十三年卒，年八十四。贈太子太保，諡恭靖。

楊時喬，字宜遷，上饒人。嘉靖四十四年進士。除工部主事。榷稅杭州，令商人自署所入，輪之有司，無所預。隆慶元年冬，上時政要務，言：「幾之當愼者三：以日勤朝講爲修德之幾，親裁章奏爲出令之幾，聽言能斷爲圖事之幾。弊之最重者九：曰治體怠弛，曰法令數易，曰賞罰無章，曰用度太繁，曰鬻官太濫，曰莊田擾民，曰習俗侈靡，曰士氣卑弱，曰議論虛浮。勢之偏重者三：宦寺難制也，宗祿難繼也，邊備難振也。」疏入，帝褒納，中外傳誦焉。

擢禮部員外郎，遷南京尙寶丞。萬曆初，以養親去。服除，起南京太僕丞，復遷尙寶。移疾歸。時喬雅無意榮進，再起再告。閱十七年始薦起尙寶卿，四遷南京太常卿。疏請議建文帝謚，祠祀死節諸臣。就遷通政使。秩滿，連章乞休，不允。

三十一年冬，召拜吏部左侍郎。時李戴已致仕，時喬至卽署部事。絕請謁，謝交游，止宿公署，苞苴不及門。及大計京朝官，首輔沈一貫欲庇其所私，憚時喬方正，將令兵部尙書蕭大亨主之，次輔沈鯉不可而止。時喬乃與都御史溫純力鋤政府私人。若給事中錢夢皐，御史張似渠、于永清輩，咸在察中，又以年例出給事中鍾兆斗於外。一貫大慍，密言於帝，留察疏不下。夢皐亦假楚王事再攻郭正域，謂主察者爲正域驅除。帝意果動，特留夢皐；已，盡留科道之被察者，而嚴旨責時喬等報復。時喬等惶恐奏辨，請罷斥，帝不問。夢皐既留，遂合兆斗累疏攻純，幷侵時喬。時喬求去。已而員外郎賀燦然請斥被察科道，亦詆純挾權鬭捷，顧獨稱時喬。又言「陛下睿斷躬操，非閣臣所能竊弄」，意蓋爲一貫解。時喬以與純共事，復疏請貶黜，不報。及純去，夢皐、兆斗亦引歸。帝復降旨譙讓，謂「祖宗朝亦常留被察科道，何今日揣疑君父，誣詆輔臣」。因責諸臣朋比，令時喬策勵供職，而盡斥燦然及劉元珍、龐時雍輩。時喬歎曰：「主察者逐，爭察者亦竄矣，尚可靦顏居此乎？」九疏引疾，竟不得請。時中外缺官多不補，而羣臣省親養病給假，及建言詿誤被譴者，充滿林下，率不獲召。時喬乃備列三百餘人，三疏請錄用。三十四年，皇長孫生，有詔起廢，時喬復列上遷謫鄒元標等九十六人，削籍范儁等一百十人。帝卒不省。

明年大計外吏。時喬已偕副都御史詹沂受事，居數日，帝忽命戶部尚書趙世卿代時喬，遂中輟；蓋去冬所批察疏，至是誤發之也。輔臣朱賡謂非體，立言於帝。帝亦覺其誤，卽日收還。時喬堅辭不肯任，吏科陳治則劾其怨懟無人臣禮。有旨詰責，時喬乃再受事。永年伯王棟卒，其子明輔請襲。時喬以外戚不當傳世，固爭之，弗聽。時一貫已罷，言路爭擊其黨。而李廷機者，一貫教習門生也，閣臣闕，衆多推之；惟給事中曹于汴、〔三〕宋一韓，御史陳宗契持不可。時喬卒從衆議。未幾，又推黃汝良、全天敍爲侍郎，諸攻一貫者，益不悅。給事中王元翰、胡忻遂交劾時喬。時喬疏辨，力求罷。

當是時，帝委時喬銓柄，又不置右侍郎，一人獨理部事，銓敘平允。然堂陛扞格，曠官廢事，日甚一日，而中朝議論方囂，動見掣肘。時喬官位未崇，又自溫純去，久不置都御史，益無以鎮壓百僚。由是上下相淩，紀綱日紊，言路得收其柄。時喬亦多委蛇，議者諒其苦心，不甚咎也。秉銓凡五年。最後起故尚書孫丕揚。未至，而時喬已卒。篋餘一敝裘，同列賻襚以殮。詔贈吏部尚書，謚端潔。

時喬受業永豐呂懷，最不喜王守仁之學，闢之甚力，尤惡羅汝芳。官通政時具疏斥之曰：「佛氏之學，初不溷於儒。乃汝芳假聖賢仁義心性之言，倡爲見性成佛之教，謂吾學直捷，不假修爲。於是以傳註爲支離，以經書爲糟粕，以躬行實踐爲迂腐，以綱紀法度爲桎梏。踰閑蕩檢，反道亂德，莫此爲甚。望敕所司明禁，〔六〕用彰風敎。」詔從其言。

贊曰：古者冢宰統百官，均四海，卽宰相之任也。後代政柄始分，至明中葉，旁撓者衆矣。嚴清諸人，淸公素履，秉正無虧，彼豈以進退得失動其心哉。孫丕揚創掣籤法，雖不能辨材任官，要之無任心營私之弊，苟非其人，毋寧任法之爲愈乎！蓋與時宜之，未可援古義以相難也。

校勘記

〔一〕張納陛　明史稿傳一〇三孫鑨傳、神宗實錄卷二五八萬曆二十一年三月癸未條作「張納陛」。

〔二〕於是思孝及員外郎岳元聲連章訐丕揚　岳元聲，神宗實錄卷二九一萬曆二十三年十一月丁丑條、國榷卷七七頁四七六三都作「樂元聲」。

〔三〕貶兩京言官三十餘人　兩京，原作「南京」，據本書卷二一七及明史稿傳九五陳于陛傳、神宗實錄卷二九二萬曆二十三年十二月庚申條改。

〔四〕明年三月倡廷臣詣文華門請舉皇長子冊立冠婚　三月，原作「正月」。本書卷二一神宗紀、神宗實錄卷三二〇都繫於萬曆二十六年三月壬子，據改。

〔五〕曹于汴　原作「曾于汴」。明史稿傳一〇三楊時喬傳、神宗實錄卷四三三萬曆三十五年五月乙丑條、國榷卷八〇頁四九七三都作「曹于汴」。按本書卷二五四有曹于汴傳，據改。

〔六〕望敕所司明禁　原脫「望」字，據明史稿傳一〇三楊時喬傳補。

明史卷二百二十五

列傳第一百十三

張瀚　王國光　梁夢龍　楊巍　李戴　趙煥　鄭繼之

張瀚，字子文，仁和人。嘉靖十四年進士。授南京工部主事。歷廬州知府，改大名。俺答圍京師，詔遣兵部郎中徵畿輔民兵入衞。瀚立閱戶籍，三十丁簡一人，而以二十九人供其餉，得八百人。馳至眞定，請使者閱兵，使者稱其才。累遷陝西左布政使，擢右副都御史，巡撫其地。甫半歲，入爲大理卿。進刑部右侍郎，俄改兵部，總督漕運。

隆慶元年改督兩廣軍務。時兩廣各設巡撫官，事不關督府。瀚請如三邊例，乃悉聽節制。大盜曾一本寇掠廣州，詔切責瀚，停總兵官俞大猷、郭成俸。已，一本浮海犯福建，官軍迎擊大破之，賚銀幣。已，復犯廣東，陷碣石衞，叛將周雲翔等殺雷瓊參將耿宗元，與賊合。廷議鐫瀚一秩調用。已而成大破賊，獲雲翔。詔還瀚秩，卽家俟召。再撫陝西。遷南京右都御史，就改工部尚書。

萬曆元年，吏部尚書楊博罷，召瀚代之。秩滿，加太子少保。時廷推吏部尚書，首左都御史葛守禮，次工部尚書朱衡，次瀚。居正惡守禮戇，厭衡驕，故特拔瀚。瀚資望淺，忽見擢，舉朝益趨事居正，而瀚進退大臣率奉居正指。即出己意，輿論多不協。以是爲御史鄭準、王希元所劾。居正顧之厚，不納也。御史劉臺劾居正，因論瀚撫陝狠籍，又唯諾居正狀。

比居正遭喪，謀奪情，瀚心非之。中旨令瀚諭留居正，居正又自爲牘，風瀚屬吏，以覆旨請。瀚佯不喻，謂「政府奔喪，宜予殊典，禮部事也，何關吏部」。居正復令客說之，不爲動，乃傳旨責瀚久不奉詔，無人臣禮。廷臣惴恐，交章留居正，瀚獨不與，撫膺太息曰：「三綱淪矣！」居正怒。嗾給事中王道成、御史謝思啓摭他事劾之，勒致仕歸。居正歿，帝頗念瀚。詔有司給月廩，年及八十，特賜存問。卒，贈太子少保，謚恭懿。

王國光，字汝觀，陽城人。嘉靖二十三年進士。授吳江知縣。鄰邑有疑獄來質，訊輒得情。調儀封，擢兵部主事。改吏部，歷文選郎中。屢遷戶部右侍郎，總督倉場。謝病去。

隆慶四年起刑部左侍郎，拜南京刑部尚書。未上，改戶部，再督倉場。神宗卽位，還理部事。時簿牒繁宂，自州縣達部，有繕書、輸解、交納諸費，公私苦之。國光疏請裁併，去繁文十三四，時稱簡便。戶部十三司，自弘治來，以公署隘，惟郎中一人治事，員外郎、主事止除官日一赴而已。郎中力不給，則委之吏胥，弊益滋。國光盡令入署，職務得修舉。邊餉告匱，而諸邊歲出及屯田、鹽課無可稽。國光請敕邊臣核實，且畫經久策以聞。甘肅巡撫廖逢節等各條上其數，耗蠹爲損。

萬曆元年奏言：「國初，天下州縣存留夏稅秋糧可一千二百萬石。其時議主寬大，歲用外，計贏銀百萬有餘。使有司歲徵無缺，則州縣積貯自豐，水旱盜賊不能爲災患。今一遘兵荒，輒留京儲，發內帑。由有司視存留甚緩，苟事催科則謂擾民，弊遂至此。請行天下撫按官，督所司具報出入、存留、逋負之數，臣部得通融會計，以其餘濟邊。有司催徵不力者，悉以新令從事。」制可。京軍支糧通州者，候伺甚艱。國光請遣部郎一人司之，名坐糧廳。投牒驗發，無過三日，諸軍便之。天下錢穀散隸諸司，國光請歸併責成：畿輔府州縣歸福建司，南畿歸四川司，鹽課歸山東司，關稅歸貴州司，淮、徐、臨、德諸倉歸雲南司，御馬、象房及二十四馬房芻料歸廣西司。〔一〕遂爲定制。

三年，京察拾遺。國光爲南京給事、御史所劾。再疏乞罷，帝特留之。明年復固以請，乃詔乘傳歸。瀕行，以所輯條例名萬曆會計錄上之。帝嘉其留心國計，令戶部訂正。及書成，詔褒諭焉。

五年冬，吏部尚書張瀚罷，起國光代。陳采實政、別繁簡、責守令、恤卑官、罷加納數事，皆允行。尋以考績，加太子太保。八年當考察外吏，請毋限日期。詔許之，且命詿誤者聽從公辯雪。明年大計京朝官，徇張居正意，置吳中行等五人於察籍。

國光有才智。初掌邦計，多所建白。及是受制執政，聲名損於初。給事中商尚忠論國光銓選私所親，而給事中張世則出爲河南僉事，憾國光，劾其鬻官黷貨。國光再奏辯，帝再慰留，責世則挾私，貶儀眞丞。及居正卒，御史楊寅秋劾國光六罪。帝遂怒，落職閒住。已，念其勞，命復官致仕。

梁夢龍，字乾吉，眞定人。嘉靖三十二年進士。改庶吉士。授兵科給事中，首劾吏部尚書李默。帝方顧默厚，不問。出覈陝西軍儲。劾故延綏巡撫王輪、督糧郎中陳燦等，廢斥有差。

歷吏科都給事中。帝怒禮部尚書吳山，夢龍惡獨劾山得罪淸議，乃幷吏部尚書吳鵬劾罷之。嘗上疏，言：「相臣賢否，關治道汚隆。請毋拘資格，敕在廷公舉名德宿望之臣，以光聖治。」帝疑諸臣私有所推引，責令陳狀。夢龍惶恐謝罪，乃奪俸。擢順天府丞。坐京察拾遺，出爲河南副使。河決沛縣，尙書朱衡議開徐、邳新河，夢龍董其役。三遷河南右布政使。

隆慶四年擢右僉都御史，巡撫山東。是秋，河決宿遷，覆漕糧八百艘。朝議通海運，以屬夢龍。夢龍言：「海道南自淮安至膠州，北自天津至海倉，各有商艇往來其間。自膠州至海倉，島人及商賈亦時出入。臣等因遣人自淮安轉粟二千石，自膠州轉麥千五百石，入海達天津，以試海道，無不利者。由淮安至天津，大要兩旬可達。歲五月以前，風勢柔順，揚帆尤便。況舟由近洋，洋中島嶼聯絡，遇風可依。苟船非朽敝，按占候以行，自可無虞。較元人殷明略故道，安便尤甚。丘濬所稱『傍海通運』，卽此是也。請以河爲正運，海爲備運。萬一河未易通，則海運可濟，而河亦得悉心疏濬，以圖經久。又海防綦重，沿海衞所玩愒歲久，不加繕飭，識者有未然之憂。今行海運兼治河防，〔三〕非徒足裨國計，兼於軍事有補。」章下戶部。部議海運久廢，猝難盡復，請令漕司量撥糧十二萬石，自淮入海以達天津。工部給銀，爲海艘經費。報可。已而海運卒不行，事具王宗沐傳。明年冬，遷右副都御史，移撫河南。

神宗初，張居正當國。夢龍其門下士，特愛之，召爲戶部右侍郎。尋改兵部，出督遼東有功將士。五年以兵部左侍郎進右都御史，總督薊、遼、保定軍務。李成梁大破土蠻於長定堡，帝爲告廟宣捷，大行賞賚，官夢龍一子。已，給事中光懋言：「此乃保塞內屬之部，游擊陶承嚳假犒賚掩襲之，請坐以殺降罪。」兵部尙書方逢時曲爲解，夢龍等亦辭免恩廕。及土蠻三萬騎入東昌堡，成梁擊敗之。寧前復警，夢龍親率勁卒三千出山海關爲成梁聲援，分遣兩參將遮擊，復移繼光駐一片石邀之，敵引去。前後奏永奠堡、〔三〕丁字泊、馬蘭峪、養善木、紅土城、寬奠、廣寧右屯、錦、義、大寧堡諸捷，累賜敕奬勵，就加兵部尙書。以修築黃花鎭、古北口邊牆，加太子少保，再廕子至錦衣世千戶。召入掌部務，疏陳軍政四事。尋錄防邊功，加太子太保。

十年六月，居正歿，吏部尙書王國光劾罷，夢龍代其位。踰月，御史江東之劾夢龍浼徐爵賄保得吏部，以孫女聘保弟爲子婦，御史鄧練、趙楷復劾之，遂令致仕。家居十九年卒。天啓中，趙南星訟其邊功，贈少保。崇禎末，追謚貞敏。

楊巍，字伯謙，海豐人。嘉靖二十六年進士。除武進知縣。擢兵科給事中。操江僉都御史史褒善已遷大理卿，巍言：「東南倭患方劇，參贊、巡撫俱論罪，褒善獨倖免，又貪緣美遷，請幷吏部罰治。」帝怒，停選司俸，還褒善故官。

巍旣忤吏部，遂出爲山西僉事。已，遷參議，分守宣府。寇入犯，偕副將馬芳擊斬其部長，賚銀幣。尋爲陽和兵備副使。擢右僉都御史，巡撫宣府。錄擣巢功，進秩二級。踰年，以養母歸。歸二年，召起巡撫陝西。增補屯戍軍伍，淸還屯地之奪於藩府者。隆慶初，進右副都御史，移撫山西。所部驛遞銀歲徵五十四萬，巍請減四之一。修築沿邊城堡，檄散大盜李九經黨。復乞養母去。

神宗立，起兵部右侍郎。萬曆二年改吏部，進左，又以終養歸。母年逾百歲卒。十年起南京戶部尙書，旋召爲工部尙書。有詔營建行宮，近功德寺。巍爭之，乃止。明年改戶部，遷吏部尙書。明制，六部分涖天下事，內閣不得侵。至嚴嵩，始陰撓部權。迨張居正時，部權盡歸內閣，逡巡請事如屬吏，祖制由此變。至是，申時行當國。巍素厲淸操，有時望，然年耄骫骳，多聽其指揮。御史丁此呂論科場事，時行及余有丁、許國輩皆惡之。巍論謫此呂，爲御史江東之、李植等所攻，與時行俱乞罷。帝從諸大臣請，慰留巍等而戒諭言者，巍乃起復視事。

當居正初敗，言路張甚，帝亦心疑諸大臣朋比，欲言官摘發之以杜壅蔽。諸大臣懼見攻，政府與銓部陰相倚以制言路。先是，九年京察，張居正令吏部盡除異己者。十五年復當大計。都御史辛自修欲大有所澄汰，巍徇政府指持之。出身進士者，貶黜僅三十三人，而翰林、吏部、給事、御史無一焉。賢否混淆，羣情失望。十七年夏，帝久不視朝，中外疑帝以張鯨不用故託疾。巍率同列請以秋日御殿。至十月，巍等復請。帝不悅，責以沽名。

巍初敭歷中外，甚有聲。及秉銓，素望大損。然有清操，性長厚，不爲刻覈行。明年以年幾八十，屢疏乞歸。詔乘傳、給廩隸如故事。歸十五年，年九十二而卒。贈少保。

李戴，字仁夫，延津人。隆慶二年進士。除興化知縣，有惠政。擢戶科給事中。廣東以軍興故，增民間稅。至萬曆初亂定，戴奏正之。累遷禮科都給事中。出爲陝西右參政，進按察使。張居正尙名法，四方大吏承風刻覈，戴獨行之以寬。由山西左布政使擢右副都御史，巡撫山東。歲凶，累請蠲振。入爲刑部侍郎。累進南京戶部尙書，召拜工部尙書。以繼母憂去。

二十六年，吏部尙書蔡國珍罷。廷推代者七人，戴居末，帝特擢用之。當是時，趙志皐、沈一貫輔政，雖不敢撓部權，然大僚缺人，九卿及科道掌印者咸得自舉聽上裁，而吏部諸曹郎亦由九卿推舉，尚書不得自擇其屬，在外府佐及州縣正、佐官則盡用掣籤法，部權日輕。戴視事，謹守新令，幸無罪而已。

明年，京察。編修劉綱、中書舍人丁元薦、南京評事龍起雷嘗以言事忤當路，咸置察中，時議頗不直戴。而是時國本未定，皇長子冠婚久稽，戴每倡廷臣直諫。及礦稅害劇，戴率九卿言：「陳增開礦山東，知縣吳宗堯逮。李道抽分湖口，知府吳寶秀等又逮。天下爲增、道者何限，有司安所措手足。且今水旱頻仍，田里蕭耗，重以東征增兵益餉，而西事又見告矣。民不聊生，奸宄方竊發，奈何反爲發其機，速其變哉！」不報。

山西稅使張忠奏調夏縣知縣韓薰簡僻。戴以內官不當擅舉刺，疏爭之。湖廣陳奉屢奏逮有司，戴等又極論，且言：「奉及遼東高淮擅募勁卒橫民間，尤不可不問。」帝亦弗聽。已，復偕同列言：「自去夏六月不雨至今，路殣相望，巡撫汪應蛟所奏饑民十八萬人。加以頻值寇警，屢興征討之師，按丁增調，履畝加租，賦額視二十年前不啻倍之矣。瘡痍未起，而採榷之害又生。不論礦稅有無，概勒取之民間，此何理也。天下富室無幾，奸人肆虐何極。指其屋而恐之曰『彼有礦』，則家立破矣；『彼漏稅』，則橐立罄矣。持無可究詰之說，用無所顧畏之人，蚩蚩小民，安得不窮且亂也。湖廣激變已數告，而近日武昌尤甚。此輩寧不愛性命哉？變亦死，不變亦死，與其呑聲獨死，毋寧與讐家俱糜。故一發不可遏耳。陛下可視爲細故耶？」亦不報。

三十年二月，帝有疾，詔罷礦稅、釋繫囚、錄建言譴謫諸臣。越日，帝稍愈，命礦稅採榷如故。戴率同官力諫。時釋罪、起廢二事，猶令閣臣議行，戴即欲疏名上請，而刑部尚書蕭大亨謂釋罪必當奏聞。方具疏上，太僕卿南企仲以二事久稽，劾戴等不能將順。帝怒，并停前詔。戴引罪求罷，帝不許。自是請起廢者再，率九卿乞停礦稅者四，皆不省。稽勳郎中趙邦清素剛介，爲給事中張鳳翔所劾，疑出文選郎中鄧光祚、驗封郎中侯執躬意，辨疏侵之。御史沈正隆、給事中田大益交章劾邦清。邦清憤，盡發光祚、執躬私事。光祚亦騰疏力攻，部中大鬨，戴無所裁抑。御史左宗郢、李培遂劾戴表率無狀，戴引疾乞去。帝諭留，爲貶邦清三秩，允光祚、執躬歸，羣囂乃息。

明年冬，妖書事起。錦衣官王之楨等與同官周嘉慶有隙，言妖書，嘉慶所爲，下詔獄窮治。嘉慶，戴甥也。比會鞫，戴引避。帝聞而惡之。會王士騏通書事發，下部議。士騏奏辨。帝謂士騏不宜辨，責戴不能鈐屬官。戴引罪，而疏紙誤用印，復被譙讓，罪其司屬。戴疏謝，用印如故。帝怒，令致仕，奪郎中以下俸。

戴秉銓六年，溫然長者，然聲望出陸光祖諸人下。趙志皋、沈一貫柄政，戴不敢爲異，以是久於其位，而銓政益頹廢矣。卒贈少保。

趙煥，字文光，掖縣人。嘉靖四十四年進士。授烏程知縣。入爲工部主事，改御史。萬曆三年，中官張宏請遣其黨榷眞定材木，煥及給事中侯于趙執奏，不從。張居正遭父喪，言官交章請留，煥獨不署名。擢順天府丞，累遷左僉都御史。

十四年三月，風霾求言。煥請恢聖度，納忠言，謹嚬笑，信政令，時召大臣商榷治理，次第舉行實政，弊在內府者一切報罷，而飭戒督撫有司務求民瘼。〔四〕帝嘉納焉。尋遷工部右侍郎。改吏部，進左。乞假去。起南京右都御史，以親老辭。時煥兄遼東巡撫僉都御史燿亦乞歸養。吏部言二人情同，燿爲長子，且任封疆久，可聽其歸。乃趣煥就職。尋召爲刑部尚書。議日本貢事，力言非策。男子諸龍光訐奏李如松通倭下吏，并及其黨陳仲登枷赤日中，期滿戍瘴鄉。〔五〕煥以盛暑必斃，而二人罪不當死，兩疏力爭。忤旨，詰責。復以議浙江巡按彭應參獄失帝意，遂引疾歸。再起南京右都御史，就改吏部尚書，皆不赴。家居十六年。召拜刑部尚書，尋兼署兵部。

四十年二月，孫丕揚去，改署吏部。時神宗怠於政事，曹署多空。內閣惟葉向高，杜門者已三月。六卿止一煥在，又兼署吏部，吏部無復堂上官。兵部尚書李化龍卒，召王象乾未至，亦不除侍郎。戶、禮、工三部各止一侍郎而已。都察院自溫純罷去，八年無正官。故事，給事中五十人，御史一百十人，至是皆不過十人。煥累疏乞除補，帝皆不報。其年八月，遂用煥爲吏部尚書，諸部亦除侍郎四人。既而考選命下，補給事中十七人，御史五十人，言路稱盛。

然是時朋黨已成，中朝議論角立。煥素有清望，驟起田間，於朝臣本無所左右，顧雅不善東林。諸攻東林者乘間入之。所舉措，往往不協清議，先後爲御史李若星、給事中孫振基所劾。帝皆優詔慰留之。已，兵部主事卜履吉爲署部事都御史孫瑋所論。煥以履吉罪輕，擬奪俸三月。給事中趙興邦劾煥狗私。煥疏辨，再乞罷。向高言：「今國事艱難，人才日寡。在野者旣賜環無期，在朝者復晨星無幾，乃大小臣工日尋水火，甚非國家福也。臣願自今已後共捐成心，憂國事，議論聽之言官，主張聽之當事。使大臣得展布而毋苦言官之掣肘，言官得發舒而毋患當事之摧殘，天下事尚可爲也。」因請諭煥起視事，煥乃出。

明年春，以年例出振基及御史王時熙、魏雲中於外。三人嘗力攻湯賓尹、熊廷弼者，又不移咨都察院，於是御史湯兆京守故事爭，且詆煥。煥屢疏訐辯，杜門不出，詔慰起之。兆京以爭不得，投劾徑歸。其同官李邦華、周起元、孫居相，及戶部郎中賀烺交章劾煥擅權，請還振基等於言路。帝爲奪諸臣俸，貶烺官以慰煥。煥請去益力。九月遂叩首闕前，出城待命，帝猶遣諭留。給事中李成名復劾煥伐異黨同，煥遂稱疾篤，堅不起。踰月，乃許乘傳歸。

四十六年，吏部尚書鄭繼之去國。時黨人勢成，清流斥逐已盡。齊黨亓詩教勢尤張。以煥爲鄉人老而易制，力引煥代繼之，年七十有七矣。比至，一聽詩教指揮，不敢異同，由是素望益損。帝終以煥清操委信之。及明年七月，遼東告警，煥率廷臣詣文華門固請帝臨朝議政。抵暮，始遣中官諭之退，而諸軍機要務廢閣如故。煥等復具疏趣之，且作危語曰：「他日薊門蹂躪，敵人叩閽，陛下能高枕深宮，稱疾謝却之乎？」帝由是嗛焉。考滿當增秩，寢不報。煥尋卒，卹典不及。光宗立，始賜如制。熹宗初，贈太子太保。

鄭繼之，字伯孝，襄陽人。嘉靖四十四年進士。除餘干知縣。遷戶部主事，歷郎中。遷寧國知府，進四川副使，以養親歸。服除，久之不出。

萬曆十九年用給事中陳尚象薦，起官江西，進右參政。召爲太僕少卿，累遷大理卿。東征師罷，吏部尚書李戴議留戍兵萬五千，令朝鮮供億。繼之曰：「既留兵，自當轉餉，柰何疲敝屬國。」議者韙之。爲大理九年，擢南京戶部尚書，就改吏部。

四十一年，吏部尚書趙煥罷。時帝雖倦勤，特謹銓部選，久不除代。以繼之有清望，明年二月乃召之代煥。繼之久處散地，無黨援。然是時言路持權，齊、楚、浙三黨尤橫，大僚進退惟其喜怒。繼之故楚產，習楚人議論，且年八十餘，耄而憒，遂一聽黨人意指。文選郎中王大智者，繼之所倚信。其秋以年例出御史宋槃、〔六〕潘之祥，給事中張鍵，南京給事中張篤敬於外，皆嘗攻湯賓尹、熊廷弼者也。時定制，科道外遷必會都察院吏科，繼之不令與聞。比考選科道，中書舍人張光房，知縣趙運昌、張廷拱、曠鳴鸞、濮中玉當預，而持議頗右于玉立、李三才，遂見抑，改授部曹。大智同官趙國琦以爲言。大智怒，搆於繼之逐之去。由是御史孫居相、張五典、周起元等援年例故事以爭，且爲光房等五人稱枉，吏科都給事中李瑾亦以失職抗疏劾大智。御史唐世濟則右吏部，詆居相等。居相、瑾怒，交章劾世濟。給事中、御史復助世濟排擊居相。居相再疏力攻大智，大智乃引疾去。繼之亦覺其非，不爲辯。

至明年二月，胡來朝爲文選，出兵科都給事中張國儒、御史馬孟禎、〔七〕徐良彥於外，復不咨都察院、吏科。國儒已陪推京卿，法不當出外；孟禎、良彥則素忤黨人，故來朝抑之。繼之不能禁。時居相等已去國，獨瑾再爭，詆繼之、來朝甚力。來朝等不能難，其黨思以衆力勝之，於是諸御史羣起攻瑾。瑾爭之强，疏三上。來朝等亦三疏詆訐，詞頗窮。來朝乃言：「年例協贊之旨，實秉國者調停兩袒，非可爲制，乞改前令從事。」帝一無所處分。瑾方奉使，自引去。其秋，給事中梅之煥，御史李若星、張五典年例外轉，所司復不預聞。吏科韓光裕、御史徐養量稍言之，然勢孤竟不能爭也。

時縉雲李鋕以刑部尚書兼署都察院，亦浙黨所推轂。四十五年大計京官，繼之與鋕司其事，考功郎中趙士諤、給事中徐紹吉、御史韓浚佐之。所去留悉出紹吉等意，繼之受成而已。一時與黨人異趣者，貶黜殆盡，大僚則中以拾遺，善類爲空。繼之以篤老累疏乞休，帝輒慰留不允。明年春，稽首闕下，出郊待命。帝聞，命乘傳歸。又數年卒，年九十二。贈少保。

贊曰：張瀚、王國光、梁夢龍皆以才辨稱，楊巍、趙煥、鄭繼之亦負清望，及秉銓政蒙詬議焉。於時政府參懷，言路脅制，固積重難返，然以公滅私之節，諸人蓋不能無愧云。

校勘記

〔一〕御馬象房及二十四馬房芻料歸廣西司　二十四，本書卷七二職官志廣西清吏司作「二十三」。

〔二〕今行海運兼治河防　上文言海運與海防，此「河防」二字當係「海防」之譌。

〔三〕永奠堡　原作「永莫堡」。按明會典卷一三三遼東邊圖有永奠堡，而無「永莫堡」，「莫」「奠」形近而訛，今改正。

〔四〕而飭戒督撫有司務求民瘼　督撫，原作「督府」。據明史稿傳一〇四趙煥傳改。

〔五〕期滿戍瘴鄉　原脫「期」字，致文義不明。據明史稿傳一〇四趙煥傳補。

〔六〕宋槃　原作「李槃」，據本書卷二五四孫居相傳、明史稿傳一〇四鄭繼之傳及傳一三四孫居相傳改。

〔七〕馬孟禎　原作「馬孟楨」。按本書卷二三〇及明史稿傳一一四有馬孟禎傳，事跡與此合，據改。

明史卷二百二十六

列傳第一百十四

海瑞 何以尚　丘橓　呂坤　郭正域

海瑞，字汝賢，瓊山人。舉鄉試。入都，卽伏闕上平黎策，欲開道置縣，以靖鄉土。識者壯之。署南平教諭。御史詣學宮，屬吏咸伏謁，瑞獨長揖，曰：「臺謁當以屬禮，此堂，師長教士地，不當屈。」遷淳安知縣。布袍脫粟，令老僕藝蔬自給。總督胡宗憲嘗語人曰：「昨聞海令爲母壽，市肉二斤矣。」宗憲子過淳安，怒驛吏，倒懸之。瑞曰：「曩胡公按部，令所過毋供張。今其行裝盛，必非胡公子。」發橐金數千，納之庫，馳告宗憲，宗憲無以罪。都御史鄢懋卿行部過，供具甚薄，抗言邑小不足容車馬。懋卿恚甚。然素聞瑞名，爲斂威去，而屬巡鹽御史袁淳論瑞及慈谿知縣霍與瑕。與瑕，尚書韜子，亦抗直不諂懋卿者也。時瑞已擢嘉興通判，坐謫興國州判官。久之，陸光祖爲文選，擢瑞戶部主事。

時世宗享國日久，不視朝，深居西苑，專意齋醮。督撫大吏爭上符瑞，禮官輒表賀。廷臣自楊最、楊爵得罪後，無敢言時政者。四十五年二月，瑞獨上疏曰：

臣聞君者，天下臣民萬物之主也，其任至重。欲稱其任，亦惟以責寄臣工，使盡言而已。臣請披瀝肝膽，爲陛下陳之。

昔漢文帝賢主也，賈誼猶痛哭流涕而言。非苛責也，以文帝性仁而近柔，雖有及民之美，將不免於怠廢，此誼所大慮也。陛下天資英斷，過漢文遠甚。然文帝能充其仁恕之性，節用愛人，使天下貫朽粟陳，幾致刑措。陛下則銳精未久，妄念牽之而去，反剛明之質而誤用之。至謂遐舉可得，一意修眞，竭民脂膏，濫興土木，二十餘年不視朝，法紀弛矣。數年推廣事例，名器濫矣。二王不相見，人以爲薄於父子。以猜疑誹謗戮辱臣下，人以爲薄於君臣。樂西苑而不返，人以爲薄於夫婦。吏貪官橫，民不聊生，水旱無時，盜賊滋熾。陛下試思今日天下，爲何如乎？

邇者嚴嵩罷相，世蕃極刑，一時差快人意。然嵩罷之後猶嵩未相之前而已，世非甚清明也，不及漢文帝遠甚。蓋天下之人不直陛下久矣。古者人君有過，賴臣工匡弼。今乃修齋建醮，相率進香，仙桃天藥，同辭表賀。建宮築室，則將作竭力經營；購香市寶，則度支差求四出。陛下誤舉之，而諸臣誤順之，無一人肯爲陛下正言者，諛之甚也。然媿心餒氣，退有後言，欺君之罪何如！

夫天下者，陛下之家。人未有不顧其家者，內外臣工皆所以奠陛下之家而磐石之者也。一意修眞，是陛下之心惑。過於苛斷，是陛下之情偏。而謂陛下不顧其家，人情乎？諸臣徇私廢公，得一官多以欺敗，多以不事事敗，實有不足當陛下意者。其不然者，君心臣心偶不相值也，而遂謂陛下厭薄臣工，是以拒諫。執一二之不當，疑千百之皆然，陷陛下於過舉，而恬不知怪，諸臣之罪大矣。記曰「上人疑則百姓惑，下難知則君長勞」，此之謂也。

且陛下之誤多矣，其大端在於齋醮。齋醮所以求長生也。自古聖賢垂訓，修身立命曰「順受其正」矣，未聞有所謂長生之說。堯、舜、禹、湯、文、武聖之盛也，未能久世，下之亦未見方外士自漢、唐、宋至今存者。陛下受術於陶仲文，以師稱之。仲文則既死矣，彼不長生，而陛下何獨求之。至於仙桃天藥，怪妄尤甚。昔宋眞宗得天書於乾祐山，孫奭曰「天何言哉？豈有書也」。桃必採而後得，藥必製而後成。今無故獲此二物，是有足而行耶？曰「天賜者」，有手執而付之耶？此左右奸人，造爲妄誕以欺陛下，而陛下誤信之，以爲實然，過矣。

陛下又將謂懸刑賞以督責臣下，則分理有人，天下無不可治，而修眞爲無害已乎？太甲曰：「有言逆于汝心，必求諸道；有言遜于汝志，必求諸非道。」用人而必欲其唯言莫違，此陛下之計左也。既觀嚴嵩，有一不順陛下者乎？昔爲同心，今爲戮首矣。梁材守道守官，陛下以爲逆者也，歷任有聲，官戶部者至今首稱之。然諸臣寧爲嵩之順，不爲材之逆，得非有以窺陛下之微，而潛爲趨避乎？卽陛下亦何利於是。

陛下誠知齋醮無益，一旦翻然悔悟，日御正朝，與宰相、侍從、言官講求天下利害，洗數十年之積誤，置身於堯、舜、禹、湯、文、武之間，使諸臣亦得自洗數十年阿君之恥，置其身於皐、夔、伊、傅之列，天下何憂不治，萬事何憂不理。此在陛下一振作間而已。釋此不爲，而切切於輕舉度世，敝精勞神，以求之於繫風捕影、茫然不可知之域，臣見勞苦終身，而終於無所成也。今大臣持祿而好諛，小臣畏罪而結舌，臣不勝憤恨。是以冒死，願盡區區，惟陛下垂聽焉。

帝得疏，大怒，抵之地，顧左右曰：「趣執之，無使得遁。」宦官黃錦在側曰：「此人素有癡名。聞其上疏時，自知觸忤當死，市一棺，訣妻子，待罪於朝，僮僕亦奔散無留者，是不遁也。」帝默然。少頃復取讀之，日再三，爲感動太息，留中者數月。嘗曰：「此人可方比干，第朕非紂耳。」會帝有疾，煩懣不樂，召閣臣徐階議內禪，因曰：「海瑞言俱是。朕今病久，安能視事。」又曰：「朕不自謹惜，致此疾困。使朕能出御便殿，豈受此人詬詈耶？」遂逮瑞下詔獄，究主使者。尋移刑部，論死。獄上，仍留中。戶部司務何以尚者，揣帝無殺瑞意，疏請釋之。帝怒，命錦衣衞杖之百，錮詔獄，晝夜搒訊。越二月，帝崩，穆宗立，兩人並獲釋。

帝初崩，外庭多未知。提牢主事聞狀，以瑞且見用，設酒饌款之。瑞自疑當赴西市，恣飲啖，不顧。主事因附耳語：「宮車適晏駕，先生今即出大用矣。」瑞曰：「信然乎？」即大慟，盡嘔出所飲食，隕絕於地，終夜哭不絕聲。既釋，復故官。俄改兵部。擢尚寶丞，調大理。隆慶元年，徐階爲御史齊康所劾，瑞言：「階事先帝，無能救於神仙土木之誤，畏威保位，誠亦有之。然自執政以來，憂勤國事，休休有容，有足多者。康乃甘心鷹犬，搏噬善類，其罪又浮於高拱。」人韙其言。

歷兩京左、右通政。三年夏，以右僉都御史巡撫應天十府。屬吏憚其威，墨者多自免去。有勢家朱丹其門，聞瑞至，黝之。中人監織造者，爲減輿從。瑞銳意興革，請濬吳淞、白茆，通流入海，民賴其利。素疾大戶兼并，力摧豪強，撫窮弱。貧民田入於富室者，率奪還之。徐階罷相里居，按問其家無少貸。下令飈發凌厲，所司惴惴奉行，豪有力者至竄他郡以避。而奸民多乘機告訐，故家大姓時有被誣負屈者。又裁節郵傳冗費。士大夫出其境率不得供頓，由是怨頗興。都給事中舒化論瑞迂滯不達政體，宜以南京清秩處之，帝猶優詔獎瑞。已而給事中戴鳳翔劾瑞庇奸民，魚肉搢紳，沽名亂政，遂改督南京糧儲。瑞撫吳甫半歲。

小民聞當去，號泣載道，家繪像祀之。將履新任，會高拱掌吏部，素銜瑞，幷其職於南京戶部，瑞遂謝病歸。

萬曆初，張居正當國，亦不樂瑞，令巡按御史廉察之。御史至山中視，瑞設雞黍相對食，居舍蕭然，御史歎息去。居正憚瑞峭直，中外交薦，卒不召。十二年冬，居正已卒，吏部擬用左通政。帝雅重瑞名，畀以前職。明年正月召爲南京右僉都御史，道改南京吏部右侍郎，瑞年已七十二矣。疏言衰老垂死，願比古人尸諫之義，大略謂：「陛下勵精圖治，而治化不臻者，貪吏之刑輕也。諸臣莫能言其故，反借待士有禮之說，交口而文其非。夫待士有禮，而民則何辜哉？」因舉太祖法剝皮囊草及洪武三十年定律枉法八十貫論絞，謂今當用此懲貪。其他規切時政，語極剴切。獨勸帝虐刑，時議以爲非。御史梅鵾祚劾之。帝雖以瑞言爲過，然察其忠誠，爲奪鵾祚俸。

帝屢欲召用瑞，執政陰沮之，乃以爲南京右都御史。諸司素媮惰，瑞以身矯之。有御史偶陳戲樂，欲遵太祖法予之杖。百司惴恐，多患苦之。提學御史房寰恐見糾擿欲先發，給事中鍾宇淳復慫恿，寰再上疏醜詆。瑞亦屢疏乞休，慰留不允。十五年，卒官。

瑞無子。卒時，僉都御史王用汲入視，葛幃敝籝，有寒士所不堪者。因泣下，醵金爲斂。小民罷市。喪出江上，白衣冠送者夾岸，酹而哭者百里不絕。贈太子太保，謚忠介。

瑞生平爲學，以剛爲主，因自號剛峰，天下稱剛峰先生。嘗言：「欲天下治安，必行井田。不得已而限田，又不得已而均稅，尚可存古人遺意。」故自爲縣以至巡撫，所至力行清丈，頒一條鞭法。意主於利民，而行事不能無偏云。

始救瑞者何以尚，廣西興業人，起家鄉舉。出獄，擢光祿丞。又以劾高拱坐謫。拱罷，起雷州推官，終南京鴻臚卿。

丘橓，字茂實，諸城人。嘉靖二十九年進士。由行人擢刑科給事中。三十四年七月，倭六七十人失道流劫，自太平直逼南京。兵部尚書張時徹等閉城不敢出，閱二日引去。給事御史劾時徹及守備諸臣罪，時徹亦上其事，詞多隱護。橓劾其欺罔，時徹及侍郎陳洙皆罷。帝久不視朝，嚴嵩專國柄。橓言權臣不宜獨任，朝綱不宜久弛，嚴嵩深憾之。已，劾嵩黨寧夏巡撫謝淮、應天府尹孟淮貪黷，謝淮坐免。是年，嵩敗，橓劾由嵩進者順天巡撫徐紳等五人，帝爲黜其三。

遷兵科都給事中。劾南京兵部尚書李遂、鎭守兩廣平江伯陳王謨、錦衣指揮魏大經咸以賄進，大經下吏，王謨革任。已，又劾罷浙江總兵官盧鏜。寇犯通州，總督楊選被逮。及寇退，㦤偕其僚陳善後事宜，指切邊弊。帝以㦤不早劾選，杖六十，斥爲民，餘謫邊方雜職。㦤歸，敝衣一篋，圖書一束而已。隆慶初，起任禮科，不至。尋擢南京太常少卿，進大理少卿。病免。神宗立，言官交薦。張居正惡之，不召。

萬曆十一年秋起右通政。未上，擢左副都御史，以一柴車就道。旣入朝，陳吏治積弊八事，言：

臣去國十餘年，士風漸靡，吏治轉汙，遠近蕭條，日甚一日。此非世運適然，由風紀不振故也。如京官考滿，河南道例書稱職。外吏給由，撫按官概與保留。以朝廷甄別之典，爲人臣交市之資。敢徇私而不敢盡法，惡無所懲，賢亦安勸。此考績之積弊，一也。

御史巡方，未離國門，而密屬之姓名，已盈私牘。甫臨所部，而請事之竿牘，又滿行臺。以豸冠持斧之威，束手俯眉，聽人頤指。此請托之積弊，二也。

撫按定監司考語，必託之有司。有司則不顧是非，侈加善考，監司德且畏之。彼此結納，上下之分蕩然。其考守令也，亦如是。此訪察之積弊，三也。

貪墨成風，生民塗炭，而所劾罷者大都單寒輭弱之流。苟百足之蟲，傅翼之虎，卽贓穢狼籍，還登薦剡。嚴小吏而寬大吏，詳去任而略見任。此舉劾之積弊，四也。

懲貪之法在提問。乃豺狼見遺，狐狸是問，徒有其名。或陰縱之使去，或累逮而不行，或批駁以相延，或朦朧以幸免。即或終竟其事，亦必博長厚之名，而以盡法自嫌。苞苴或累萬金，而贓止坐之銖黍。草菅或數十命，而罰不傷其毫釐。此提問之積弊，五也。

薦舉糾劾，所以勸儆有司也。今薦則先進士而舉監，非有憑藉者不與焉。劾則先舉監而進士，縱有訾議者罕及焉。晉接差委，專計出身之途。於是同一官也，不敢接席而坐，比肩而行。諸人自分低昂，吏民觀瞻頓異。助成驕縱之風，大喪賢豪之氣。此資格之積弊，六也。

州縣佐貳雖卑，亦臨民官也，必待以禮，然後可責以法。今也役使譴訶，無殊輿隸。獨任其汚瀆害民，不屑禁治。禮與法，兩失之矣。學校之職，賢才所關。今不問職業，而一聽其所爲。及至考課，則曰「此寒官也」，概與上考。若輩知上官不我重也，則因而自棄；知上官必我憐也，又從而日偷。此處佐貳教職之積弊，七也。

科場取士，故有門生、座主之稱。若巡按，舉劾其職也。乃劾者不任其怨，舉者獨冒爲恩。尊之爲舉主，而以門生自居，筐篚問遺，終身不廢。假明揚之典，開賄賂之門，無惑乎清白之吏不概見於天下也。方今國與民俱貧，而官獨富。既以官而得富，還以富而市官。此餽遺之積弊，八也。

要此八者，敗壞之源不在於外，從而轉移亦不在於下也。昔齊威王烹一阿大夫，封一卽墨大夫，而齊國大治。陛下誠大奮乾剛，痛懲吏弊，則風行草偃，天下可立治矣。

疏奏，帝稱善。敕所司下撫按奉行，不如詔者，罪。

頃之，言：「故給事中魏時亮、周世選，御史張櫍、李復聘以忤高拱見黜，文選郎胡汝桂以忤尚書被傾，宜賜甄錄。御史于應昌搆陷劉臺與王宗載同罪，宗載遣戍而應昌止罷官。勞堪巡撫福建，殺侍郎洪朝選。御史張一鯤監應天鄉試，王篆子之鼎夤緣中式。錢岱監湖廣鄉試，先期請居正少子還就試，會居正卒不果，遂私中篆子之衡。曹一夔身居風憲，盛稱馮保爲顧命大臣。朱璉則結馮保爲父，游七爲兄。此數人者，得罪名教，而亦止罷官。此綱紀所以不振，人心所以不服。臣初入臺，誓掃除積弊。今待罪三月，而大吏恣肆，小吏貪殘，小民怨咨，四方賂遺如故，臣不職可見。請罷斥以儆有位。」時已遷刑部右侍郎。帝優詔報之。召時亮、世選、櫍、復聘、汝桂還，削應昌、堪、一鯤、一夔、璉籍，貶岱三秩。未幾，偕中官張誠往籍張居正家。還，轉左侍郎，增俸一秩。尋拜南京吏部尚書，卒官。贈太子太保，諡簡肅。

檞强直好搏擊，其清節爲時所稱云。

呂坤，字叔簡，寧陵人。萬曆二年進士。爲襄垣知縣，有異政。調大同，徵授戶部主事，歷郎中。遷山東參政、山西按察使、陝西右布政使。擢右僉都御史，巡撫山西。居三年，召爲左僉都御史。歷刑部左、右侍郎。

二十五年五月疏陳天下安危。其略曰：

竊見元旦以來，天氣昏黃，日光黯淡，占者以爲亂徵。今天下之勢，亂象已形，而亂勢未動。天下之人，亂心已萌，而亂人未倡。今日之政，皆播亂機使之動，助亂人使之倡者也。臣敢以救時要務，爲陛下陳之。自古幸亂之民有四。一曰無聊之民。飽溫無由，身家俱困，因懷逞亂之心，冀緩須臾之死。二曰無行之民。氣高性悍，玩法輕生，居常愛玉帛子女而不得，及有變則淫掠是圖。三曰邪說之民。白蓮結社，徧及四方，教主傳頭，所在成聚。倘有招呼之首，此其歸附之人。四曰不軌之民。乘釁蹈機，妄思雄長。惟冀目前有變，不樂天下太平。陛下約己愛人，損上益下，則四民皆赤子，否則悉爲寇讐。

今天下之蒼生貧困可知矣。自萬曆十年以來，無歲不災，催科如故。臣久爲外吏，見陛下赤子凍骨無兼衣，饑腸不再食，垣舍弗蔽，苫藁未完；流移日衆，棄地猥多；留者輸去者之糧，生者承死者之役。君門萬里，孰能仰訴。今國家之財用耗竭可知矣。數年以來壽宮之費幾百萬，織造之費幾百萬，寧夏之變幾百萬，黃河之潰幾百萬，今大工、採木費，又各幾百萬矣。土不加廣，民不加多，非有雨菽湧金，安能爲計。今國家之防禦疏略可知矣。三大營之兵以衞京師也，乃馬半羸敝，人半老弱。九邊之兵以禦外寇也，皆勇於挾上，怯於臨戎。外衞之兵以備征調資守禦也，伍缺於役占，家累於需求，皮骨僅存，折衝奚賴。設有千騎橫行，兵不足用，必選民丁。以怨民鬭怨民，誰與合戰。

人心者，國家之命脈也。今日之人心，惟望陛下收之而已。關隴氣寒土薄，民生實艱。自造花絨，比戶困趣逼。提花染色，日夜無休，千手經年，不成一匹。他若山西之紬，蘇、松之錦綺，歲額既盈，加造不已。至饒州磁器，西域回青，不急之須，徒累小民敲骨。陛下誠一切停罷，而江南、陝西之人心收矣。

以採木言之。丈八之圍，非百年之物。深山窮谷，蛇虎雜居，毒霧常多，人烟絕少，寒暑饑渴瘴癘死者無論矣。乃一木初卧，千夫難移，倘遇阻艱，必成傷殞。蜀民語曰「入山一千，出山五百」，哀可知也。至若海木，官價雖一株千兩，比來都下，爲費何止萬金。臣見楚、蜀之人，談及採木，莫不哽咽。苟損其數，增其直，多其歲月，減其尺寸，而川、貴、湖廣之人心收矣。

以採礦言之。南陽諸府，比歲饑荒。生氣方蘇，菜色未變。自責報殷戶，而半已驚逃。自供應礦夫工食、官兵口糧，而多至累死。自都御史李盛春嚴旨切責，而撫按畏罪不敢言。今礦沙無利，責民納銀，而奸人仲春復爲攘奪侵漁之計。朝廷得一金，郡縣費千倍。誠敕戒使者，毋散砂責銀，有侵奪小民若仲春者，誅無赦，而四方之人心收矣。

官店租銀收解，自趙承勛造四千之說，而皇店開。自朝廷有內官之遣，而事權重。夫市井之地，貧民求升合絲毫以活身家者也，陛下享萬方之富，何賴於彼？且馮保八店，爲屋幾何，而歲有四千金之課。課既四千，徵收何止數倍。不奪市民，將安取之？今豪家遣僕設肆，居民尚受其殃，況特遣中貴，賜之敕書，以壓卵之威，行竭澤之計，民困豈顧問哉。陛下撤還內臣，責有司輸課，而畿甸之人心收矣。

天下宗室，皆九廟子孫。王守仁、王錦襲蓋世神奸。籍隔數千里，而冒認王弼子孫；事隔三百年，而妄稱受寄財產。中間僞造絲綸，假傳詔旨，明欺聖主，暗陷親王，有如楚王銜恨自殺，陛下何辭以謝高皇帝之靈乎？此兩賊者，罪應誅殛，乃止令回籍，臣恐萬姓驚疑。誠急斬二賊以謝楚王，而天下宗藩之心收矣。

崇信伯費甲金之貧，十廂珠寶之誣，皆通國所知也。始誤於科道之風聞，嚴追猶未爲過。今眞知其枉，又加禁錮，實害無辜。請還甲金革去之祿，復五城廠衞降斥之官，而勳戚之人心收矣。

法者，所以平天下之情。其輕其重，太祖既定爲律，列聖又增爲例。如輕重可以就喜怒之情，則例不得爲一定之法。臣待罪刑部三年矣，每見詔獄一下，持平者多拂上意，從重者皆當聖心。如往年陳恕、王正甄、常照等獄，臣等欺天罔人，已自廢法，陛下猶以爲輕，俱加大辟。然則律例又安用乎！誠俯從司寇之平，勉就祖宗之法，而囹圄之人心收矣。

自古聖明之君，豈樂誹謗之語。然而務求言賞諫者，知天下存亡，係言路通塞也。比來驅逐旣多，選補皆罷。天閽邃密，法座崇嚴，若不廣達四聰，何由明照萬里。今陛下所聞，皆衆人之所敢言也，其不敢言者，陛下不得聞矣。一人孤立萬乘之上，舉朝無犯顏逆耳之人，快在一時，憂貽他日。陛下誠釋曹學程之繫，還吳文梓等官，凡建言得罪者，悉分別召用，而士大夫之心收矣。

朝鮮密邇東陲，近吾肘腋，平壤西鄰鴨綠，晉州直對登、萊。倘倭夷取而有之，籍衆爲兵，就地資食，進則斷我漕運，退則窺我遼東。不及一年，京城坐困，此國家大憂也。乃彼請兵而二三其說，許兵而延緩其期，力窮勢屈，不折入爲倭不止。陛下誠早決大計，幷力東征，而屬國之人心收矣。

四方輸解之物，營辦既苦，轉運尤艱。及入內庫，率至朽爛，萬姓脂膏，化爲塵土。倘歲一稽核，苦竄者嚴監收之刑，朽腐者重典守之罪。一整頓間，而一年可備三年之用，歲省不下百萬，而輸解之人心收矣。

自抄沒法重，株連數多。坐以轉寄，則並籍家資。誣以多贓，則互連親識。宅一封而雞豚大半餓死，人一出則親戚不敢藏留。加以官吏法嚴，兵番搜苦，少年婦女，亦令解衣。臣曾見之，掩目酸鼻。此豈盡正犯之家、重罪之人哉。一字相牽，百口難解。奸人又乘機恐嚇，挾取資財，不足不止。半年之內，擾徧京師，陛下知之否乎？願愼抄沒之舉，釋無辜之繫，而都下之人心收矣。

列聖在御之時，豈少宦官宮妾，然死於箠楚者，未之多聞也。陛下數年以來，疑深怒盛。廣廷之中，狼籍血肉，宮禁之內，慘戚啼號。厲氣冤魂，乃聚福祥之地。今環門守戶之衆，皆傷心側目之人。外表忠勤，中藏憸毒。既朝暮不能自保，卽九死何愛一身。陛下臥榻之側，同心者幾人，暮夜之際，防患者幾人，臣竊憂之。願少霽威嚴，愼用鞭扑，而左右之人心收矣。

祖宗以來，有一日三朝者，有一日一朝者。陛下不視朝久，人心懈弛已極，奸邪窺伺已深，守衞官軍祇應故事。今乾清修造，逼近御前。軍夫往來，誰識面貌。萬一不測，何以應之。臣望發宮鑰於質明，放軍夫於日昃。自非軍國急務，愼無昏夜傳宣。章奏不答，先朝未有。至於今日，强半留中。設令有國家大事，邀截實封，揚言於外曰「留中矣」，人知之乎？願自今章疏未及批答者，日於御前發一紙，下會極門，轉付諸司照察，庶君臣雖不面談，而上下猶無欺蔽。

臣觀陛下昔時勵精爲治，今當春秋鼎盛，曾無夙夜憂勤之意，惟孜孜以患貧爲事。不知天下之財，止有此數，君欲富則天下貧，天下貧而君豈獨富。今民生憔悴極矣，乃採辦日增，誅求益廣，斂萬姓之怨於一言，結九重之讎於四海，臣竊痛之。使六合一家，千年如故，卽宮中虛無所有，誰忍使陛下獨貧。今禁城之內，不樂有君。天下之民，不樂有生。怨讟愁歎，難堪入聽。陛下聞之，必有食不能咽，寢不能安者矣。臣老且衰，恐不得復見太平，籲天叩地，齋宿七日，敬獻憂危之誠。惟陛下密行臣言，翻然若出聖心警悟者，則人心自悅，天意自回。苟不然者，陛下他日雖悔，將何及耶。

疏入，不報。坤遂稱疾乞休，中旨許之。於是給事中戴士衡劾坤機深志險，謂石星大誤東事，孫鑛濫殺不辜，坤顧不言，曲爲附會，無大臣節。給事中劉道亨言往年孫丕揚劾張位，位疑疏出坤手，故使士衡劾坤。位奏辨。帝以坤既罷，悉置不問。

初，坤按察山西時，嘗撰閨範圖說，內侍購入禁中。鄭貴妃因加十二人，且爲製序，屬其伯父承恩重刊之。士衡遂劾坤因承恩進書，結納宮掖，包藏禍心。坤持疏力辨。未幾，有妄人爲閨範圖說跋，名曰憂危竑議，略言：「坤撰閨範，獨取漢明德后者，后由貴人進中宮，坤以媚鄭貴妃也。坤疏陳天下憂危，無事不言，獨不及建儲，意自可見。」其言絕狂誕，將以害坤。帝歸罪於士衡等，其事遂寢。

坤剛介峭直，留意正學。居家之日，與後進講習。所著述，多出新意。初，在朝與吏部尙書孫丕揚善。後丕揚復爲吏部，屢推坤左都御史未得命，言：「臣以八十老臣保坤，冀臣得親見用坤之效。不效，甘坐失舉之罪，死且無憾。」已，又薦天下三大賢，沈鯉、郭正域，其一卽坤。丕揚前後推薦，疏至二十餘上，帝終不納。福王封國河南，賜莊田四萬頃。坤在籍，上言：「國初分封親藩二十有四，賜田無至萬頃者。河南已封周、趙、伊、徽、鄭、唐、崇、潞八王，若皆取盈四萬，占兩河郡縣且半，幸聖明裁減。」復移書執政言之。會廷臣亦力爭，得減半。卒，天啓初，贈刑部尙書。

郭正域，字美命，江夏人。萬曆十一年進士。選庶吉士，授編修，與修撰唐文獻同爲皇長子講官。皆三遷至庶子，不離講帷。每講畢，諸內侍出相揖，惟二人不交一言。

出爲南京祭酒。諸生納貲許充貢，正域奏罷之。李成梁孫以都督就婚魏國徐弘基家，騎過文廟門，學錄李維極執而抶之。李氏蒼頭數十人蹋邸門，弘基亦至。正域曰：「今天子尙皮弁拜先聖，人臣乃走馬廟門外乎？且公侯子弟入學習禮，亦國子生耳，學錄非抶都督也。」令交相謝而罷。

三十年徵拜詹事，復爲東宮講官。旋擢禮部右侍郎，掌翰林院。三十一年三月，尙書馮琦卒，正域還署部事。夏，廟饗，會日食，正域言：「禮，當祭日食，牲未殺，則廢。朔旦宜事救日，請朝享廟。」從之。方澤陪祀者多託疾。正域謂祀事不虔，由上不躬祀所致。請下詔飭厲，冬至大祀，上必親行。帝然之，而不能用。

初，正域之入館也，沈一貫爲教習師。後服闋授編修，不執弟子禮，一貫不能無望。至是，一貫爲首輔，沈鯉次之。正域與鯉善，而心薄一貫。會臺官上日食占，曰：「日從上食，占爲君知佞人用之，以亡其國。」一貫怒而詈之，正域曰：「宰相憂盛危明，顧不若瞽史邪？」

一貫聞之怒。兩淮稅監魯保請給關防，兼督江南、浙江織造，鯉持不可，一貫擬予之，正域亦力爭。秦王以嫡子久未生，請封其庶長子爲世子，屢詔趣議。前尙書馮琦持不上，正域亦執不許。王復請封其他子爲郡王，又不可，一貫使大璫以上命脅之。正域榜於門曰：「秦王以中尉進封，庶子當仍中尉，不得爲郡王。妃年未五十，庶子亦不得爲世子。」一貫無以難。及建議欲奪黃光昇、許論、呂本謚，一貫與朱賡皆本同鄉也，曰：「我輩在，誰敢奪者！」正域援筆判曰：「黃光昇當謚，是海瑞當殺也。許論當謚，是沈鍊當殺也。呂本當謚，是鄢懋卿、趙文華皆名臣，不當削奪也。」議上，舉朝韙之，而卒不行。

正域旣積忤一貫，一貫深憾之。會楚王華奎與宗人華趆等相訐，正域復與一貫異議，由此幾得危禍。先是，楚恭王得廢疾，隆慶五年薨，遺腹宮人胡氏孿生子華奎、華壁。或云內官郭綸以王妃兄王如言妾尤金梅子爲華奎，妃族人如綍奴王玉子爲華壁。儀賓汪若泉嘗訐奏之，事下撫按。王妃持甚堅，得寢。萬曆八年，華奎嗣王，華壁亦封宣化王。宗人華趆者，素强禦忤王。華趆妻，如言女也。是年遣人訐華奎異姓子也，不當立。一貫屬通政使沈子木，格其疏勿上。月餘楚王劾華趆疏至，乃上之。命下部議。未幾，華趆入都訴通政司邀截實封及華奎行賄狀，楚宗與名者，凡二十九人。子木懼，召華趆令更易月日以上。旨幷下部。正域請勅撫按公勘，從之。

初，一貫屬正域毋言通政司匿疏事。及華越疏上，正域主行勘。一貫言親王不當勘，但當體訪。正域曰：「事關宗室，臺諫當亦言之。」一貫微笑曰：「臺諫斷不言也。」及帝從勘議，楚王懼，奉百金爲正域壽，且屬毋竟楚事，當酬萬金，正域嚴拒之。已而湖廣巡撫趙可懷、巡按應朝卿勘上，言詳審無左驗，而王氏持之堅，諸郡主縣主則云「罔知眞僞」，乞特遣官再問。詔公卿雜議於西闕門，日晏乃罷。議者三十七人，各具一單，言人人殊。李廷機以左侍郎代正域署部事，正域欲盡錄諸人議，廷機以辭太繁，先撮其要以上。一貫遂嗾給事中楊應文、御史康丕揚劾禮部壅閼羣議，不以實聞。正域疏辨，且發子木匿疏、一貫阻勘及楚王餽遺狀。一貫益恚，謂正域遣家人導華越上疏，議令楚王避位聽勘，私庇華越。

當是時，正域右宗人，大學士沈鯉右正域，尚書趙世卿、謝傑，祭酒黃汝良則右楚王。給事中錢夢皐遂希一貫指論正域，詞連次輔鯉。應文又言正域父懋嘗笞辱於楚恭王，故正域因事陷之。正域疏辨，留中不報。一貫、鯉以楚事皆求去，廷機復請再問。帝以王嗣位二十餘年，何至今始發，且夫訐妻證，不足憑，遂罷楚事勿按。正域四疏乞休去。楚王既得安，遂奏劾正域，大略如應文言；且訐其不法數事，請褫正域官。詔下部院集議。廷機微刺正域，而謂其已去可無苛求。給事中張問達則謂藩王欲進退大臣，不可訓，乃不罪正域而令巡按御史勘王所訐以聞。

俄而妖書事起。一貫以鯉與己地相逼，而正域新罷，因是陷之，則兩人必得重禍，乃爲帝言臣下有欲相傾者爲之。蓋微引其端，以動帝意。亡何，錦衣衞都督王之禎等四人以妖書有名，指其同官周嘉慶爲之。東廠又捕獲妖人皦生光。巡城御史康丕揚爲生光訟冤，言妖書、楚事同一根柢，請少緩其獄，賊兄弟可授首闕下。意指正域及其兄國子監丞正位。帝怒，以爲庇反賊，除其名。一貫力救始免。丕揚乃先後捕僧人達觀、醫者沈令譽等，而同知胡化則告妖書出教官阮明卿手。未幾，廠衞又捕可疑者一人曰毛尙文。數日間鋃鐺旁午，都城人人自危。嘉慶等皆下詔獄。嘉慶旋以治無驗，令革任回籍。令譽故嘗往來正域家，達觀亦時時游貴人門，嘗爲正域所擯逐，尙文則正域僕也。一貫、丕揚等欲自數人口引正域，而化所訐阮明卿，則錢夢皐壻。夢皐大恚，上疏顯攻正域，言：「妖書刊播，不先不後，適在楚王疏入之時。蓋正域乃沈鯉門徒，而沈令譽者，正域食客，胡化又其同鄉同年，羣奸結爲死黨。乞窮治根本，定正域亂楚首惡之罪，勒鯉閒住。」帝令正域還籍聽勘，急嚴訊諸所捕者。達觀拷死，令譽亦幾死，皆不承。法司迫化引正域及歸德。歸德，鯉所居縣也。化大呼曰：「明卿，我仇也，故訐之。正域舉進士二十年不通問，何由同作妖書？我亦不知誰爲歸德者。」帝知化枉，釋之。

都督陳汝忠掠訊尙文，遂發卒圍正域舟於楊村，盡捕媼婢及傭書者男女十五人，與生光雜治，終無所得。汝忠以錦衣告身誘尚文曰：「能告賊，即得之。」令引令譽，且以乳媼龔氏十歲女爲徵。比會訊，東廠太監陳矩詰女曰：「汝見妖書版有幾？」曰：「盈屋。」矩笑曰：「妖書僅二三紙，版顧盈屋邪？」詰尚文曰：「令譽語汝刊書何日？」尚文曰：「十一月十六日。」戎政尚書王世揚曰：「妖書以初十日獲，而十六日又刊，將有兩妖書邪？」拷生光妻妾及十歲兒，以鍼刺指爪，必欲引正域，皆不應。生光仰視夢皐、丕揚，大罵曰：「死則死耳，奈何教我迎相公指，妄引郭侍郎乎？」都御史溫純等力持之，事漸解，然猶不能具獄。

光宗在東宮，數語近侍曰：「何爲欲殺我好講官？」諸人聞之皆懼。詹事唐文獻偕其僚楊道賓等詣一貫爭之，李廷機亦力爲之地，獄益解。刑部尚書蕭大亨具爰書，猶欲坐正域。郎中王述古抵稾於地，大亨乃止。遂坐生光極刑，釋諸波及者，而正域獲免。方獄急時，邏卒圍鯉舍及正域舟，鈴柝達旦。又聲言正域且逮，迫使自裁。正域曰：「大臣有罪，當伏尸都市，安能自屛野外。」既而幸無事，乃歸。歸三年，巡按御史史學遷勘上楚王所訐事，無狀。給事顧士琦因請召還正域，不報。

正域博通載籍，勇於任事，有經濟大略，自守介然，故人望歸之。扼於權相，遂不復起，家居十年卒。後四年，贈禮部尚書。光宗遺詔，加恩舊學，贈太子少保，謚文毅，官其子中書舍人。

能。

贊曰：海瑞秉剛勁之性，戇直自遂，蓋可希風汲黯、宋包拯。苦節自厲，誠爲人所難能。丘橓、呂坤，雖非瑞匹，而指陳時政，炳炳鑿鑿，鯁亮有足稱者。郭正域持楚獄，與執政異趣，險難忽發，僅而後免，危矣哉。以妖書事與坤相首尾，故並著焉。